古典文獻研究輯刊

二六編

潘美月・杜潔祥 主編

第 **6** 冊

《千頃堂書目》新證

李 言 著

國家圖書館出版品預行編目資料

《千頃堂書目》新證／李言 著 — 初版 — 新北市：花木蘭文化
事業有限公司，2018〔民107〕
目 4+242 面；19×26 公分
（古典文獻研究輯刊 二六編；第 6 冊）
ISBN 978-986-485-350-2（精裝）
1. 千頃堂書目 2. 研究考訂
011.08   107001759

ISBN-978-986-485-350-2

9 789864 853502

古典文獻研究輯刊
二六編　第六冊   ISBN：978-986-485-350-2

《千頃堂書目》新證

作　　者　李 言
主　　編　潘美月　杜潔祥
總 編 輯　杜潔祥
副總編輯　楊嘉樂
編　　輯　許郁翎、王筑　美術編輯　陳逸婷
企劃出版　北京大學文化資源研究中心
出　　版　花木蘭文化事業有限公司
發 行 人　高小娟
聯絡地址　235 新北市中和區中安街七二號十三樓
　　　　　電話：02-2923-1455／傳眞：02-2923-1452
網　　址　http://www.huamulan.tw 信箱 hml 810518@gmail.com
印　　刷　普羅文化出版廣告事業
初　　版　2018 年 3 月
全書字數　205207 字
定　　價　二六編 25 冊（精裝）新台幣 48,000 元
版權所有·請勿翻印

《千頃堂書目》新證

李 言 著

作者簡介

李言，女，中國古典文獻專業博士，現供職於江蘇鳳凰傳媒出版集團有限公司。2004 年以來參加了《周易禪解》、《文獻學大辭典》、《援鶉堂筆記》的整理工作。2007 年任《全元詩》編委，整理了倪瓚、張羽、沈夢麟、張雨、虞堪等十餘人的詩集（楊鐮主編，中華書局，2013 年）。2009 年 9 月，成功申報全國高校古委會重點項目《倪瓚全集》。2011 年，出版《沈德潛詩文集》（與潘務正合作，人民文學出版社，4 冊，150 餘萬字），該書榮獲 2011 年全國出版行業古籍類圖書一等獎。

提　　要

　　黃虞稷是我國文獻學史上有影響的目錄學家。學術界比較一致的看法是黃虞稷撰寫了《千頃堂書目》這部私家藏書目錄，同時還編撰了《明史・藝文志稿》這部史志目錄；《千頃堂書目》流傳至今，《明史・藝文志稿》則已亡佚。筆者在對《千頃堂書目》和《明史・藝文志稿》所著錄的千餘條目錄分析之後，認爲以上說法並不準確，筆者的基本結論是：《明史・藝文志稿》並未亡佚，今本《千頃堂書目》亦非黃虞稷所作。

　　筆者運用文字比勘及數目統計的方法，以列表的方式分別考察了《千頃堂書目》與《明史・藝文志稿》、《內閣藏書目錄》、《明詩綜》、《（雍正）浙江通志》之間的關係，認爲黃虞稷的《明史・藝文志稿》尚存世，即抄本《明史》416 卷本的卷 133 ～卷 136（《續修四庫全書》第 326 冊，署名萬斯同撰）。黃虞稷《志稿》編排體例以明代著述爲主，兼收宋遼金元四代藝文，但此本《志稿》僅存明代部份，其餘不知被何人刪除。王鴻緒的《明史稿・藝文志》即據黃虞稷此《明史・藝文志稿》刪削而成。

　　筆者還認爲，今本《千頃堂書目》是在黃虞稷《明史・藝文志稿》的基礎上增補而成的。在將二書通校過後，筆者發現《千頃堂書目》中「地理類」及「別集類」條目尤其較《明史・藝文志稿》爲多。經考證，溢出的條目中「地理類」主要來自《（雍正）浙江通志》的「經籍」及《內閣藏書目錄》的「志乘」；「別集類」主要來源是《明詩綜》及《（雍正）浙江通志》的「經籍」。還有一些條目是清時學者杭世駿利用廣東、安徽、陝西、山東、江南省《通志》，吳騫利用《明季遺書目》、《內閣藏書目錄》及清代私家書目（如《讀書敏求記》、《含經堂書目》等），加以增補的。綜合考證後，筆者基本可以肯定《千頃堂書目》是由《明史・藝文志稿》《明詩綜》《內閣藏書目錄》、《（雍正）浙江通志》拼接的合成品。黃虞稷在明史館僅編纂了《明史・藝文志稿》，《千頃堂書目》並不是他的成果。

　　也就是說，《千頃堂書目》成書在《明史・藝文志稿》後，它的作者非黃虞稷。其書目性質既不是私家藏書目錄，也不是史志目錄，確切地說，應屬著錄明代圖書的著述書目。

　　釐清了《明史・藝文志稿》、《千頃堂書目》二者的關係，學術界中圍繞二者所產生的諸多疑問，由此迎刃而解。

緒　論

　　黃虞稷，字俞邰，又字楮園，江蘇上元（今南京）人，祖籍福建晉江（今泉州）。生於明崇禎二年（1629），卒於清康熙三十年（1691）。其父黃居中，字明立，人稱海鶴先生，明季任南京國子監監丞，是明代有名的藏書家，其千頃齋藏書六萬餘卷，並撰有《千頃齋書目》六卷（今亡佚）。黃虞稷出身藏書世家，自幼受父親薰陶，成年後繼續從事古籍收藏，將家藏擴充到八萬餘卷，改「千頃齋」爲「千頃堂」。黃虞稷一生致力於目錄學研究，代表作爲《明史‧藝文志稿》。但世人皆認爲黃虞稷還編撰有另一部目錄學著作《千頃堂書目》，並以此爲對象，展開文獻學和目錄學方面的種種討論，也取得了一定的成果。可同時也產生了一些問題，始終找不到合理的解釋。

一、研究概述

　　黃虞稷的《明史‧藝文志稿》完稿後未刊刻，流傳絕少，並未受到太多關注。《千頃堂書目》卻頗爲學者重視，乾隆四十六年（1781），四庫館臣把《千頃堂書目》收入四庫全書，並大加稱讚曰「考明一代著作者，終以是書爲可據」，《千頃堂書目》成爲在中國目錄學史上頗具影響的著作。

　　歷來對《千頃堂書目》的研究，大致可以歸納爲以下五個方面：

（一）對《千頃堂書目》文本的校補、整理

　　1、杭世駿根據《內閣藏書目錄》、《廣東通志》、《安徽府志》、《陝西通志》等對「地理類」、「別集類」的增補。此本後來爲吳騫所得。

　　2、盧文弨據《明史‧藝文志稿》加以增補、校勘。

3、吳騫據《內閣藏書目錄》、《明季遺書目》、《含經堂書目》、《讀書敏求記》等公私藏書目錄所做增補、校勘。吳騫將杭世駿和盧文弨的校記逐錄於他得到的杭世駿道古堂藏本上，此書今藏臺北國家圖書館。

4、張均衡據十萬卷樓抄本和漢唐齋殘抄本互校，刻入《適園叢書》，《千頃堂書目》始有刻本行世。

5、王國維與《千頃堂書目》研究。王國維在校治《千頃堂書目》上的貢獻，主要不在校勘，而在訂補。據吳修藝統計，王國維的訂補，計《千頃堂書目》未收錄者 107 種，《千頃堂書目》有誤者 71 種，又同書異名者 10 條，存疑 1 條。總括王國維對《千頃堂書目》的訂補數目，共有 214 條。〔註1〕

6、上海古籍出版社 2001 年出版之《千頃堂書目》，後附索引，由瞿鳳起、潘景鄭二先生整理，搜羅較為完備。但囿於當時條件，參校版本不全，亦存在校勘不精、標點不確的問題，還有一些條目，編者擅改書名、卷數，兼有把盧文弨、吳騫等人的校語當做原書內容編入等情況，這些錯訛都是迫切需要糾正的。

7、時人學者對《千頃堂書目》著錄訛誤的校勘，多以單篇論文的形式行世。主要是對「醫書」、「地理」、「別集類」的校正，如《〈千頃堂書目〉史部人名刊誤六則》、《〈千頃堂書目・醫家類〉辨正》、《〈千頃堂書目〉誤收唐人著述考》等。

（二）對《千頃堂書目》版本、源流的考訂

張明華先生文《〈千頃堂書目〉的源流》作了大量考證，梳理了《千頃堂書目》自問世到刻成書的版本流傳，頗有參考價值。

（三）對黃虞稷的目錄學思想及《千頃堂書目》的學術價值研究

相關論文有柳定生《黃虞稷與〈千頃堂書目〉》、陳少川《黃虞稷藏書概況和圖書館學成就考》、嚴佐之《千頃堂書目》、胡春年《〈千頃堂書目〉及其學術價值》、魏思玲《論黃虞稷的目錄學成就》等。張琳的碩士論文《黃虞稷的目錄學研究》比較系統地討論了《千頃堂書目》的書目性質、類目設置、著錄特徵。張易在碩士論文《〈千頃堂書目〉與中國傳統學術體系的微調機制》中，比較了《千頃堂書目》和其他多種書目對於「史鈔」、「食貨」、「小學」、

〔註 1〕吳修藝：《王國維校治〈千頃堂書目〉的成就》，吳澤編《王國維學術研究論集（二），華東師範大學出版社，1987 年，第 347 頁。

「小說」類著作的著錄情況，分析得出中國傳統學術體系在不同階段會做出一定程度上的調整。

（四）論《千頃堂書目》與《明史‧藝文志》之關係

這個問題一直是學界研究的熱點，也是難點，著力多，研究也細。以王重民先生的《〈千頃堂書目〉考》開其先河，在此文中引進了朱彝尊的《經義考》、王鴻緒的《明史稿‧藝文志》及黃虞稷的《明史‧藝文志稿》，詳細論證後得出了「《經義考》參照了《千頃堂書目》、王鴻緒《明史稿‧藝文志》『經部』一些類目抄錄了《經義考》、《千頃堂書目》是初稿，《明史‧藝文志稿》是增定稿」的觀點。李慶的《〈千頃堂書目〉與〈明史‧藝文志〉的關係》一文提出了不同的看法，他認爲《千頃堂書目》不是《明史‧藝文志》的底本。

（五）對《千頃堂書目》的目錄性質的探討

昌彼得《版本目錄學論叢》認爲「《千頃目》並不是一部藏書目錄，是師法阮孝緒《七錄》、鄭樵《通志藝文略》，參考書目而不論存佚及是否自藏。」〔註2〕喬好勤在《中國目錄學史》中說：「黃《志》所用材料並非都是現實藏書，有許多是從地方志、史傳和私人記載中抄來的，所以著錄很不一致。」〔註3〕長澤規矩也《中國版本目錄學書籍解題》則認爲「此書非藏書目錄，而是明人著述目錄」，汪辟疆《目錄學研究》「（《千頃堂書目》）私家目錄而兼有史家目錄者也」〔註4〕，賀洪斌的碩士論文《〈千頃堂書目〉新考》詳細探討了《千頃堂書目》的書目性質，通過例證，與其他書目對比，得出《千頃堂書目》是一部史志目錄的結論。

據筆者統計，相關的單篇期刊論文有 30 餘篇，碩士論文 5 篇，專著 1 部。從發表時間上看，從上世紀五十年代，就有論文發表，至七十年代，始有臺灣學者關注此書，直到今天，學術界對《千頃堂書目》的研究仍在繼續，足可證明其受重視的程度。

在這些論著中，尤其以王重民、張明華、李慶、喬衍琯等先生貢獻最大。王重民先生發表在《國學季刊》（第 1 卷第 7 期，1950 年 7 月）上的《〈千頃堂書目〉考》是國內第一篇全面研究《千頃堂書目》的文章，主要探討了《千

〔註2〕昌彼得：《版本目錄學論叢》，臺北學海出版社，1977 年，第 157 頁。
〔註3〕喬好勤：《中國目錄學史》，武漢大學出版社，1992 年，第 300 頁。
〔註4〕汪辟疆：《目錄學研究》，商務印書館，1933 年，第 47 頁。

頃堂書目》與《明史・藝文志》的關係，認爲張廷玉的《明史・藝文志》係《千頃堂書目》刪改而成。其後的柴德賡、王欣夫、吳楓、程千帆等先生皆持此說，這種說法已成學界定論。張明華先生的《黃虞稷和〈千頃堂書目〉》一書，在吸取王重民研究成果上進一步深入，辨析《千頃堂書目》的版本源流，考訂杭、盧、吳三家增補條目，於《千頃堂書目》研究貢獻頗多。李慶先生的《論〈明史・藝文志〉與〈千頃堂書目〉之關係》一文，通過翔實的資料考證，提出了不同的看法。他在文中寫道：「認爲現在《明史・藝文志》就是《千頃堂書目》加以刪削改易的看法，是不夠準確的。……《千頃堂書目》當然是《明史・藝文志》的重要數據源，但並不是唯一的資料來源。」臺灣學者喬衍琯則把研究的重點放在了《千頃堂書目》與《經義考》的關係探討上，爲《千頃堂書目》及《經義考》的研究者提供了新的視角。

綜觀《千頃堂書目》研究的歷史及現狀，前賢時人對此書的研究主要表現在對黃虞稷生平家世及藏書的考察、《千頃堂書目》與《明史・藝文志》的關係、《千頃堂書目》的版本、源流、校勘、價值討論等方面。眾學者對黃虞稷的目錄學思想及對《千頃堂書目》的學術價值的研究，取得了一定的成就。但在《千頃堂書目》和《明史・藝文志》的關係探討上，儘管有諸多論文問世，但因爲對文本的誤解，現在還在走彎路。迄今還存在著研究的盲區。尤其是學界已成定論的《明史・藝文志》係根據《千頃堂書目》刪改而成的說法，就筆者目前掌握的材料，二者之間的確有重新探討的必要。

總而言之，目前學界關於《千頃堂書目》的研究在很多方面都有待深入，這正是本文選題的一個重要原因。

二、研究方案

（一）研究對象與研究目的

《千頃堂書目》自問世起，圍繞它的爭論就一直不斷。歸納起來，有以下幾點：1、《千頃堂書目》與《明史・藝文志稿》編撰的時間先後問題，即二者何爲底本？兩部書是不同的目錄著作還是同一書的不同叫法？2、《明史・藝文志》的作者是誰？所依底本是《千頃堂書目》還是《明史・藝文志稿》？這些問題從清代開始就一直在學術界內爭辯不休，各有各的觀點和看法，各有各的依據說法，一直到今天，仍然有不少學者對此有著不同的看法，至今仍沒有定論。

　　筆者以《千頃堂書目》爲考察對象，加以全面、深入的研究，以求解決所存在的問題。著手搜集資料的過程中，發現 416 卷本《明史》的「藝文志」著錄條目與《千頃堂書目》的重合度極高。經過仔細比對此《志》所著錄的 9000 餘部圖書，查找與《千頃堂書目》的吻合度，發現除了「地理類」和「別集類」，其餘類目的條目數量、著錄內容與《千頃堂書目》的重合度達 95% 以上，並且與盧文弨的校記完全吻合。由此可以斷定，黃虞稷的《明史・藝文志稿》仍然在世，並且與《千頃堂書目》之間有著特殊的關係。筆者又對《千頃堂書目》所著錄的 15000 餘條目諸條加以檢索，又發現了新的線索，《內閣藏書目錄》、《明詩綜》以及《（雍正）浙江通志》中的條目與《千頃堂書目》的「地理類」與「別集類」溢出於《明史・藝文志稿》的部份相重合。筆者對涉及到的千餘條目條分縷析，進行比勘、數目統計，分門別類的加以考證後，得出了以下觀點：前賢時人圍繞兩書產生的爭論，皆緣於對《明史・藝文志稿》及《千頃堂書目》的錯誤認識。之前學界統一的觀點：1、黃虞稷的《明史・藝文志稿》已亡佚。2、《千頃堂書目》是由清代藏書家、目錄學家黃虞稷所編撰的私家藏書目錄。都是錯誤的。

　　在筆者之前，學界還未有對《明史・藝文志稿》的全面研究，對《千頃堂書目》的研究也是片面，不完全，甚至有錯誤的地方。爲此，筆者決定把《明史・藝文志稿》和《千頃堂書目》共同作爲考察對象，逐一加以分析，找出它們之間的關係，兼之考證《明史・藝文志》的相關問題。

（二）研究方法

　　本文以《千頃堂書目》和《明史・藝文志稿》作爲考察的對象，採取古典文獻學傳統的研究思路，運用校勘學、目錄學、版本學，同時結合統計學、考據學等學科的相關知識，採用徵引考據、比較分析等辦法，通過列表格的形式，對具體條目加以考證，發現問題，揭示問題，以形成個人獨到的見解觀點，解決可能存在的問題。

　　本文在具體的闡述中，採用《明史・藝文志稿》、《千頃堂書目》著錄的圖書作爲論證的依據，並引用了較多的相關性的文獻資料，以作更具體的考證，對前人沒有考證清楚的內容作進一步的廓清。同時，廣泛收集、發掘資料並對其加以整理和歸納，充分掌握並詳盡消化已有的研究成果，吸收和利用文獻，博采眾家之長，通過分析、對比和歸納等傳統方法來進行研究。對於前人研究的內容予以略寫，採取刪繁就簡的方法，將本文研究和寫作重點

集中在《明史·藝文志稿》的存佚考證、體例特徵、與《千頃堂書目》的關係論證以及《千頃堂書目》的成書源流上。

（三）創新之處

筆者對《千頃堂書目》和《明史·藝文志稿》所著錄的相關的千餘條目錄條分縷析，通過文字比勘及數目統計的方法，以列表的方式分別考察了《千頃堂書目》與《明史·藝文志稿》、《內閣藏書目錄》、《明詩綜》、《（雍正）浙江通志》之間的關係，提出了自己的觀點。

首先，黃虞稷的《明史·藝文志稿》尚存世。即《續修四庫全書》第326冊中署名萬斯同撰416卷本《明史》的卷133～卷136。由目前研究資料來看，清代的朱彝尊、杭世駿、吳騫、鮑廷博皆未曾留意到此《志稿》，及至後世的張鈞衡、王國維、李晉華、黃雲眉、王重民、張明華、李慶等人也未留意到，更談不上利用。筆者首次把《明史·藝文志稿》原書作爲考察的對象，引入到《千頃堂書目》的研究中來。之前的學者僅從盧文弨的校勘中尋找《明史·藝文志稿》的原貌，不能統觀全書，僅依靠盧校，有失全面，所以得出的結論也是片面，甚至錯誤的。

筆者經過考訂認爲黃虞稷《明史·藝文志稿》編排體例以明代著述爲主，兼收宋遼金元四代藝文，但416卷本《明史》「藝文志稿」不知爲何人刪改，僅餘明代著述。全書按四部編次，分50小類，經部分11小類，收書1930餘部；史部18類，收書2860餘部；子部13類，收書2800餘部；集部8類，收書3910餘部。又經過條目的比勘、分類的異同比較等，得出王鴻緒的《明史稿·藝文志》確是在《明史·藝文志稿》的基礎上刪並移易而成的結論。

其次，筆者認爲《千頃堂書目》成書在《明史·藝文志稿》後，它的作者非黃虞稷，目錄性質也非私家藏書目錄，應屬著錄明代著述的著述書目。《千頃堂書目》在黃虞稷《明史·藝文志稿》的基礎上增刪而成。其中，「地理類」及「別集類」借鑒了《明詩綜》、《內閣藏書目錄》、《（雍正）浙江通志》，增補了大量條目。經筆者考證，《千頃堂書目》溢出的條目，「地理類」主要來自《（雍正）浙江通志》的「經籍」及《內閣藏書目錄》的「志乘」；「別集類」的主要來源則是《明詩綜》及《（雍正）浙江通志》的「經籍」。再加以杭世駿利用廣東、安徽、陝西、山東、江南省通志，吳騫利用《遺書目》、《內閣藏書目錄》及清代私家書目，如《讀書敏求記》、《含經堂書目》等，進行了增補、校勘，就有了今天的《千頃堂書目》。一言以蔽之，《千頃堂書目》是

由《明詩綜》、《明史・藝文志稿》、《內閣藏書目錄》、《（雍正）浙江通志》拼接的合成品。黃虞稷在明史館僅編纂了《明史・藝文志稿》，《千頃堂書目》並不是他的著作。

　　筆者所得出的這兩種觀點，尤其是第二種觀點，可以圓滿地解答學界中存在的圍繞《千頃堂書目》、《明史・藝文志》、《明史・藝文志稿》的各種困惑，尤其是關於《千頃堂書目》與《明史・藝文志》之間關係的探討，以往學者所進行的種種考證，之所以得不到合適的解釋，是因爲選錯了研究的對象，這二者之間沒有任何的聯繫。

　　解決了由於對《千頃堂書目》認識錯誤所造成的問題後，隨之產生了新的問題，那就是《千頃堂書目》的作者到底是誰？經過研究，筆者提出了一個大膽的猜測：杭世駿的可能性最大。

　　本書目的是盡可能對《千頃堂書目》作出全面而正確的認識，對黃虞稷的目錄學成就作出公正的評價，並由此考察清代書目著作的編撰情況。

第一章 《明史・藝文志稿》初論

第一節 《明史・藝文志稿》的作者

　　康熙十七年（1678）秋，黃虞稷以羅繼峰薦，赴京應當年博學鴻詞試。至京後遭母喪，遂丁憂歸，未與試。[註1]十九年（1680）以左御史徐元文薦入《明史》館，以布衣的身份參與修史。他於康熙二十年入館，二十八年離館，隨徐乾學到包山書局修《清一統志》。這一階段，《明史》館的主持者為徐元文、徐乾學兄弟，總裁實際是萬斯同，黃虞稷負責《藝文志》的編撰。陸隴其《三魚堂日記》卷八癸亥（康熙二十二年）（六月）記載云「廿四黃俞邰來。言史館有《文淵閣書目》，係宣德年間楊文貞等編，但不著卷數及撰人姓名，故今修藝文志明史難以為據。總裁諸公議止載元明二代之書，亦不得已而然也。」「（八月）十九黃俞邰來。言『元史之疏略甚，有一人而前後重出者，如藝文志則竟不作。當時纂修者皆名儒，而疏略如此，豈非政令嚴刻，

〔註 1〕《清實錄・聖祖仁皇帝》「康熙十七年戊午」條：「乙未，諭吏部：自古一代之興，必有博學鴻儒振起文運，闡發經史，潤色辭章，以備顧問著作之選。朕萬幾餘暇，遊心文翰，思同博學之士，用資典學。我朝定鼎以來，重儒重道，培養人才，四海之才，豈無奇才碩彥，學問淵通，詞藻瑰麗，可以追蹤前喆者。凡有學行兼優、文詞卓越之人，不論已仕、未仕，令在京三品以上及科道官員，在外督撫布按，各舉所知，朕將親試錄用。其餘內外各官，果有真知灼見，在內開送吏部，在外開報督撫，代為題薦，務令虛公延訪，期得真才以副朕求賢右文之意，爾部即通行傳諭。於是大學士李霨等薦原任副使道曹溶等七十七人。上命：俟各員赴部齊集之日，請旨，其在外，現任者不必開缺。」

諸儒迫於期限，遂不及許慎與？』」「（十月）十一會黃俞邰。言『靈壽故少司空傅維霖所作明史，持論頗不甚正，今送在史館』。」〔註2〕可見當時黃虞稷已仔細研讀過《文淵閣書目》及《明書》，開始和史館諸公討論《藝文志稿》的編排體例。

明代沒有比較好的官修藏書目錄，僅有的《文淵閣書目》，只錄書名卷數，無撰人卷數；張萱的《內閣藏書目錄》亦編次無法。黃虞稷在無官家藏書目可參考的情況下，採之私家藏目，收輯明代及南宋咸淳以後並遼金元之書，「欲使名卿大夫之崇論閎議，文儒學士之勤志苦心，雖不克盡見其書，而得窺標目」，把盡遭汨沒的珍籍予以著錄，填補了有明三百年藝文志之空白。其成果就是《明史·藝文志稿》。

朱彝尊《經義考》卷二百九十五云：「晉江黃虞稷俞邰在明史館分撰《藝文志》，摭採特詳」，其《竹垞行笈書目》「獨字號」著錄《藝文志稿》十四本，知朱氏藏有黃虞稷《明史·藝文志稿》。《明詩綜》卷五十三「來知德」下引《靜志居詩話》云：「待詔歌《鹿鳴》，諸書不詳年歲，詢之蜀人，言是嘉靖中。而黃徵君俞邰分撰《明史·藝文志》注云：『萬曆壬午』，或有所據，姑從之，俟再考。」又卷八十九「張宇初」下引《靜志居詩話》云：「又黃徵君俞邰編《明史·藝文志》，有余和叔同亭詩帨一卷、武夷道士張蚩蚩適適吟一卷、安仁沖虛山道士顏服膺潛庵詠物詩六卷，訪之未得，附載之。」黃氏與朱彝尊同入史館，私誼良好，其所見所說當有確於他人處。所以朱氏撰《經義考》時，對黃虞稷之說多加採錄（《經義考》中「黃虞稷曰」多達383處）。其《曝書亭藏書目》又著錄「《黃氏藏書目》十四冊抄」，此書冊數與《明史·藝文志稿》相同，又署黃氏名，應與《明史·藝文志稿》為同一書，為何二者的書名不同呢？據筆者分析，《明史·藝文志稿》為官方叫法，黃虞稷在離開史館後（或許在史館時）為了彰顯其志，按照原書抄錄一份，重命名為《黃氏藏書目》。換言之，《黃氏藏書目》乃是《明史·藝文志稿》在民間的叫法，《黃氏書目》應該也是它的俗稱。〔註3〕

〔註2〕〔清〕陸隴其：《三魚堂日記》，清同治九年浙江書局刻本。

〔註3〕《（雍正）浙江通志》中有603處引自《黃氏書目》，卷241《經籍·經部》就有47處，如「《易象管窺》十五卷」，引《黃氏書目》曰「黃正憲撰」、「雪園易義四卷」引《黃氏書目》曰「李奇玉著，字荊揚，嘉善人」、《太極心性圖說》引《黃氏書目》曰「任道遜著，臨安人，一作溫州永嘉人」。這47個條目，排除宋遼金元著述，有關明人著述的條目都在《明史·藝文志稿》之中。

　　全祖望在《移明史館帖子一》〔註4〕中也指出：「考《明史》藝文原志出自黃徵君俞邰，雖變舊史之例，而於遼金元諸卷帙猶仿宋隋二志之例，附書於後，南宋書籍之末登於史者亦備列焉，橫雲又從而去之而益矣。」其《鮚埼亭詩集》卷一《坊中買千頃樓舊書》亦云：「風流比部住籬門，六萬牙籤四庫分。曾與淡園稱繼霸，至今藜閣藉雄文。《明史・藝文志稿》出俞邰手。故雍殘刻成飛絮，徵士遺鈐亦斷紋。誰道卿雲長擁護，震川語也。由來過眼盡浮雲。」這兩段話，更可以證明黃虞稷是《明史・藝文志稿》的編撰者，並且他編撰的《藝文志稿》不僅僅只記載了明一代的藝文志，而且在其後還附錄了宋遼金元四代的藝文志。孫枝蔚在《送黃俞邰再膺薦舉入修明史》（第三首）也有記載：「潘朱次耕錫鬯同日侍經筵，肯使姜黃西滇俞邰久在田。書目進呈難更緩，好文天子正英年。」〔註5〕皆證明黃虞稷就是《明史・藝文志稿》的編撰者。
〔註6〕

　　　如卷242的王仲芳著《文字旁證辨僞》、卷243李日華撰《倭變志》一卷、卷247陳禹謨著《左氏兵法略》三十二卷、徐應秋撰《駢字憑霄》二十卷《枳記》二十八卷皆引自《黃氏書目》。可是這幾個條目，《千頃堂書目》原未著錄，盧文弨後來根據《明史・藝文志稿》加以增補，才得見於《千頃堂書目》。又卷250著錄「李循義《鄞溪集》」，引自《甬上耆舊詩》，注文中另有按語曰「《黃氏書目》作《珠玉遺稿》二卷」，此條目《千頃堂書目》卷23著錄爲「李循義鄞溪集，字時行，鄞縣人，□志□□作珠玉遺稿二卷，正德中舉人」，《明史・藝文志稿》題作《珠玉遺稿》二卷；「朱應鍾著《朱陽仲詩選》五卷」，引自《遂昌縣志》，該注又云「《黃氏書目》『友人黃中刻其集於滇』」，《明史・藝文志稿》著錄爲「朱應鍾《朱陽仲詩選》五卷，遂昌人，號青城山人，嗜學多聞，刻意爲詩，尤工五七言古。友人黃中刻其集於滇」，與《（雍正）浙江通志》所云相符。而《千頃堂書目》卷24著錄爲「朱應鍾《朱陽仲詩選》五卷，字陽仲，遂昌人，號青城山人，刻意爲詩」，無「友人黃中刻其集於滇」一句。可見，以上各條目所引的《黃氏書目》，乃《明史・藝文志稿》，而非《千頃堂書目》也。由此可以證明，《明史・藝文志稿》在問世之後的一段時期，是以《黃氏藏書目》，或者《黃氏書目》的名稱流傳的。

〔註4〕　〔清〕全祖望：《鮚埼亭集外編》卷四十二簡帖《全謝山移明史館帖子一》，清嘉慶十六年刻本。
〔註5〕　〔清〕孫枝蔚：《溉堂集・後集》，清康熙刻本。
〔註6〕　清代的學者盧文弨在《題明史・藝文志稿》的注中提到「此志稿乃康熙時史官倪燦闇公所撰，非黃氏也」，他認爲《明史・藝文志稿》的作者應該是倪燦，而不是黃虞稷。但他在利用《明史・藝文志稿》進行校補《千頃堂書目》時，皆稱作「黃《志》云云」，與他在《題明史・藝文志稿》中的說法相矛盾。並且他也無倪燦直接參與黃虞稷編撰《藝文志稿》工作的史料證明，其說服力不足。王重民先生在《千頃堂書目考》一文中對這種觀點已加以考證，證明倪燦並不是《明史・藝文志稿》的作者。筆者在此還要對《宋史藝文志補》

第二節 《明史・藝文志稿》的體例

　　從杭世駿《千頃堂書目跋》的記載可知，朱彝尊此書後爲杭氏所得，杭氏云：「右《千頃堂書目》，金陵黃俞邰所輯。歲在辛亥，從曝書亭朱氏購得此本，亟錄以出箴史官之失。說者得無笑其迂乎。」杭氏此跋寫於乾隆戊辰（1748），得到書的時間爲雍正辛亥（1731），他得到朱書後馬上寫下《黃氏書錄序》一文，收在《道古堂全集》文集卷六，文曰：「江寧黃俞邰氏搜輯有明一代作者，詳述其爵里門分聚比於唐宋藝文志之例。予披覽粗竟，竊歎俞邰用力之勤，而悲其志之不得試也。往者傅尚書維鱗編纂《明書》，標王守仁以勳武，列沈周唐寅於方技，至鈔文淵總目以志藝文，三長之士恒相顧而齒冷。既而橫雲山人奉勅重編，始依俞邰本爲準的，特去其幽僻不傳與無卷帙氏里可考者，稍詮整有史法。今之爲此志者，既不屑蹈襲其舊，又不克詳考四代史志之源流，又不能悉知篇目存佚之數，更思恢張以所未備，並取前世之書而附益之，是何異秦延君注堯典，劉孔昭賦六合也？……辛酉春〔註7〕，不佞修浙志經籍，需此書甚亟，當湖陸陸堂檢討嘗攜二冊來，有經史而

　　與《補遼金元藝文志》的作者加以辨正。盧文弨在《宋史藝文志補》的序中說：「《宋史》本有《藝文志》，咸淳以後，尚多闕略，至遼金元三史，則並不志藝文。本朝康熙年間議修《明史》，時史官有欲倣《隋書》兼《五代史志》之例而爲之補者，余得其底稿，乃上元倪燦闇公所纂輯也。今俗間傳有溫陵黃虞稷俞邰《千頃堂書目》本，搜採雖富，而體例不及倪本之正。今略爲訂正，且合之余友海寧吳騫槎客校本，庶爲完善。亟爲傳之，以補四朝史志之闕。具載倪序於首，使後人知其初意如此。宋有志補之，遼金元本無志，故今所錄，各自爲編云。」這就是《宋史藝文志補》與《補遼金元藝文志》的來歷。可見，盧文弨是從倪燦作序的《明史・藝文志稿》中輯出這兩部補史藝文志。黃虞稷的《明史・藝文志稿》本兼收宋遼金元四朝藝文，《經義考》中有引自「黃虞稷曰」的70餘部圖書，就是宋遼金元人的著述。黃氏所補四朝藝文被王鴻緒刪除，盧文弨對此行爲加以指責，他說道：「《志稿》自南宋及遼金元之書俱搜輯殆徧，……而今以斷代爲限，亦俱削之已。安得有力者將此四代書目別辟之以傳，亦學者之幸也。」盧文弨這篇《題明史・藝文志稿跋》作於乾隆癸巳（1773），此時他已有了將「四代書目別辟之以傳」的念頭，至其編《群書拾補》，將從《明史・藝文志稿》中輯出的補宋遼金元藝文，及吳騫所「補四朝史志之闕」，並在一起，分成《宋史藝文志補》、《補遼金元藝文》兩書收入其中。可是盧文弨在以《明史・藝文志稿》校補《千頃堂書目》的時候，甚至在校勘補四朝藝文的部份時，在校語中不斷提到黃《志》，明確指出黃虞稷是《明史・藝文志稿》的作者，於此又說倪燦乃補宋遼金元藝文的作者，其說前後矛盾，不知所據何由。

〔註7〕雍正無辛酉年，應是「辛亥」之誤。

無子集。暨居京師，句甬全孝廉復攜五冊見示，皆從史館錄出，祇有明人而缺南宋以後，諸公蓋爲明史起見，固未知俞邰網羅四代之苦心矣。」杭氏此文所云《黃氏書錄》應該就是從朱彝尊處得到的《黃氏藏書目》，朱彝尊死於康熙四十八年（1709），辛亥年係雍正九年，其時朱彝尊已去世多年，杭世駿從朱彝尊後人手中獲得了《黃氏書錄》，利用《內閣藏書目錄》加以增補，重新謄錄後，在乾隆戊辰（1748），以《千頃堂書目》的名字行世。

在杭世駿之前，文獻僅記載黃氏藏書樓名千頃齋，黃居中編有《千頃齋書目》六卷，惜未存世。《千頃堂書目》的名字，始由此得見。至乾隆四十六年（1781），四庫館臣把《千頃堂書目》收入四庫全書，此書才得以廣泛流傳。其中的「地理類」，杭世駿增補的部份已收錄在其中，但並未加以區分標注。可見，四庫全書本《千頃堂書目》已非黃虞稷《黃氏藏書目》的原貌了。杭世駿道古堂本《千頃堂書目》存世，但原書在臺灣國家圖書館，南京圖書館有該書縮微膠片。從膠片上可以看出，全書前後筆跡一致，乃杭世駿所抄錄。〔註8〕此書後來又爲吳騫所得，用朱筆過錄盧文弨依黃虞稷原志校補，綠筆乃吳氏自己所增補。吳騫得到杭世駿增補後的新本子後，因爲從本子上看不出增補的痕跡，他發出了「別有一本」的疑問。

盧文弨在乾隆癸巳（1773）還見到過《明史・藝文志稿》，並與《明史・藝文志》、坊間流傳的《千頃堂書目》加以比較，寫了《題明史・藝文志稿》一文，盧文弨云：「此《志稿》傳是溫陵黃虞稷俞邰氏所纂輯，今以頒行《明史》校之，所分門類多有刪並移易之處，史於書不甚著及無卷數者俱削之，黃《志》中小注爲史所採入者亦無幾耳。《志稿》自南宋及遼金元之書俱搜輯殆徧，此即晉隋史志兼補五代之遺則，而今以斷代爲限，亦俱削之已，安得有力者將此四代書目別辟之以傳，亦學者之幸也。外間傳有《千頃堂書目》，與此志大致相同，而亦間有移易。堂名千頃，固黃氏所以志也，然今之書直是書賈所爲，郡縣志幾於無所不載，別集各就其科第之年以爲先後，取便於檢尋耳。宗藩與宗室離而爲二，俱失體裁。而小注又爲鈔胥任意刪減，益失黃志之舊。但此《志稿》別集類於羽流外國亦俱缺如，篇第亦閒或顛倒，恐

〔註8〕 筆者在《千頃堂書目・地理類》與〈內閣藏書目錄〉的關係探析》一文中經過考證，認爲：杭世駿按照《內閣藏書目錄》的順序抄錄條目，但省略了原有注釋，比如注釋中的具體的年份多以「間」字替代。並且杭氏不是在《黃氏書目》上直接進行增補，而是於增補後重新謄錄了一本。

此尚有脫簡。」盧文弨此文有幾點要特別注意：（1）他認為黃虞稷撰有《明史‧藝文志稿》。（2）《明史‧藝文志》是在《志稿》的基礎上刪並移易，刪削其不甚著、無卷數者及所補南宋及遼金元之書而成書，《志稿》中的小注多未被其採用。（3）《千頃堂書目》與《志稿》大致相同，但該書是書賈所偽造，有三個很明顯的證據，內容上的改變體現在「（《千頃堂書目》）的郡縣志無所不載」及「（《志稿》）小注又為鈔胥任意刪減」；體裁則變為「（《千頃堂書目》）別集各就其科第之年以為先後，取便於檢尋」以及「宗藩與宗室離而為二」。

由以上資料我們可以得出如下結論：黃虞稷的《明史‧藝文志稿》在體例編排上，以著錄明代著述為主，兼收宋遼金元四代藝文。這個特徵，從朱彝尊的《經義考》所引「黃虞稷曰」的條目可得到驗證，《經義考》中「黃虞稷曰」383 個條目中，有 94 處為宋遼金元人的著述。全祖望《鮚埼亭集外編》卷四十二簡帖《全謝山移明史館帖子一》亦云：「考《明史》藝文原志出自黃徵君俞邰，雖變舊史之例，而於遼金元諸卷帙猶仿宋隋二志之例，附書於後南宋書籍之末。」陳兆崙《紫竹山房詩文集》文集卷三《續經籍考史類小序》也載：「今則取諸黃虞稷《藝文志稿》所補三朝之書，及散見本史紀傳或錯出別書者，依舊析入，以足成之。」可見，全、陳二人見過並且使用過黃虞稷的《明史‧藝文志稿》。

實際上，黃虞稷《明史‧藝文志稿》編纂時就旨在於著錄明代著述。倪燦在《明史‧藝文志稿序》中曰：「前代史志，皆錄古今之書，以其為中秘所藏，著一代之所有。今《文淵》之目，既不可憑，且其書僅及元季，三百年作者缺焉，此亦未足稱記載也。故特更其例，去前代之陳編，紀一朝之著述。《元史》既無藝文，《宋志》咸淳以後多缺，今並取二季，以補其後。而附以遼金之僅存者，萃為一編。」明人著述之多，可謂「怠夫博雅淹通之士，著述尤夥，故其篇帙繁富，遠過前人」。〔註 9〕黃虞稷根據明代社會藏書變化的實際情況，對書目著錄體例進行了較大調整。史志書目改變了著錄一代藏書的傳統體例，轉而著錄有明一代著述兼補前朝所闕。它使明代著作成為著錄的主要對象，書目的時代特徵也得以彰顯。

薛新力在《〈明史‧藝文志〉編撰考》一文中則認為「黃虞稷的《藝文志稿》是在尤侗初稿的基礎上撰成的，不管他是否以尤侗初稿為底本，他至少

〔註 9〕見王鴻緒《明史稿‧藝文志序》。

繼承了尤侗初稿的兩個特點：一是突出有明一代著述。《四庫全書總目》說尤侗《明藝文志》『其例惟載有明一代著作』，在所收七千一百四十一部書中，只有四十餘部非明人著作。二是兼收前朝。《四庫全書總目》舉出尤侗收宋人著作十九部，元人著作二十部，明刊前人著作五部。雖然難說是否係誤收，但這一現象至少啓發了黃虞稷後來兼補前朝所闕的思想。」〔註10〕薛氏並無史料支持黃虞稷曾見到或談及尤侗的《明藝文志》，其說僅出於推測而已。《（雍正）浙江通志》卷二四一至卷二五四引自《尤氏藝文志》的 176 個條目中，據筆者不完全統計（50 餘條），就有「王應辰瑞安仙岩志四卷、李時孚仙都山志五卷、高應科西湖便覽、鄭振先嘉禾事紀二卷、謝肇淛西吳枝乘二卷、何白鄞詩清派四卷、陳篔尊鄉錄詳節十卷、李日華姓氏譜纂七卷、鄭奎光南明山志四卷、歐應昌瑞岩志一卷、屠光晙遊舟山籍二卷、許如蘭衢遊紀略一卷、楊德周金華雜識四卷、楊德周荒政紀略一卷、陳鳴鶴東越文苑傳六卷、徐渭文長自著畸譜一卷、唐樞孝豐縣志六卷、邵景堯象山縣志十五卷、王稌明朝文纂四十卷、宋濂文章正原十五卷、周應治玉幾山房稿十卷、盛萬年曼寄軒集一卷、吳麟祥吟住一卷」二十三條，不見於《明史·藝文志稿》著錄。再如尤侗《明藝文志》所著錄的「徐桂大滌山人詩集十三卷，字茂吾」，在《明史·藝文志稿》中作「徐桂徐茂吾詩集十三卷又採薲曲一卷，杭州人，萬曆丁丑進士，袁州推官，恃才傲物，坐是罷」，兩書所著錄的書名、注釋皆不相同。黃虞稷編撰《明史·藝文志稿》原則就是求全，無論圖書存亡，一併著錄。如果黃虞稷見到過尤侗《明藝文志》，肯定會把這些條目統統抄錄在他的《明史·藝文志稿》中，而不是摒棄不錄。由此可以判斷，黃虞稷沒有見到過尤侗的《明藝文志》，所以也談不上繼承尤《志》的特點。《明史·藝文志稿》著錄有明一代著述兼補前朝所闕的做法，並非肇始於尤侗《明藝文志》。

第三節 《明史·藝文志稿》的版本差異

盧文弨在乾隆癸巳（1773）看到坊間流傳的《千頃堂書目》後，從朱文遊處借來其所藏的《明史·藝文志稿》，對《千頃堂書目》加以校正，據其所云「改正不少」。盧文弨的校記後來被吳騫迻錄在他從杭世駿處購買到的《千

〔註10〕薛新力：《〈明史·藝文志〉編撰考》，《北京大學學報》（國內訪問學者、進修教師論文專刊），2002 年 s1 期，第 108 頁。

頃堂書目》上，他也有相同的看法：「復借錢塘盧抱經先生金陵新校本勘補，書既加詳，且多序目，似是史局增修之本。」盧文弨校記中所云「黃《志》」即是黃虞稷的《明史·藝文志稿》。據筆者粗略統計，上海古籍出版社的《千頃堂書目》中注明「盧補」的條目有 500 餘條，分兩種情況：一是條目、注釋全部是盧補的，有 300 多條。諸如「歐陽貞《周易問辯》三十卷，分宜人，洪武初以易魁江西省試，官考城主簿，一名易疑；葉儀《周易集解》，金華人，明太祖下婺州，與范祖幹等同被徵；汪必東《易問大旨》，字希匯，崇陽人，正德辛未進士，官雲南參政」之目，皆不見於《千頃堂書目》，乃盧文弨依《明史·藝文志稿》所增補；另一種是盧文弨僅補注釋。如「顧紹芾夢庵集十卷，字德甫，侍郎章志子，太學生，天才駿發，人稱七言歌行似太白」，又如「金紳《青瑣獻納稿》，上元人，景泰甲戌進士，南京刑部右侍郎」等條目，《千頃堂書目》皆有目無注，上古校記云「此注文係盧氏校補」，乃盧文弨依據《明史·藝文志稿》增補的注釋。這種情況亦有近百處，多集中在集部的別集類。

盧文弨不僅利用《明史·藝文志稿》增補了《千頃堂書目》未收或者漏收的條目，通過對校，他還出了不少校記，主要是對相關條目所屬類目、排序先後的調整及文字校勘。對條目順序的調整，如《千頃堂書目》卷七的「黃瓚齊魯通志一百卷」下接「陸鈇山東通志四十卷」，盧校云「《志》黃在陸後，明志同」；「周應賓普陀山志五卷，又遊山志」，盧校「黃《志》接童琥釣臺拾遺集是也」；卷十「成祖編輯外戚傳三卷」，盧校云「此條黃《志》在魏顯國下」等，亦有多處。對相關條目所屬類目的調整，如《千頃堂書目》卷一「劉誠風雅遺音」，盧校云「《志》入『總集』」；卷二的「大明集禮五十三卷」，盧校云「《志》入『儀注』」。李長春纂修熹宗七年都察院實錄十四卷，盧校云「《志》入『編年』」；存心錄十八卷，盧校云「《志》入『故事』」；孝慈錄一卷，盧校「《志》入『儀注』」。如《千頃堂書目》卷五「平北錄一卷」，盧校云「《志》作『北平錄』」；卷十七「劉永之山陰集五卷，字仲修，臨江人，明初應聘入都，以耳疾辭」，注中的「明初應聘入都，以耳疾辭」一句，盧校云「《志》作『洪武中召修禮書，以疾歸』」；「王偁虛舟集五卷，字孟揚，永福人，洪武庚午舉人，永樂初用薦授國史院簡討，為永樂大典總裁官，參英國公張輔軍事，坐黨下獄死」，注「坐黨下獄死」，盧校云「《志》作『坐解縉事死獄』」；「何鈇東溪稿，字勳伯，江寧人，浙江道御史」中的「浙江道御史」，盧校云「《志》作『常德知府』」等等，即屬於文字上的校勘。

　　盧文弨的校記很大程度上恢復了《明史‧藝文志稿》原始的面貌，但筆者通過比較朱彝尊《經義考》所引用的黃虞稷《明史‧藝文志稿》與盧文弨對相同條目所做的校勘，發現二者之間有差異。如《經義考》卷四十九「葉氏儀周易集解」引黃虞稷曰：「儀字景翰，金華人。受學於許白雲，明太祖下婺州，與范祖幹等同被召。」盧文弨所補爲「金華人，明太祖下婺州，與范祖幹等同被召」；「歐陽氏貞周易問辨三十卷」引黃虞稷曰：「貞洪武初以易魁江西鄉試，官考城主簿。其書歷考諸家之異同，廣證先儒之論議。初名《易疑》，更今名。」盧文弨所補爲「分宜人，洪武初以易魁江西省試，官考城簿，一名《易疑》」；「張氏廷芳易經十翼章圖蘊義十卷」引黃虞稷曰：「晉江人，講明理學，自號退密翁。」盧文弨所補則爲「晉江人，自號退密翁」等，從這幾條看，朱彝尊本都詳於盧補，而盧文弨是從朱文遊處借得的《明史‧藝文志稿》，可見朱彝尊本與朱文遊本的著錄詳略有差異。

第四節　《明史‧藝文志稿》存佚新考

　　後世學者皆認爲黃虞稷的《明史‧藝文志稿》已佚，可筆者發現，《續修四庫全書》第 326 冊中署名萬斯同撰 416 卷本《明史》的卷 133～卷 136，即黃虞稷在明史館負責編撰的《藝文志》，共四卷，按四部編次，分 50 小類，經部分 11 小類，收書 1930 餘部；史部 18 類，收書 2860 餘部；子部 13 類，收書 2800 餘部；集部 8 類，收書 3910 餘部。證據就是，盧文弨以朱文遊本增補的 500 餘條目，皆在其中，其所出千餘處校記亦與此書所對應條目相吻合。上海古籍出版社整理出版的《千頃堂書目》〔註 11〕中明確標示「盧補」的條目，即盧文弨所補條目。圄於篇幅所限，筆者茲不贅錄，僅略舉幾處盧文弨依據《志稿》所出校記來說明問題，如《千頃堂書目》卷六著錄「楊循吉長洲縣志十卷」，盧校改「長洲縣」爲「吳邑」，並云依《志》改，又改「十」爲「十六」，與《志稿》所著錄「楊循吉吳邑志十六卷」相吻合；卷九「袁達禽蟲述二卷，字德修，閩縣人，爲貴溪令」，盧校云『「人」下有『博學強記，性迂不曉事，人謂爲癡』、『令』下有『嘉靖間詣闕獻賦，執政以其無奇也，罷之』』，《志稿》此條著錄爲「袁達禽蟲述二卷，字德修，閩縣人。博學強記，性迂不曉事，人謂爲癡。爲貴溪令。嘉靖間詣闕獻賦，執政以其無奇也，罷

〔註11〕筆者下文皆以「上古本」省稱「上海古籍出版社整理的《千頃堂書目》」。

之」，與盧文弨的校記完全吻合；又如卷十「武士訓戒錄一卷，洪武二十一年十月乙丑頒行，命儒臣編輯古今武臣善惡事，釋以直解，以訓武臣」，盧校無「命儒臣」三字，並改「輯」爲「類」，無「釋以」二字，「解」下有「其義」二字，無「武臣」二字，有「之」字，也與《志稿》著錄的「武士訓戒錄一卷，洪武二十一年頒，編類古今武臣善惡事，直解其義以訓之」相吻合。

筆者經比勘對照後發現，盧文弨所出的校記基本上皆與《志稿》的著錄相同。由此可證明，《明史‧藝文志稿》今天仍在世。並且，通過與盧文弨校記的對照，此《志稿》應該就是朱文遊藏本。盧文弨在《題明史‧藝文志稿》中所說的《志稿》另外兩個特徵：所載「郡縣志」不如《千頃堂書目》詳贍；「別集類」不是按科第之年爲先後順序排列、宗藩與宗室是合在一起的，皆與此《志稿》相符。

可是，筆者發現此《志稿》已非黃虞稷的原稿，它是被刪改過的。倪燦有爲黃虞稷《明史‧藝文志稿》所作序文，窮流溯源，與姜宸英《刑法志‧序》並稱傑作。原序（節選）爲：

> 第有明一代以來，君臣崇尚文雅，列聖之著述，內府咸有開板。而一時作者，亦自彬彬。崇正學者，多以濂洛爲宗，尚詞藻者，亦以班揚爲志。怠夫博雅淹通之士，著述尤夥，故其篇帙繁富，遠過前人。雖不無蕪蔓，然亦有可採。前代史志，皆錄古今之書，以其爲中秘所藏，著一代之所有。今文淵之目，既不可憑。且其書僅及元季，三百年作者缺焉，此亦未足稱記載也。故特更其例，去前代之陳編，紀一朝之著述。元史既無藝文，宋志咸淳以後多非官所簿錄，多採之私家，故卷帙或有不詳。要欲使名卿大夫之崇論閎議，文儒學士之勤志苦心，雖不克盡見其書，而得窺標目，以著一代之盛云爾。

416卷本《明史》卷133首爲《藝文志》序，此節文字變爲：

> 然有明一代，君臣頗尚文雅，一時作者亦自彬彬。正學多以濂洛爲宗，詞章亦以班揚爲志，故其篇帙繁富遠過前人。雖不無蕪蔓，亦有可採。今並爲一編，列之四部，用傳來茲，俾觀者得窺標目，以著一代之盛云。

兩相對照，後者大段文字被刪改。依倪燦序所云，《明史‧藝文志稿》旨在紀明代一朝之著述，兼補宋遼金元四朝書目，意在「使名卿大夫之崇論閎

議，文儒學士之勤志苦心，雖不克盡見其書，而得窺標目，以著一代之盛云爾」。而 416 卷本《明史》的藝文志序文被纂改後的文義就變成了「僅著錄有明一代著述」，並且與序文相對應，該書正文中確實只有明代著述部份，不見宋遼金元四朝藝文志的蹤影，可見此序及正文被人有心纂改。查書中著錄有「鄒忠嗣詩經闡二十五卷」「林嗣昌春秋易義十二卷、弟經一卷、雁山詩集一卷」「陳嗣昌天文地理圖說又天文次又歲時占驗、卦變論又數學同辨正」、「劉嗣昌劉氏類山十卷」、「曹嗣儒華嚴指南四卷」、「穆光嗣玄對樓集□卷、明詩正聲十八卷」諸條，實際上，這些條目中的「嗣」字原爲「胤」字，如鄒忠嗣，《經義考》作「鄒忠胤」，汪琬《堯峰文抄》卷三十四有《節孝王先生傳》云：「鄒忠胤作《詩傳闡》，亦往往據傳以攻序。」至張廷玉《明史‧藝文志》「胤」缺末筆，《四庫全書總目》卷十七《詩傳闡》「提要」則作「鄒忠允」，《千頃堂書目》亦缺末筆。應是避雍正皇帝「胤禛」之諱，以「嗣」「允」替代「胤」字，我們是否由此判斷，此《志稿》被纂改的時間在雍正年間？那麼，又是何人所爲呢？

　　國家圖書館藏舊題萬斯同所著的 416 卷本《明史》抄本，書中並未注明作者姓名，《北京圖書館古籍善本書目》即將之題爲「清萬斯同撰」〔註12〕，該書目錄卷 3 題有「嘉慶乙亥人日購於都門書肆之西文盛堂小簰識」字樣，1995 年編入《續修四庫全書》時，編輯將之列爲萬斯同所著。但關於該書的作者問題，學界有不同的觀點。衣若蘭在《舊題萬斯同 416 卷本〈明史〉〈列女傳〉研析》一文中，對 416 卷本《明史》的作者問題加以考證，對幾種看法加以了梳理。首先是李晉華的觀點。在細勘 416 卷本《明史》中的紀、傳兩部份後，他以「太祖本紀」與「王禕傳」爲例，認爲 416 卷本《明史》實以 313 卷萬稿爲本，尤其是在「王禕傳」中，416 卷本幾乎與 313 卷萬斯同《明史紀傳》相同。所以他認爲 416 卷本《明史》是增損 313 卷本《明史》「紀傳」而來的，而王鴻緒《明史稿》又是從 416 卷本《明史》增損而來。可是，對於 416 卷本《明史》的作者，他以爲此書介於王‧萬兩稿之間，爲何人所核定，尚未能斷言；〔註13〕學者黃愛平在《〈明史〉稿本考略》一文中認爲 416

〔註12〕北京圖書館編，《北京圖書館古籍善本書目》，書目文獻出版社，1987 年，第 258 頁。

〔註13〕李晉華《明史纂修考》，原載《燕京學報專號》之三（北京：哈佛燕京學社，1933），收於姜勝利編《明史研究》，中國大百科全書出版社，2009 年，第 87～168 頁。

卷本《明史》係萬斯同核定之稿；學者朱端強則認爲，此稿很可能就是經熊賜履改過的《明史》萬稿，是康熙十八年以來史館稿的改本，也是王鴻緒修史的依據〔註14〕。衣若蘭在逐一把梳各家觀點後，注意到熊賜履的《明史》進呈稿，經過一番考證，她認爲：「416卷本《明史》實爲熊賜履刪修過的史稿，我們可稱此稿或經萬斯同審定之稿，但若將撰著者訂爲萬斯同，實不適當。」衣文的推測正確與否，尚需進一步的材料支持。

但筆者以爲，若以書中的避諱字作爲判斷的條件，熊賜履進呈《明史》稿在康熙四十一年（1702），並不需避雍正皇帝之諱，那麼此《志稿》就非熊氏所刪改。王鴻緒進呈《明史稿》時在雍正元年〔註15〕，並且他《明史稿·藝文志》中的林胤昌、陳胤昌、劉胤昌、曹胤儒諸人，也都改作「嗣」字，從時間上考察，王鴻緒有可能是此《志稿》的篡改者。有學者認爲，在王鴻緒刪改《藝文志》之前，所謂的《明史·藝文志稿》中就是沒有附四代藝文志的。但王鴻緒曾在《明史稿·藝文志序》中說：「明季秘書已亡，則前代陳編，無憑記載，第就二百七十年各家著述，足成一志。」由此可見，他是出於編撰史志的考慮，爲了更加符合正史藝文志的要求，而壓縮篇幅，刪除四朝藝文的。其《明史稿·藝文志》以斷代爲限，僅載明代著述，把黃虞稷所補四代藝文刪除的做法，引起後世學者的不滿。杭世駿在《黃氏書錄序》中評價道：「觀俞邰所排比，自南宋以迄元末皆以燦然大備，……句甬全孝廉復攜五冊見示，皆從史館錄出，祇有明人，而缺南宋以後諸公，蓋爲《明史》起見，固未知俞邰網羅四代之苦心矣。」盧文弨在《題明史·藝文志稿》文中也表達了不滿之意：「《志稿》自南宋及遼金元之書俱搜輯殆徧，……而今以斷代爲限，亦俱削之已。」〔註16〕

筆者在這裡要指出，「刪改」不等於「篡改」，《明史·藝文志稿》成書在康熙二十八年（1689），王鴻緒編撰其《明史稿·藝文志》，當在康熙二十九年至雍正元年之間。《明史·藝文志稿》與他的《明史稿·藝文志》並無衝突，他在利用《明史·藝文志稿》時，只要不抄錄所補四朝藝文的條目即可，並不需要對文本進行篡改。並且，如果《明史·藝文志稿》被篡改在雍

〔註14〕 朱端強，《布衣史官——萬斯同傳》，杭州，浙江人民出版社，第283～284頁。
〔註15〕 王鴻緒《進呈明史稿疏》云：「自簡任總裁，閱歷四十二年，或筆削乎舊文，或補綴其未備，或就正於明季之老儒，或諮訪於當代之博雅，要以恪遵敕旨，務出至公，不敢無據而作，今合訂紀志表傳共三百零十卷，謹錄呈御覽。」
〔註16〕 盧文弨《題明史·藝文志稿》。

正時,《明史稿‧藝文志》在雍正元年就進呈了,他不可能在短時間內對兩種書目從文字上加以修改。可見王鴻緒並非篡改者,亦非 416 卷本《明史》的纂修者。綜合以上的分析,筆者認為,一種較合理的解釋就是,416 卷本《明史》係抄本流傳,此書大概在雍正年間抄錄,所以才會出現避諱字。至於此《藝文志稿》被何人篡改,僅憑現階段的材料,尚無法進一步加以考證。

第五節 《明史‧藝文志稿》的分類及注釋特點

一、《明史‧藝文志稿》的分類特點

《明史‧藝文志稿》採用傳統的四部份類法,分為 4 大部類,50 小類。作為一部史志目錄,黃虞稷在編撰《藝文志》的過程中,不僅參照以往正史《藝文志》的分類,還利用了私家藏書目錄的分類方法。據筆者考證,主要有《遂初堂書目》、《直齋書錄解題》、《文獻通考》、《文淵閣書目》幾種。筆者以下表加以說明:

《直齋書錄解題》	《文獻通考‧經籍考》	《明史‧藝文志稿》
經錄:易類、書類、詩類、禮類、春秋類、孝經類、語孟類、讖緯類、經解類、小學類	經部:易類、書類、詩類、春秋類、論語類、孟子類、孝經類、經解類、樂類、儀注類、諡法類、小學類、讖緯類	經部:易類、書類、詩類、春秋類、三禮類、禮樂書類(凡後代編定之禮及類次樂律書)、孝經類、論語類、孟子類(前代皆入儒家,今特為一類),經解類(五經四子總解)、小學類(分訓詁、書、數、蒙訓四種)
史錄:正史類、別史類、編年類、起居注類、詔令類、偽史類、雜史類、典故類、職官類、禮注類、時令類、傳記類、法令類、譜牒類、目錄類、地理類	史部:正史類、編年類、起居注類、雜史類、傳記類、偽霸史類、史評史抄類、故事類、職官類、刑法類、地理類、時令類、譜牒類、目錄類	史部:國史類(朝廷勅編當代史)、正史類、通史類(通輯列代之史)、編年類、雜史類、霸史類、史學類、史抄類、故事類、職官類、時令類、食貨類、儀注類、政刑類、傳記類、地理類、譜牒類、簿錄類
子錄:儒家類、道家類、法家類、名家類、墨家類、縱橫家類、農家類、雜家類、小說家類、神仙類、釋氏類、兵書類、曆象類、陰陽家類、卜筮類、形法類、醫書類、音樂類、雜藝術類、類書類	子部:儒家類、道家類、法家類、名家類、墨家類、縱橫家類、雜家類、小說家類、農家類、天文類、曆算類、五行類、占筮類、形法類、兵書類、醫家類、房中類、神仙家類、釋氏類、類書類、雜藝術類	子部:儒家類、雜家類(前代藝文志列名,法諸家,後代沿之,然寥寥無幾,備數而已,今削之,總附雜家)、農家類、小說家類、兵書類、天文類、曆數類、五行類、醫方類、雜藝術類、類書類、道家類、釋家類

集錄七類：楚辭類、總集類、別集類、詩集類、歌詞類、章奏類、文史類	集部：賦詩類、別集類、詩集類、歌詞類、章奏類、總集類、文史類	集部：制誥類、表奏類、騷賦類、別集類、詞曲類（因《文獻通考》例錄）、總集類、文史類、制舉類（自宋熙寧用荊舒之制，以經義試士，其後或用或否，惟明遵行不廢，遂為一代之制。三百年來，程士之文與士之自課者，龐雜不勝錄也。然而典制所在，未可廢也。緣《通考》錄擢犀、擢象之類，載程式之文二三種，以見一代之制，而二三場之者亦附見焉）

通過上表三種公私書目的對照，我們發現，《明史·藝文志稿》與《文獻通考·經籍考》的子類目相似度極高：經部有 9 個相同（馬氏將「儀注」自史部提出，移至經部。又自「經解」中提出有關讖法之書，另成一類）；史部有 13 個相同，《明史·藝文志稿》較《文獻通考·經籍考》多了「國史類、通史類、食貨類」三個類目，「國史類」應是參考了《文淵閣書目》的分類。《文淵閣書目》首列「國朝」一類，值得注意。若進行綜合分類，這些「國朝」類書籍大概可分為五種：1. 御製，包括御製詩文集和御製諸書及各種榜文、詔誥。2. 敕撰諸書。3. 實錄寶訓。4. 政書（含儀注）。5. 地志。《明史·藝文志稿》「國史類」著錄的就是第 3 種「實錄、寶訓」，從「太祖高皇帝實錄二百五十卷」至「皇明寶訓一百二十二卷」，包括實錄、寶訓、聖政記、年表、明倫大典、起居注、三朝要典共 39 部。又如「故事類」把《存心錄》、《臣戒錄》、《昭鑒錄》、《聖學心法》等列於類首；「政刑類」把「大明律、大明令、御製大誥」等列於類首；「地理類」把「大明志書、寰宇通衢書、寰宇通志、大明一統志、大明寰宇記」等列於類首；「集部」則把「太祖御製文集、仁宗御製文集、憲宗御製詩集、獻帝含春堂稿」等列於類首。

子部中的「雜家類」則是沿習《文獻通考·經籍考》的分法，黃虞稷認為「前代藝文志列名、法諸家，後代沿之，然寥寥無幾，備數而已，今削之，總附雜家」，把數量較少的法、名、墨、縱橫家的著述統歸於「雜家」之中，精簡了子部類目。二者子部的分類幾乎是相同的。《文獻通考·經籍考》是史志目錄，著錄自古迄宋現存圖書約 5000 種，按經、史、子、集 4 部分類編排。其類目的分合與《直齋書錄解題》有極高的相似度，如《直齋書錄解題》「語孟類」小序云：「前《志》孟子本列於儒家，然趙岐固嘗以為則象論語矣，自

韓文公稱孔子傳之孟軻，軻死不得其傳，天下學者咸曰『孔孟』，孟子之書固
非荀揚以降所可同日語也。今國家設科取士，《語》《孟》並列為經，而程氏
諸儒訓解二書常相表裏，故今合為一類」，敘其增創之由；《文獻通考‧經籍
考》「孟子類小序」為：「按前史藝文志俱以《論語》入經類，《孟子》入儒家
類，直齋陳氏《書錄解題》始以《語》《孟》同入經類，其說曰：『自韓文公
稱孔子傳之孟軻，軻死不得其傳，天下學者咸曰孔孟，孟子之書固非荀揚以
降所可同日語也。今國家設科，《語》、《孟》並列於經，而程氏諸儒訓解二書
常相表裏，故合為一類，今從之。』」馬端臨《文獻通考‧經籍考》言及《孟
子》入經，歸功於陳振孫的《直齋書錄解題》，實際上若求源溯本，應當是肇
始於尤袤的《遂初堂書目》。尤袤的《遂初堂書目》經部分九類：經總類、周
易類、尚書類、詩類、禮類、樂類、春秋類、論語類（孝經、孟子附）、小學
類。尤目分類，基本承襲《崇文總目》。經部有兩處變動，一是取消孝經類，
併入論語類，另外將子部的《孟子》也提到經部，附在論語類下；二是增設
經總類，「聚合刻九經及善本各經」。子部分十二類：儒家類、雜家類、道家
類、釋家類、農家類、兵書類、數術家類、小說類、雜藝類、譜錄類、類書
類、醫書類。尤袤將法家、名家、墨家、縱橫家併入雜家，又師法《七略》，
將天文、曆議、陰陽、五行、卜筮、形勢合為數術家，這一合一併，在分類
史上是個改革。尤《目》還取消了《崇文總目》設置的道書類，創立了譜錄
類，用以統轄金石圖譜，為黃虞稷所採用，《四庫全書總目》「千頃堂書目提
要」云：「簿錄一門用尤袤《遂初堂書目》之例，以收錢譜蟹錄之屬古來無類
可歸者，最為允協。」

黃虞稷將「制誥」類移入集部，應是受梁太子《昭明文選》的影響，將
制誥亦視為古今文章類別之一。《四庫全書總目》在《詔令奏議類序》中云：
「記言記動，二史分司。起居注，右史事也。左史所錄蔑聞焉。王言所敷，
惟詔令耳。《唐志》史部，初立此門。黃虞稷《千頃堂書目》則移制誥於集部，
次於別集。夫渙號明堂，義無虛發。治亂得失，於是可稽。此政事之樞機，
非僅文章類也。抑居辭賦，於理為褻。《尚書》誓誥，經有明徵。今乃載史部，
從古義也。」至於「群臣表奏」，史志目錄歸屬不一，《隋書經籍志》、《舊唐
書經籍志》入史部「刑法」類，《新唐書藝文志》與《宋史藝文志》入集部「別
集類」。馬端臨《文獻通考‧經籍考》始以「奏議」自為一門，亦在集部。《四
庫全書總目‧詔令奏議類序》云：「《文獻通考》始以奏議自為一門，亦居集

末。考《漢志》載《奏事》十八篇，列《戰國策》、《史記》之間，附《春秋》末。則論事之文，當歸史部，其證昭然、今亦並改隸，俾易與紀傳互考焉。」《明史·藝文志稿》繼承馬氏，只是改稱「表奏類」，置於集部「制誥類」之後。黃虞稷在「詞曲類」的小序中明確指出「因《文獻通考》例錄」，把「歌詞類」改稱作「詞曲類」。這個類目在明之前的官修目錄中是沒有的，可是宋元以來詞曲創作進入鼎盛時期、優秀作品屢見不鮮。在「集部」中開設這一類目，不僅符合我國文學發展的趨勢，具有很強的科學性；而且也為目錄學這一古老的學科注入了新的內容，為《四庫全書總目》所承續。黃虞稷於「集部」特設「制舉」一門，自有考慮，他在「制舉類」小序中說：「自宋熙寧用荊舒之制，以經義試士，其後或用或否，惟明遵行不廢，遂為一代之制。三百年來，程士之文與士之自課者，龐雜不勝錄也。然而典制所在，未可廢也。緣《通考》錄擢犀、擢象之類，載程式之文二三種，以見一代之制，而二三場之者亦附見焉。」從小序知，「制舉類」的立目也是緣於《文獻通考》，《文獻通考》卷二百五十九載「擢犀策一百九十六卷擢象策一百六十八卷」，又承自陳振孫《直齋書錄解題》所謂：「擢犀者，元祐宣政以及建紹初年時文也，擢象則紹興末，大抵科舉場屋之文愈降愈下，後生亦不復知前輩之舊作，姑存之以觀世事」。

二、《明史·藝文志稿》的注釋特點

　　《明史·藝文志稿》的注釋方式也承續了史志目錄的特點。在史志目錄中都有注釋的格式，班固《漢書·藝文志》開此先河。他對《七略》的序錄進行摘錄，有選擇地注於一些書目之下。簡明扼要解釋題意，介紹作者生平事蹟，揭示文獻內容，成為中國目錄學史上常用的方法。「在正史藝文志中，每部藝文志中都存在著注釋，它是書目的重要組成部份。書目是讀書治學的重要途徑，而注釋恰好就是解決疑惑的線索。」〔註17〕黃虞稷在編撰條目時，注釋部份介紹作者生平爵里、成書經過、注書之內容、注起訖時間。書中大部份注釋，多從著者墓誌銘、史傳、詩文序跋中抄錄。比如「黃潤玉儀禮戴記附注五卷，析儀禮為四卷，以戴記比類附之。末一卷又取周官大田禮以補軍禮之缺。通為箋釋」，即是從楊守陳為黃氏撰《墓誌銘》中析出；「儀禮逸經十八篇，洪武中，御史沅州劉有年以辭職養母忤旨，謫輸站役通州，於州

〔註17〕張金鳳《正史藝文志注釋芻議》，《山東圖書館季刊》，2004年第3期，第66頁。

舊家得其書獻之朝，今付史館」，見明過庭訓《本朝分省人物考》卷八十三「劉有年小傳」：「劉有年字大行，沅州人。元季自廬陵徙居。洪武中以明經薦拜監察御史，學行優卓。尋以辭秩養母忤旨，謫通州輸站役，於州中舊家檢閱《儀禮逸經十八篇》上之，上命付史館。」；「孫吾與韻會訂正四卷，《洪武正韻》既行，太祖以其字義音切未能盡當，命翰林院重加校正。學士劉三吾言，前太常博士孫吾與編定本宋儒黃公紹《古今韻會》，凡字切必祖三十六母音韻歸一圖，以其書進。帝覽而善之，賜名曰《韻會訂正》。吾與名子初，豐城人，元翰林待制，入明授太常博士，充殿試考官。後隨靖寧侯葉升征南歸卒」，則見《本朝分省人物考》卷八十一「劉三吾小傳」。

　　《明史‧藝文志稿》雖不是提要式書目，但大多數作者皆注明里貫、字號、官爵和科第等。特別是集部，補充了不少名不見經傳的作者的生平資料，對考察有明一代文獻具有重要價值。四庫館臣評價《千頃堂書目》曰「考明一代著作者，終以是書為可據」，也是對《明史‧藝文志稿》的認可。

第二章 《明史・藝文志稿》與明代書目的關係探析

第一節 《明史・藝文志稿》著錄圖書的文獻來源

　　雖然黃虞稷是《明史・藝文志稿》的編撰者，家富藏書，且其父編有《千頃齋書目》，但不等於說，《明史・藝文志稿》是在《千頃齋書目》的基礎上刪改或者僅憑黃氏藏書而編目的。作為一部史志目錄，它參考了多種公私藏書目及地方文獻。倪燦在《明史・藝文志稿序》中就指出：「諸書既非官所簿錄，多採之私家。」反映了黃虞稷取材的主要來源。王鴻緒《明史稿・藝文志序》亦云：「爰取士大夫家藏目錄，稍為釐次，凡卷數莫考，疑信未定者，寧闕而不詳云。」黃虞稷與當時的學者及藏書家如黃宗羲、丁雄飛、朱彝尊、萬斯同、徐乾學等，以及一些吳越學者、史館纂修人員交往甚密，參考、使用他們的收藏是很有可能的。同時由於編撰藝文志的需要，他也能參考史館所藏的其他書籍。《明史・藝文志稿》「史部簿錄類」凡收公藏書目十一種，私家書目五十五種，還有釋道碑等書目，共七十多種。上文我們已經討論過，《明史・藝文志稿》的編排體例是以記載明代著述為主，附以宋遼金元四朝藝文。但現存的《明史・藝文志稿》已經是為人所刪削過的，既然沒有了宋遼金元四朝書目，本節考察的對象就以明代書目為主，重點討論《明史・藝文志稿》與明代各家書目的關係。大致可分為以下三種情況：

一、直接注明出處

1、《國子監書目》

（1）留都錄五卷　見《國子監書目》。

（2）存心錄十八卷　洪武四年詔吳沈等編次祭祀壇位禮儀圖說，又以歷代災祥可驗者條列於後，且述齋戒之意以備觀覽。《國子監書目》作十卷。

2、《南雍志》

（1）李曄草閣集七卷　字東表，錢塘人，明初官國子監助教。集爲門人唐仲進所編。《南雍志》作臨安人。

（2）趙良士文集一卷　字志道，甌寧人。洪武中國子監助教。《南雍志》作趙友仁。

3、《國史經籍志》

（1）焦竑明史獻徵錄一百二十卷　《經籍志》作三百六十卷（《國史經籍志》卷三著錄《獻徵錄》三百六十卷）

（2）吳牧約齋集　以下不詳爵里，見焦竑《國史經籍志》。王公說龍門集一卷、鍾綱蘊溪集九卷、胡瀚信庵集二卷、曾勖退齋集一卷、梁銛翠岩稿六卷、錢復蘇湖集一卷、黃華管窺集五卷、過時濟窺豹集一卷、顧言萍居集十三卷、陳頤好古齋集四卷、余存修缶音一卷字純齋歙縣人、徐壽蚓鳴集一卷、王恪詠史詩一卷、鄭木和鳴集一卷、吳靖貴行稿一卷、朱玄諫白龍山集六卷、鄒鈍礨庵稿四卷、葛元兆芝岩集八卷、周旋半齋集四卷、蕭雅平軒稿二卷、王治沙羨稿一卷、趙永貞竹窗集四卷、邵賢南行錄一卷、劉振直暇集三卷、江左鶴軒稿一卷、康仲端詩一卷、袁天麒慎庵集一卷、鄭立岩山詩一卷、吳川學約齋集一卷、朱朝章水衡集一卷、吳廷獻昆齋稿一卷、李懋鳴秋稿四卷、林應麟羈寓集二卷、胡崇時軒集六卷、胡景榮舍人集四卷、劉愔西峰集八卷、田九垓何樓集二卷、徐敷詔定庵集八卷、葉石瑞峰稿一卷、陳謙元溪稿四卷、李摶微集八卷（李摶微集八卷萬卷堂書目李應陽摶微集十八卷）、趙宏漁庵集一卷、吳希周東彙集十卷一作呂希周、裴騫蒯門集二卷、劉世論崖東稿八卷、鄭相栗城稿二卷、劉成穆玄倩集二卷、陳朝紀冷香集二卷、索儁春坊集二卷、張天民雲航集一卷、李傑石城集二十七卷、朱瑛西崖集八卷、徐詩汝思集一卷

4、《皇明貢舉考》

（1）盛祥寅清集十卷 字天瑞，丹徒人，洪武乙丑進士，道州知州。《貢舉考》作盛安。

（2）李卓效犨集 永豐人，永樂辛丑進士，長沙府學教授。《貢舉考》作黃卓。

5、《百川書志》

（1）群書集事淵海四十七卷 《百川書志》云「弘治間人編」。案謝遷序疑此書為元末人作，高氏豈未見此序耶。

6、《菉竹堂書目》

（1）四書程文二十九卷

（2）易經程文六卷

（3）書經程文六卷

（4）詩經程文六卷

（5）春秋程文二十二卷

（6）禮記程文十卷

（7）論程文十卷

（8）策程文□卷

右八種見葉盛《菉竹堂書目》，皆明初場屋試士之文。

7、錢謙益《列朝詩集》

（1）漢王高煦擬古感興詩一卷 凡二十八篇，《列朝詩》云「其臣僚嘗為鏤版行世」。

8、王世貞《藝苑巵言》

（1）商河王載塙松庵集，《藝苑巵言》稱其工玉筋大小篆。

9、楊士奇《文籍志》

（1）類林雜說十五卷，楊士奇《文籍志》云明初人所編。

二、未注明出處，但直接抄錄的痕跡比較明顯，稍做比勘即可發現其中淵源

1、《內閣藏書目錄》

《明史‧藝文志稿》「史部‧儀注類」凡 97 條，43 條出自《內閣藏書目錄》卷四，見下表：

	《內閣藏書目錄》卷四	《明史·藝文志稿》
1	22 大駕鹵簿圖一冊〔註1〕	大駕鹵簿圖一冊
2	26 中宮鹵簿圖一冊	中宮鹵簿圖一冊
3	27 儀仗圖三冊	儀仗圖三冊
4	28 東宮儀仗圖一冊	東宮儀仗圖一冊
5	29 親王儀仗圖一冊	親王儀仗圖一冊
6	30 東宮妃及公主郡主儀仗圖一冊	東宮妃及公主郡主儀仗圖一冊
7	1 乘輿冕服製圖一冊，嘉靖八年上諭大學士張璁謂「古者上衣下裳不相掩覆，今使衣通其掩其裳，且古裳如帷幔，今則兩幅而已，均非禮制」，命更定之。因分十二章，衣裳各六。璁考古自有虞及周以下之制爲說，繪圖以進。	乘輿冕服圖說一冊，嘉靖八年十月帝諭大學士張璁謂「古者上衣下裳不相掩覆，今衣通掩其裳，且古裳如帷幔，今止兩幅，均非禮制」，命更定之。因分十二章，衣裳各六，璁考古自有漢及周以下之制爲說，繪圖以進。
8	2 乘輿武弁服製圖一冊，嘉靖八年，上諭大學士張璁，凡乘輿親征有類造宜禡之祭，當具武弁服，令考古制繪圖以進，璁爲之注說。	乘輿武弁服製圖一卷，帝又謂璁凡乘輿親征有類造宜禡之祭，當具載武弁服，令考古制繪圖以進，璁爲之注說。
9	6 玄端冠服圖一冊，嘉靖七年上諭製燕居之冠曰燕弁，服曰玄端，並深衣帶履，大學士張璁繪圖說以進。	玄端冠服圖一卷，嘉靖七年帝製燕居之冠曰燕弁，服曰玄端，並深衣帶履，大學士張璁繪圖爲說以進。
10	7 御製保和冠服圖一冊，嘉靖七年，因光澤王奏請冠服之式，上命大學士張璁以燕弁爲準，參考降級，以賜宗室，璁爲之圖說以進。	御製保和冠服圖一卷，嘉靖七年，光澤王奏請冠服之式，帝命大學士張璁以燕弁爲準，參考降級，以賜宗室，璁爲圖說以進。
11	31 中宮以下及郡主冠服圖式一卷	中宮以下及郡主冠服圖式一卷
12	32 朝服圖一冊文武諸臣朝服公服常服衣履帶笏之式	朝服圖一冊文武諸臣朝服公服常服衣履帶笏之式
13	33 太宗總圖一卷	太宗總圖一卷
14	34 獻皇帝廟殿圖一幅	獻皇帝廟殿圖一卷
15	62 天壽山諸陵總圖一卷	天壽山諸陵總圖一卷
16	63 奉神殿圖冊一卷	奉神殿圖冊一卷
17	64 帝王廟總圖二卷	帝王廟總圖二卷
18	65 大仙都等殿並旋坡臺圖樣一卷	大仙都等殿並旋坡臺圖樣一卷
19	66 大高玄等殿圖一卷	大高玄等殿圖一卷
20	67 皇史宬並景神等殿圖二卷	皇史宬並景神等殿圖二卷
21	68 圖明閣陽雷軒殿宇圖一卷	圖明閣陽雷軒殿宇圖一卷
22	69 園丘總圖一卷	園丘總圖一卷

〔註 1〕 此列序號是筆者爲《內閣藏書目錄》此類編的號，二者在順序排列上略有差異。

23	70 方澤總圖一卷	方澤總圖一卷
24	71 皇穹宇崇雩壇神祇壇圖樣一卷	皇穹宇崇雩壇神祇壇圖樣一卷
25	72 大享殿圖一卷	大享殿圖一卷
26	73 朝日壇總圖一卷	朝日壇總圖一卷
27	74 夕月壇總圖一卷	夕月壇總圖一卷
28	75 神祇壇總圖一卷	神祇壇總圖一卷
29	76 社稷壇圖一卷	社稷壇圖一卷
30	77 雩壇總圖一卷	雩壇總圖一卷
31	78 沙河行宮圖一卷	沙河行宮圖一卷
32	79 鼓樓圖一卷	鼓樓圖一卷
33	80 龍鳳船方船四脊黃船圖一卷,以上皆嘉靖間繪進。	龍鳳船方船四脊黃船圖一卷,以上皆嘉靖間繪進。
34	81 圜丘方澤祭器圖一卷	圜丘方澤祭器圖一卷
35	82 樂器圖一卷	樂器圖一卷
36	83 朝日夕月壇祭器圖一卷	朝日夕月壇祭器圖一卷
37	84 樂器圖一卷	樂器圖一卷
38	85 太廟供器祭器圖一卷	太廟供器祭器圖一卷
39	86 大享殿供器祭器圖一卷	大享殿供器祭器圖一卷
40	87 司設監圖四卷	司設監圖四卷
41	88 兵仗局圖五卷	兵仗局圖五卷
42	89 巾帽局圖五卷	巾帽局圖五卷
43	90 針工局圖四卷,以上皆圖,各壇所用神御對象並大次帷幄,各鎖鑰執事人冠帶靴履祭服等圖式,嘉靖九年繪進。	針工局圖四卷,以上皆圖,各壇所用神御對象並大次帷幄,各鎖鑰執事人冠帶靴履祭服等圖式,嘉靖九年繪進。

　　從上表可以清晰的看出,《明史‧藝文志稿》「儀注類」所著錄的 43 條書目,除了在排序上與《內閣藏書目錄》有差異,其他的無論是書名、卷數、注釋幾乎是完全相同的,可以肯定,這些條目就出自《內閣藏書目錄》。《明史‧藝文志稿》還有一些條目,如「禮書四十二卷,不知何時纂,凡十七冊。目錄一冊、吉禮五冊、軍禮凶禮共一冊、制度一冊、喪禮二冊、考正一冊、官制二冊、公式三冊、雜禮一冊」、「大明會要八十卷,不知何人編。太祖開國時事。凡三十九則,曰帝系、曰仁政、曰后妃、曰封建、曰職官、曰官制、曰內職、曰版籍、曰方域、曰躅旅、曰禮樂、曰祭祀、曰賞賜、曰勸賞、曰祥異、曰學校、曰建言、曰兵政、曰除寇、曰僧道、曰開基濠泗、曰定策渡江、曰定鼎金陵、曰定北平、曰降西蜀、曰平雲南、曰克張士誠、曰取關隴、

曰取山西、曰平廣海、曰來方谷珍、曰下八閩、曰平溪峒、曰收塞北、曰服荊楚、曰降遼東、曰奠西域、曰來納哈出、曰定四彝」、「大明禮制二十五卷，不知何人編」，出自《內閣藏書目錄》卷一；「周禮詳集一冊，自地官司徒至考工記」、「儀禮節要三冊」出自《內閣藏書目錄》卷二；「粵西鹽政考二冊，萬曆間修，不知撰人」出自《內閣藏書目錄》卷六；「忠節錄一卷，載唐忠節之臣凡二十四人，亦不詳撰人」、「表忠錄一卷，錄古今死節之臣，至宋文天祥止，不詳撰人」，出自《內閣藏書目錄》卷七。

2、《萬卷堂書目》

《明史·藝文志稿》的「史部·儀注類」還有 11 條出自《萬卷堂書目》。

（1）車駕巡幸禮儀一冊

（2）陵寢禮式一冊

（3）欽降禮制一冊

（4）欽禁奢侈一冊

（5）儀制禮式一冊

（6）王國儀注一冊

（7）儀注事例一冊

（8）鴻臚儀注二冊

（9）出使儀注二冊

（10）射禮儀注一冊

（11）到任儀注一冊

三、抄錄時沿襲原書訛誤，通過校勘，可間接考察其中關係

（一）《授經圖義例》

（1）吳鵬舉春秋繁露節解十卷

吳鵬舉誤，應作吳廷舉。《經義考》著錄「吳氏廷舉春秋繁露節解四卷」，吳廷舉字獻臣，梧州人，成化丁未進士，官至南京工部尚書，諡清惠，事蹟具《明史本傳》。

（2）莊轂春秋十三伯論一卷

莊為元人。清魯曾煜《（乾隆）福州府志》卷三十九載其為「至正二十年庚子魏元禮榜進士」。

（3）彭飛春秋啟鑰龍虎正印五卷

《天一閣書目》卷一之二「春秋啟鑰五卷」提要云「元至正廬陵彭飛南溟氏校正，不著撰書人名字，卷首彭自序」。《四庫總目》卷一百三十五「歷代制度詳說十二卷」《提要》云「（該書）元泰定三年嘗刊行，前有廬陵彭飛序」，則彭為元人無疑。

（4）春秋金鑰匙一卷

見《授經圖義例》卷十六載「春秋金鑰匙一卷」，又小字注曰「經籍志」。核《國史經籍志》，卷二果然著錄「春秋金鑰匙一卷」亦無作者。《萬卷堂書目》卷一則署「趙汸」著，《書林清話》卷四記載「刻春秋金鑰匙一卷，見丁志影元刊本，卷末有至正癸丑日新堂刊八字」。《授經圖義例》及《萬卷堂書目》皆是朱睦㮮所編，不知為何，黃虞稷僅利用了《授經圖義例》或者《國史經籍志》，忽略了《萬卷堂書目》。

（二）《國史經籍志》

（1）蔣日新開雲觀月歌一卷

乃宋人著述，見《通志》卷六十八《藝文略》，焦竑《國史經籍志》抄錄。

（2）袁彬北征事蹟一卷一作尹直。

見《國史經籍志》卷一著錄「袁彬北征事蹟一卷」，又《澹生堂藏書目》「尹直北征事蹟一卷」，《明史‧藝文志稿》綜合二書而成此目。

（3）樂思忠周禮考疑七卷

最早見《郡齋讀書志》卷第五著錄「周禮考疑七卷，祝融居士樂思忠仲恕所著也，永嘉戴溪肖望、豐城劉德秀仲洪為之序」。

（4）龔端禮五服圖解一卷

《四庫未收書提要》卷四「五服圖解一卷」提要云「元龔端禮撰，端禮字仁夫，嘉興人」。

（5）梁有演說文□卷

最早見《隋書》卷三十二「經籍志一」載「說文十五卷」，注云「梁有演說文一卷，庾儼默注，亡」。據《玉海》記載，庾儼默為唐書學博士，以石經、說文、字林為專業。清姚振宗《隋書經籍志考證》卷十中說：「梁有演說文一卷，庾儼默注，亡。庾儼始末未詳，冊府元龜學較部『梁有演說文一卷，庾儀撰』，此作儀，又作撰，未詳孰是？」清謝啟昆《小學考》曰：「按《隋志》

『說文十五卷』下云『梁有演說文一卷，庾儼默注，亡』。焦竑《經籍志》云梁有演說文一卷，誤以梁有爲姓名，黃虞稷書目及近人補宋元藝文志皆沿其誤。按：近人謂盧氏文弨也。」

（6）高衍孫五音韻總□卷

元盛熙明《法書考》卷一「書譜」載「高氏五書韻總五卷」，注云「篆隸眞行草五體俱備，可助初學，間有差處」。高衍孫，宋四明人，曾官嘉定縣令。

（7）竹羅三限幽妙集一卷三命

最早見鄭樵《通志》卷六十八「藝文略」，又見《國史經籍志》卷四。

（8）一行相字詩一卷

最早見鄭樵《通志》卷六十八「藝文略」著錄，又見《國史經籍志》卷四。

（9）西方子銅人針灸經十五卷

《鐵琴銅劍樓藏書目錄》卷十五載「新編西方子明堂灸經八卷」，提要云：「不題撰人姓名，西方子亦無考。目錄前有熊氏衛生堂重刊一行。……較銅人針灸經爲備。《四庫》著錄爲山西平陽府本，與銅人針灸經合刻。是本乃元槧之精好者，出曝書亭舊藏，卷首有彝尊、曝書亭藏書二朱記」。

（10）明目至寶四卷

元人撰，不詳名氏。後由明楊希洛夏惟勤整理，刊於 1600 年。今有整理本出版。

（11）周與權難經注解一卷

清王宏翰《古今醫史》卷六「金周與權小傳」云：「字仲立，性好學，參考醫理方書，有注釋難經，其書久不見矣。」周爲金代臨潼縣人。著有《難經辨正釋疑》，見戴良《九靈山房集》有《滄州翁傳》。

（12）葉玠五運指掌賦圖一卷

此書最早見《直齋書錄解題》卷十五著錄，《文獻通考》抄錄，又見《國史經籍志》卷四子類。

（13）楊退修通神論十四卷

清王宏翰《古今醫史》卷五「楊退修小傳」云：「楊退修，宋朝人。好學精醫，著《通神論》十五卷《護命方》五卷。」楊退修名康侯，字子建，青神縣人。著有《楊子護命方》五卷，《通神論》十四卷。還著有《十產論》一

書。黃庭堅與其善，曾爲《通神論》作序，見《山谷別集》卷三載《楊子建通神論序》。

（14）詹瑞方本草類要十卷

《內閣藏書目錄》卷七著錄「詹端方編次本草類要五冊」，《海外藏永樂大典》中著錄署詹端方《本草類要》殘文，可知《國史經籍志》誤，《明史‧藝文志稿》沿之。胡道靜在《海外新發現永樂大典十七卷》一文中認爲是宋人，也有認爲是元人者。

（15）董炳避水集驗方四卷

《萬卷堂書目》卷三著錄「董炳避水集驗要方四卷」，《天一閣書目》、《浙江採集遺書總目》《四庫全書總目》皆作「要方」。

（16）藺道接骨仙方二卷

此書列於明代，但其最早載於宋佚名《急救仙方》卷六。該書《四庫全書》本六卷，乃從《永樂大典》輯出，殘缺不全；《道藏》本十一卷，卷六收錄《仙授理傷續斷方》。卷首序稱：「此方唐會昌間有一頭陀，結草庵於宜春之鍾村，貌甚古，年百四五十歲。」一日，村民彭叟「之子升木伐條，誤墜於地，折頸挫肱，呻吟不絕。彭訴於道人，道人請視之，命買數品藥，親製以餌。俄而痛定，數日已如平時。始知道人能醫，求者益眾。道人亦厭之，乃取方授彭，使自製以應求者，且誓之以無苟取，毋輕售，毋傳非人，由是言治損者宗彭氏。彭叟之初識道人三十許，今老矣，然風采無異前時。問其姓名，日藺道者。問其氏，日長安人也。」「道人有書數篇，所授者特其最後一卷云」。敘事誇誕，今人疑爲北宋人自撰，而僞稱唐藺道者，但沒有確切證據。

（17）楊清叟外科集驗方一卷

楊清叟爲元禾川（今江西吉安）人，此書又名《仙傳外科奇驗方》。

（18）謝天錫瘡腫證治一卷

《直齋書錄解題》卷十四載「金華謝天錫撰瘡疹證治一卷」，《文獻通考》卷二百二十三「經籍考五十」引《直齋書錄解題》「瘡疹證治一卷，陳氏日金華謝天錫撰」，謝天錫爲宋永嘉人，威武簽判，淳熙十一年甲辰衛涇榜。

（19）張聲道產科大通論方一卷

此書有張聲道序，署「至大宋仁宗天聖乙丑歲八月庚申朔，張聲道謹上注解胎產五十四證大通論」。有人疑此書乃明人僞託。宋慈《洗冤錄》載張聲

道《經驗方》，則張當為宋人。聲道字聲之，永嘉人（一作瑞安人）。葉適《水心集》贊其曰：「為人恢疏談笑，放曠山湖間，其立朝治民，固當世所推。」淳熙十一年（1184）衛涇榜進士，官朝請郎、永州州事、湖南提刑、莆田太守。著有《產科大通論方》、《經驗方》。

以上兩書，《授經圖義例》「力圖反映歷代六經傳授注解的面貌，幾乎將宋元以前著錄的六經著述，無論存佚，盡收於內，明人著述只占很少的部份」。對於《國史經籍志》，四庫館臣認為：「（該書）叢抄舊目，無所考核，不論存亡，率爾濫載。古來目錄，惟是書最不足憑。」焦竑不以明代藏書及明人著作情況作目，而是抄錄諸家書目，以鄭樵的《通志·藝文略》為基礎，補以宋遼金元和明人著作，且未能具目考書，以至為人所詬病。以上二書，著錄質量不高，紕漏較多，《明史·藝文志稿》在抄錄時，如不加細考，沿襲其誤是很自然的事情。

（三）《聚樂堂藝文志》

（1）姚麒易經或問十卷

（2）黃瀆翁讀易備忘四卷

（3）程轍浠南易說九卷

（4）周佐補齋口授易說三卷

（5）楊幅周易餘義八卷

《明史·藝文志稿》「書類」末「俱失名氏」中依次著錄以上 5 條，朱彝尊《經義考》卷五十四「周氏佐補齋口授易說三卷」下按語云：「按姚氏以下爵里世次未詳，載《聚樂堂藝文志》，其目迄嘉靖初年，則所載六部皆正嘉以前人無疑，姑附於此，俟再考。」即姚麒、黃瀆翁、程轍、楊幅及周佐諸人。兩書著錄相同，是《經義考》參考了《明史·藝文志稿》，朱氏的考訂也說明了《明史·藝文志稿》出自《聚樂堂藝文志》。

（四）《世善堂書目》

（1）周諤六甲奇書一卷

《世善堂書目》卷下著錄「明周諤六甲奇書一卷」，周乃宋人。周諤（1057～1131），字廉彥，鄞（今浙江寧波）人，周師厚子。元豐二年進士，調桐城尉，不赴任，研精經籍及諸子百家書。後以豐稷、范祖禹舉薦，為濠州戶曹，提點江淮、荊浙、福建等路坑冶鑄錢公事。知南雄軍。因言事入元祐黨

籍。退居西湖，人稱鄞江先生。紹興元年卒，年七十五（《甬上耆舊詩》卷
二）。其詩如「野草閒花無限趣，短藜幽榜不勝情。已知風月隨人意，聊爲
湖山載酒行」（《和郡守彭吏部按視湖亭》），頗有閒逸之致。著有《承宣集》、
《明天集》、《六甲奇書》等，今已佚。《全宋詩》卷一一九三錄其詩九首。《全
宋文》卷二五七五收其文三篇。事蹟見《寶慶四明志》卷八，《延祐四明志》
卷四。

（五）《萬卷堂書目》

（1）古今訓學大略四卷

見《萬卷堂書目》卷一著錄。宋牟巘《陵陽集》卷十六《跋小學大略》
記載「取所藏李君簡古今訓學大略刻之梓而行」，則李簡爲牟巘同時代人，《四
庫全書總目》著錄其《學易紀》九卷、《大易衍說》，稱元人，里貫未詳。所
著還有《詩學備忘》二十四卷。

（六）《澹生堂藏書目》

（1）七真仙傳七卷

此書爲元人著作。《天一閣書目》卷三載「七眞仙傳一卷」，提要云：「元
彭志祖序云，《七眞仙傳》自河內張邦直爲之張本，北平王粹實增飾之，太原
李鼎又從而繼述之，前後歷二十餘稔始克完備。今翰林諸先生又各爲序引以
冠其篇首。」

（2）年月集要五卷二冊

元釋善靖撰，有元溪隱書堂刊本。

（3）三辰通載四卷

最早見於《直齋書錄解題》卷十二「三辰通載三十四卷 嘉禾錢如璧編
集」，《文獻通考》照錄。

（4）外傷金鏡錄一卷

此書全名《敖氏外傷金鏡錄》又名敖氏傷寒金鏡錄，元敖氏原撰，杜本
增訂。《續修四庫全書》提要云：「傷寒金鏡錄一卷，元杜清碧撰。清碧，名
本，以字行。至正中，官學士。初敖氏（元人，名不傳。）有辨舌十二法，
清碧又增二十四法，定爲三十六圖，並方治列左，明薛己潤色刊行。故編《薛
氏醫案》者，亦收入之。清錢塘王琦復刊入《醫林指月》中。」

（5）銀海精微二卷

此書《四庫全書總目》提要云：「舊本題唐孫思邈撰，唐宋藝文志皆不著錄。思邈本傳亦不言有是書，其曰銀海者，蓋取目為銀海之義。考蘇軾雪詩有『凍合玉樓寒起粟，光搖銀海眩生花』句，《瀛奎律髓》引王安石之說，謂道書以肩為玉樓，目為銀海。銀海為目，僅見於此。然迄今無人能舉安石所引出何道書者，則安石以前絕無此說，其為宋以後書明矣。前有齊一經序稱管河北道時得於同僚李氏，亦不著時代年月，莫知何許人也云云」。

（6）孟孔治痘詳說三卷

各書皆作「孟繼孔」撰。周中孚《鄭堂讀書記》卷四十三記載「幼幼集四卷，崇德堂刊本，明孟繼孔撰」，云：「繼孔號春沂，官南京太醫院吏目。是集卷一為治痘詳說，卷二為雜證良方，卷三為錢氏經驗良方，卷四為上用方。以其皆治小兒之術，故名曰《幼幼集》。」

（7）樓公璩括蒼志補遺四卷

宋陳振孫《直齋書錄解題》卷八「括蒼志七卷」下云：「教授曾賁撰，乾道六年太守四明樓璩叔韞序，鑰之父也」，《文獻通考》抄錄此目。至明祁承爍《澹生堂藏書目》則著錄為「樓公璩《括蒼志補遺》四卷」。樓璩，字叔韞，南宋四明人，曾任鄞縣知府。為曾賁《括蒼志》作過序，樓公璩應是人對其尊稱，後人誤認為是別一人，姓樓名公璩，而且《括蒼志補遺》一書並未見別家記載，祁書應屬誤繫，黃氏又沿襲其誤。

（七）《南雍志》

（1）諭俗編二卷

該書《四庫全書總目》「提要」為：「有宋鄭至道《琴堂諭俗編》一卷，彭仲剛《諭俗續》一卷，豐令應俊輯二家之書為一編，而又為之補論其末擇交遊一篇。」則此書應為宋人著述。

（2）祭禮從宜四卷

此書《南雍志》無作者。《文淵閣書目》、《明書》、《篆竹堂書目》皆署吳伯豐著。吳伯豐，宋人，朱熹弟子。

（八）《百川書志》

（1）白雪遺音一卷

《宋史藝文志補》陳德武白雪遺音一卷，三山人。《賭棋山莊詞話》卷四：「陳德武，閩縣人。詞名《白雪遺音》，三十二首。作南宋人。」

以上三種情況中的徵引書目，有作爲文獻來源的書目，如第一種中的《篠竹堂書目》，第二種中的《內閣藏書目錄》、《萬卷堂書目》，第三種的所有書目；還有用以校勘異同、補充注釋的書目，如《南雍志》、《皇明貢舉考》、《列朝詩集》、《藝苑巵言》、《文籍志》等。即使同一種書目，用途也不相同，如《國子監書目》、《國史經籍志》，此時爲文獻源，彼時又用以比勘異同。可見，編者對於這些書目並不是單一的抄錄，而是有選擇、多途徑加以利用的。

第二節　《明史‧藝文志稿》之不足和優點

一、《明史‧藝文志稿》之不足

（一）虛列條目

《明史‧藝文志稿》共著錄 9000 餘部圖書，大部份條目的著錄項，包括作者、卷數、注釋等較爲完整，也有一些條目無撰人、卷數，或者不明時代。這是因爲黃虞稷在編撰時所使用的除了現實藏書，還有許多是從地方志、史傳、和私人記載中抄錄而來的資料，他的著錄原則是存亡並列，務求完備，以至所列多爲虛目。四庫館臣已注意到這個問題，在《提要》中提及10 餘次，如《古今列女傳》提要云「黃虞稷《千頃堂書目》稱此書成於永樂元年十二月，今考成祖御製序實題九月朔旦，知虞稷未見原書，僅據傳聞著錄矣」、《長安志圖》提要云「而《千頃堂書目》傳寫多訛不盡可據」、《帝王寶範》提要云「殆黃虞稷未見原書也」、《巴西文集》提要云「然黃虞稷《千頃堂書目》僅列二集之名而無其卷數，蓋亦未見」、《中庵集》提要云「黃虞稷《千頃堂書目》雖有其名，而獨作三十五卷，與史不符。蓋虞稷所列諸書乃徧徵各家書目爲之，多未親見其本，故卷數多訛，存佚不確，未可盡援爲據也」、《考古文集》提要云「黃虞稷《千頃堂書目》雖列其名，而不著卷數，則亦未見原本」、《可傳集》提要云「此集《明史‧藝文志》亦不著錄，《千頃堂書目》雖著錄而不載卷數，蓋黃虞稷亦未見之」、《黃介庵集》提要云「疑黃虞稷未見此本，但據傳聞載入」、《廖恭敏佚稿》提要云「《千頃堂書目》則載《莊漁梁集》二卷，今亦惟存其自序，是兩集皆亡，黃虞稷特據所徵各家書目載之耳」。孫詒讓亦在《籀頥述林》卷九云：「黃氏《千頃堂書目》所收明人書至博，然多存虛目，不必眞有藏本。故雖時代匪遙，其不詳卷帙者並注曰佚。」李光地《榕村語錄續集》卷十八亦云：「蓋孝感與南京黃俞邰

皆是一種，凡書總不看其文義，只記其書之序文目錄，著書人之出處，作書大旨一二語。」〔註2〕

　　李氏及以上諸人的評價之所以如此苛責，蓋因《四庫全書目錄》把《千頃堂書目》的性質定為私家藏書目錄，這些批評即是針對私家藏書的特點而發的，「不詳卷帙」尤其為四庫館臣所詬病。《明史·藝文志稿》中無卷數、注釋的條目佔了一大部份，以經部為例，「易類」295 條，有注的 123 條；「詩類」105 條，25 條有注；「論語類」54 條，4 條有注；「孟子類」10 條，1 條有注；「孝經類」51 條，15 條有注；「書類」123 條，54 條有注；「禮樂書」169 條，41 條有注；「無卷數」的情況來說，無注、無卷數的條目合起來占全志的三分之二還要多。清初尤侗編撰《明史·藝文志》五卷，《四庫全書總目》編撰者批評其「既多掛漏，又往往不載卷數及撰人姓名」。黃虞稷繼續其工作，曾經想彌補上這一缺憾。陸隴其《三魚堂日記》卷下云：「黃俞邰來，言史館有《文淵閣書目》，係宣德年間楊文貞等編，但不著卷數及撰人姓名，故今修《明史·藝文志》，難以為據。」但明代官藏書目從《文淵閣書目》始，以登記藏書為目的，開創了明朝書目簡略著錄的風氣。這樣的著錄形式，使書目成為藏書登記的帳簿。加上書籍制度的變化，有些書目（特別是官簿）用冊數、本數代替了卷數。《明史·藝文志稿》著錄的很多圖書不載卷數，當非黃氏家藏圖書，而是出自明代的公私目錄，所以造成大量書目著錄項不全。

　　上述種種缺點與當時書目編撰的風氣不無關係，況且作為史志目錄，《明史·藝文志稿》的材料來源極其複雜而不統一，這就使它的著錄也就必然不能一致，又書目數量繁富，編撰工作極其瑣碎蕪雜，編者無法針對某種書或者某種論點進行細緻研究，窮首晧經，多浮光掠影般予以記錄，不能由此對黃虞稷的辛苦付出妄加否定。

〔註 2〕其實，黃虞稷早在之前編《徵刻唐宋秘本書目》時，已有參考其他書目的先例，如《四庫全書總目》「慈湖詩傳二十卷」提要云「蓋竑之所錄皆據史志所載，類多虛列，虞稷《徵刻書目》亦多未見原書，固不足盡據耳」；《讀書敏求記》卷一「儀禮經傳通解續二十九卷」提要云：「《焦氏經籍志》混稱《朱子通釋》二十三卷《續編》二十九卷，不分勉齋續稿之詳。今黃俞邰周雪客《徵刻書目》因之，是殆未取原書覆閱也。」卷二「劉祁歸潛志十四卷」下云：「周雪客黃俞邰《徵刻書目》曰八卷，殆未見全書歟？」卷三「朱翌猗覺寮雜記二卷」下又云：「洪邁序云右上下兩卷，凡四百三十五則，故紫微舍人桐鄉朱先生所記也。黃俞邰《徵刻書目》云一卷謬矣。」這幾條材料也是黃虞稷與周在浚在編纂《徵刻唐宋秘本書目》時未曾親眼睹見原書，轉抄《國史經籍志》的證據。

（二）著錄上的錯誤

《明史・藝文志稿》中轉抄的條目，涵蓋梁、唐、宋、遼、金、元、明人的著述，黃虞稷不加考訂，全部歸於明人著述，這是其最大的疏誤。如「葉紹鳳左氏聯璧八卷」，見《郡齋讀書志》卷五上載「三山葉儀鳳子儀撰，乃對偶之書也」，葉乃宋人也；「紫庭秘訣」見《崇文總目》、《宋史新編》等著錄，乃唐王希明撰；「忘憂清樂集一卷」見《直齋書錄解題》卷十四著錄，乃宋棋待詔李逸民撰集；「經世祝氏鈐」乃宋楚東祝泌撰；「周才字錄□卷」，最早見宋夏竦《古文四聲韻》卷一上平聲「雍」字下引《周才字錄》，夏爲北宋時人，則周才至遲爲北宋人。以上條目並不難考證，但是由於書目的編撰繁雜瑣碎，不如著述立說有獨創性，有的編者爲了省事，或者省工，會出現轉抄他書的情況。尤其是史志目錄，旨在紀錄藏書、著述之盛，考證的工作並不是其重點所在。黃虞稷或是偶然從某處見到書名，就抄錄下來，其出發點自然是爲了方便後人查考。如「五行類」著錄「卜居圖解」，見明葛昕《集玉山房稿》卷六《錄秘傳內宅要訣引》，記載韓惺庵中丞有《卜居圖解》一書；「琴瑟合奏譜二冊」，見明焦竑《焦氏澹園續集》卷二《琴瑟合奏譜序》，云乃新安潘子作；這些記載充實豐富了明代著述。《明史・藝文志稿》中還有諸如「東事紀實」、「東封始末」、「忠義流芳」、「媚瑯錄」、「精忠就義類編」、「欽天監職事」、「祥龜易覽」之類的條目，僅有書名，其他的著錄項一概空闕。因爲缺乏注釋說明，加之年代久遠，相關的記載闕如，這些條目失去了其「辨章學術、考鏡源流」的功用，變成了單純的文字記載。至於僅《明史・藝文志稿》一見的條目，如「兵機纂備十三卷、太一遁局八卷、太一原古三卷、麻衣易髓二卷、橘叟玄談、天文王瑞圖說一卷、黃宗炎憂患學易二十四卷、五眞元脈八卷、金元詞餘十卷」等十餘條，出處不明，尚需進一步考證。

《明史・藝文志稿》中也有一些書名、卷數、注釋完整的條目，因考訂不細而存在疏誤。如「書類」的「俞日強尚書補注，字伯莊，本福建古田人，居於太倉。明初，以博雅稱。自號淵默叟」一條，據楊維楨《東維子文集》卷二十六《淵默先生碣銘》云：「至正十四年（1354）三月二十日壬午，淵默先生余君卒。……先生諱日強，字產莊，姓余氏。其先聞之古田人」云云。明殷奎《強齋集》卷四《故淵默先生余公行狀》云其字伯莊，改字彥莊。其父至元中始自古田居崑山，遂爲崑山人。卒在至正甲午三月二十日，年五十七。由此，俞日強應爲余日強。其既卒在元末，是元人無疑，應列入補元部

份。「詩類」的「林國華十五國風論一卷」，據《(淳熙)三山志》及《(乾隆)漳州府志》，林氏爲宋慶曆六年諸科，劉敞《公是集》卷十一有《酬林國華先輩》詩、歐陽修《歐陽文忠公集‧居士集》卷四有《青松贈林子國華一本作贈林國華秘校》詩，可見，林國華當爲宋人，此條應列在後補宋部分。又如「集部總集類」著錄「周弼三體唐詩四卷」，注曰「一作二十卷。新建人，選於元。弼洪武間以明經授訓導」，此書《四庫全書總目》「提要」云：「宋周弼撰，弼字伯弼，汶陽人」，也應列在補宋部份。

（三）明人著述，遺漏尚多

《明史‧藝文志稿》雖然著錄了 9000 餘種圖書，但明人著述繁多，黃虞稷遠未將明代所有著述，一一囊括進去，《千頃堂書目》於「地理類」和「別集類」所增補的 5000 餘條目即是證明。但他遺漏了一些名人名著，屬於較大的疏失。如《徐霞客遊記》是明代地理書中的佼佼者，《明史‧藝文志稿》漏掉了，直到吳騫在校勘時才增補進去。明賀復徵編《文章辨體匯選》七百八十卷，《四庫全書總目》提要云：「(此書)卷帙既繁……別類分門，搜羅廣博，殆積畢生心力，抄撮而成，故墜典秘文，亦往往有出人耳目之外者。」《明史‧藝文志稿》也未收錄，不詳其故也。

二、《明史‧藝文志稿》之優點

誠然，《明史‧藝文志稿》的經史子三部所列條目中有許多虛目，但集部的情況要單獨看待。錢謙益《黃氏千頃齋藏書記》云：「戊子之秋余頌繫金陵，方有采詩之役，從人借書。林古度曰『晉江黃明立先生之仲子守其父書甚富，賢而有文，盡假諸。余於是從仲子借書，得盡閱本朝詩文之未見者。於是歎仲子之賢，而幸明立之有後也。』」陸隴其《三魚堂日記》卷四「戊午上」記載「(正月廿九)會孫執升，以史論一編、二編見贈。孫言『金陵有諸生黃俞邰者，其家有千頃齋，最富於書。明文選大抵皆從其家借得者』」、王士禎《帶經堂集》卷九十一《蠶尾續文》十九云：「康熙己巳、庚午間在京師，每從朱錫鬯、黃俞邰借書，得宋元人詩集數十家。」「《南宋詩小集》二十八家，黃俞邰鈔自宋刻，所謂江湖詩也，大概規橅晚唐，調多俗下。」《池北偶談》卷十六云：「嘗見金陵黃俞邰虞稷《徵刻唐宋元書目》所載有金趙秉文《滏水集》二十卷、元郝經《陵川集》三十九卷。癸亥，俞邰以徐都憲立齋元文疏薦入明史館。予時嚮之借書，所見如李觀集、司空圖一鳴集、沈亞之下賢集、柳

開河東集、王令廣陵集、牟巘陵陽集、李之儀姑溪集、耶律楚材湛然居士集，皆目所未載者。」

　　錢謙益輯《列朝詩集》，從俞邰借書，得盡閱所未見，又爲黃氏作《千頃齋藏書記》，是虞稷固嘗實有其書；孫琮輯《山曉閣明文選》，從黃虞稷處借閱明人詩文集甚多；王士禎的記載，證明黃虞稷不僅富藏明人詩文集，也很留意宋、元文集的收藏。《明史・藝文志稿》「集部」共著錄明人詩文集 3900餘部，按年代劃分，除了少數條目沒有注釋，大部份條目完整、注釋翔實，與其他三部相較（如別集類「萬曆、天啓、崇禎」三朝著錄 769 條，僅 59 條無注釋。而「雜史類」的 385 條中，無注釋的達 298 條之多），編者於集部明顯用力不少，記載了不少名不見經傳的作者的生平資料，緣於其所著錄的圖書多是黃氏的現實藏書之故。綜而言之，《明史・藝文志稿》對考察有明一代文獻具有重要價值。

第三節　《明史・藝文志稿》中不知作者、不明年代的條目考證

　　筆者在前文論及，由於《明史・藝文志稿》的文獻來源複雜，無卷數、無作者、時代不明的條目佔了很大比例，在注釋中明確標注出來的就有 400餘條〔註3〕。這些條目中，據筆者粗略統計，有 41 條出自《國史經籍志》、21 條出自《萬卷堂書目》、79 條出自《澹生堂書目》、18 條出自《百川書志》。〔註4〕如「子部・小說家類」有「《亡烏子》一卷，凡四篇，不知撰人」一條，見《百川書志》卷八著錄「《亡烏子》一卷」，其注釋較詳「不知何人所著，或曰亡是公與烏有先生共成此書以示□訓，又恐世之人罪其多言也，故隱其名。凡四篇」；「子部・兵家類」有「歸醇子《師尚》五卷」，見《澹生堂書目》著錄「師尚五卷三冊，歸醇子輯」；「清華子戎軒小注一卷」見《百川書志》卷七著錄「戎軒小注一卷，皇明青華子注」等。這些條目雖有出處，但著錄

〔註3〕 筆者此統計僅就注釋中明確標明「不知作者、不明時代」的條目而言。雖然不能排除其中少數圖書黃虞稷家有藏本或見過其書，只因原書未題時代、作者而黃氏不知，但多數應爲黃氏所未見，因其所據書目或其他史料中沒有記載時代、作者，黃氏也沒能考證清楚，才不得已加上此注。

〔註4〕 筆者於此統計的依據是，通檢各家書目，僅見於《明史・藝文志稿》及某家書目著錄，而不見於他書著錄，則視該書爲此目的文獻源。統計結果會稍有出入，誤差應該是 10%左右。

項過於簡略，幾乎無法考證。例如「流光玉曆八卷」、「太一燭幽經二卷」、「六壬磨鏡藥一卷」、「神相類編十卷」、「相法總龜二卷」、「辨疑集三卷」諸條目，僅見《國史經籍志》卷四著錄，亦無考訂。時至今日，通過各種途徑進行文獻搜索，都無法找到相關的數據記載。

也有一些條目，通過對照比勘，可以訂正訛誤。如《明史・藝文志稿》「禮樂書類」有「張一亨義軒琴經二卷，不知時代」一條，《澹生堂藏書目》著錄爲「張一亨義軒琴經二卷」。據明趙南星《趙忠毅公詩文集》卷十一《明敕封禮部祠祭司主事義軒張公碑》一文云「張公諱一亨，字仲春，別號義軒，鄒平人。尤精於音樂，晚年惟好鳴琴，著琴經二卷，多所自得云云」，則《澹生堂藏書目》所載是，由此可以訂正《明史・藝文志稿》的錯誤。

另外，筆者通檢各家書目，發現有些條目在《國史經籍志》與《萬卷堂書目》中同時出現，並且是僅見於二書的條目，如「馮公亮深衣考正一卷、陸琪中庸發明要覽二卷、蔣文質大學通旨一卷、呂景蒙五禮古圖一卷、吳懋談小學纂釋十卷、程愈小學集說六卷、建文事蹟一卷、華氏心法四卷、鮑叔鼎圖經脈證類擬二卷、章秀醫經脈要錄一卷、鄭鎰雲嶠醫說十卷、李元恭李氏集秘方一卷、劉黨緊要二十四方一卷又不自秘方一卷、鄭鸞傳信方八卷、藺道接骨仙方二卷、楊清叟外科集驗方一卷」等 16 條。經前人考證《國史經籍志》曾抄錄《通志》、《文獻通考》諸書。而《萬卷堂書目》的編撰早於《國史經籍志》，兩書條目又多有重合，緣於此，筆者猜測《萬卷堂書目》或許也是《國史經籍志》的文獻來源之一。

在《千頃堂書目》中，不知撰人或時代的條目一般放在補志的後面（基本都在元代後），中間未以空行等標誌分開，後人多認爲這些條目就是元人著述。如卷二「三禮類・補元」中「吳澄三禮者注四十八卷」條下爲「葉遇春禮記覺言八卷，注曰『以下不知時代』，接著爲「連伯聰禮記集注十六卷、馮公亮深衣考正一卷、陸琪中庸發明要覽二卷、劉永澄曲禮刪注一冊、蔡季成大學說約一冊、周公恕大學總會五卷、蔣文質大學通旨一卷」共八條，皆爲明人著述，《明史・藝文志稿》則列在「王養性學庸傳宗參補一卷」與「朱升三禮旁注」之間。另同卷「春秋類・補元」中「馬駉春秋探微十四卷」以下的「楊時秀春秋集傳三十卷、彭飛春秋啓鑰龍虎正印五卷、葉紹鳳左氏聯璧八卷、莊轂春秋十三伯論一卷、吳鵬舉春秋繁露節解十卷、春秋金鑰匙一卷、靜庵春秋志疑九帙、春秋翼義一卷、春秋通天竅一卷、左傳杜林合注五十卷、

春秋集傳約記一冊、春秋紀事類編一卷」十二條，《補遼金元藝文志》收入其中，雒竹筠《元史藝文志輯本》亦收列在內，其實楊時秀、吳鵬（廷）舉，同《左傳杜林合注》五十卷的編者王道焜、趙如源皆是明人。我們在利用《千頃堂書目》時要主要到這一點，加以區分看待。王重民先生由於未注意到《明史‧藝文志稿》的存在，所以在《〈千頃堂書目〉考》一文中就犯了錯誤。他在該文第四節「《明史‧藝文志稿》與《經義考》」中寫道：「我曾把《明史‧藝文志》的『易經』一類和《千頃堂書目》對校，校出了七十八家易經不見於《千頃堂書目》。我發見《明志》把胡經《易演義》十八卷，葉山《八白易經》十六卷編在嘉靖年間，而黃虞稷把他們兩家列入元代，並且列入『不知時代』的元代作家內。（《千頃堂書目》頁二十一上。按胡經，廬陵人，嘉靖己丑進士；葉山號八白，亦嘉靖間人。）我於是對於替王鴻緒擔任刪改《藝文志》的人大大起了敬意。以為這個人的學問和修養必須在黃虞稷之上，方能做出這樣的工作，這樣一個偉大的目錄學家，我們不應該埋沒了他的姓氏。」實際上，「胡經《胡子易演》十八卷」和「葉山《八白易傳》十六卷」就在《明史‧藝文志稿》中，條下還有注釋「永康人，嘉靖丙戌進士」。可見，並不是替王鴻緒編《藝文志》的人把這二人從元代調整到了明代，僅僅是原樣抄錄了而已。

第三章 《明史・藝文志稿》與《明史・藝文志》的關係探析

第一節 二書「集部」著錄條目之比勘

　　《明史・藝文志》的編撰關涉到兩個問題，即本書的作者是誰？本書以什麼爲底本？這兩個問題從清代開始就一直在學術界內爭辯不休，各有各的觀點和看法，各有各的依據說法，一直到今天，仍然有不少學者對此有著不同的看法，至今仍沒有定論。本文先討論《明史・藝文志》的底本問題，底本明瞭，作者自然就凸現了。

　　汪辟疆先生在《目錄學研究》中談到《千頃堂書目》時說：「清廷詔修《明史》，《藝文》一志，即以此爲底本，從而刪增潤色之，則其書之該贍可知矣。」又王重民先生在爲姚名達先生所著的《中國目錄學史》寫的後記中說：「最初的《明史・藝文志》是由黃虞稷分纂，《千頃堂書目》就是《明史・藝文志》的初稿。」王欣夫先生也在他的《文獻學講義》第七節「官家目錄」中說到：「清張廷玉等修《明史》，中有《藝文志》四卷，係根據黃虞稷的《千頃堂書目》」。〔註1〕此外吳楓先生也在其《中國古典文獻學》一書的第六章「文獻目錄與解題」中提到：「黃氏先有『書目』（按：即指《千頃堂書目》），入明史館參與王鴻緒的《明史稿》編纂工作。《明史・藝文志》以『書目』爲藍本，經過大量刪削，僅存四千餘種文獻。清康熙中葉（1689年）張廷玉

〔註1〕王欣夫：《文獻學講義》，上海古籍出版社，1986年第1版，第206頁。

撰修《明史・藝文志》時，仍以『書目』爲底本，抄襲《藝文稿》，而無所創新。」〔註2〕以上皆是認爲《明史・藝文志》以《千頃堂書目》爲底本的觀點。

還有一種觀點認爲「黃虞稷以其父《千頃齋藏書目錄》6 卷爲基礎，編成《千頃堂書目》。入明史館後，他又以《千頃堂書目》爲基礎，並參考了官私藏書目錄及地方文獻，積 10 年之功成稿，一份以《明史・藝文志稿》之名呈交明史館，另一份以《千頃堂書目》（32 卷）之名行世。史館總纂修王鴻緒，對黃虞稷的上呈稿進行了刪改、補充及修正，編成《明史稿・藝文志》。《明史》主修張廷玉對王稿略加改動，遂成《明史・藝文志》定稿」。〔註3〕薛新力在《明史・藝文志編撰考》中亦云：「黃虞稷進館撰《藝文志》稿時，並沒有帶著一部《千頃堂書目》來作爲底本，恰恰是他撰《藝文志稿》的過程爲他後來編《千頃堂書目》奠定了基礎。〔註4〕這是以黃虞稷《明史・藝文志稿》爲底本的觀點。

第三種觀點，是李慶先生在《論〈明史・藝文志〉與〈千頃堂書目〉之關係》一文通過多種材料比勘後提出的，他認爲：「《明史・藝文志》與《千頃堂書目》存在著相當的差異，前者不是後者簡單的刪削的結果，實質上二者是兩個目錄。《明史・藝文志》當然採納了不少《千頃堂書目》的內容，但它並不僅僅根據《千頃堂書目》而成；它與《千頃堂書目》相比，在分類上，在著錄的順序上，在著錄條目的具體內容上，在目錄的指導思想上和反映的時代風貌上，有著自己明顯的特點，我們不應將它們混爲一談。」也就是說，《千頃堂書目》是《明史・藝文志》的主要資料來源，但不能簡單認爲《明史・藝文志》是由《千頃堂書目》刪削而成。

以上三種觀點，筆者同意第二種，即《明史・藝文志》是以《明史・藝文志稿》爲底本。但《明史・藝文志稿》是《明史・藝文志》的主要資料來源，而不是唯一來源。〔註5〕下面以「別集類」條目列表予以證明：（表1）

〔註2〕 吳楓：《中國古典文獻學》，齊魯書社，1982 年第 1 版，第 164 頁。
〔註3〕 李雄飛：《評〈明史・藝文志〉》，《中國典籍與文化》，1999 年第 4 期，第 66 頁。
〔註4〕 《明史・藝文志稿》及《千頃堂書目》之間的關係，學界有不同觀點，本文暫不深入，另闢專節進行詳細探討。
〔註5〕 《明史・藝文志》在編排時還參考了其他書目，「經部易類、書類、詩類、禮類」就參考了朱彝尊的《經義考》，王重民先生在其《千頃堂書目考》中有詳細論證。潘景鄭先生又細校《明史・藝文志》，錄出《千頃堂書目》不收的 230條書目，見張明華在《黃虞稷和千頃堂書目》的第七章注釋三。但依據何書則不清楚。

	《明史・藝文志稿》「萬曆、天啟、崇禎」三朝	《明史・藝文志》「萬曆、天啟、崇禎」三朝	備　注
1	張居正張文忠公全集四十七卷〔註6〕	張居正奏對稿十卷〔註7〕 詩文集四十七卷〔註8〕	同。
2	張四維條麓堂集三十四卷	張四維條麓堂集三十四卷	同。
3	馬自強馬文莊公集二十卷	馬自強文集二十卷	同。
8	陸樹聲陸文定公集二十六卷，華亭人，嘉靖辛丑進士，禮部尚書。	陸樹聲詩文集二十六卷	同。
9	林燫林學士文集十六卷又詩集六卷，閩縣人，嘉靖丁未進士，南京禮部尚書。	林燫文集十六卷詩六卷	同。
10	汪鏜餘清堂稿十二卷又餘清堂定稿三十二卷，鄞縣人，嘉靖丁未進士，禮部尚書掌詹事府詹事，贈太子少保。	汪鏜餘清堂定稿三十二卷	僅著錄後一種。
11	徐學謨海隅集四十三卷又詩集二十二卷又外集十四卷又春明稿八卷，嘉定縣人，嘉靖庚戌進士，禮部尚書。	徐學謨文集四十三卷詩二十二卷	僅著錄前二種。
12	王崇古公餘漫稿又山堂匯稿，蒲州人，嘉靖辛丑進士，兵部尚書。	王崇古奏議五卷山堂匯稿十七卷	書名同，前者無卷數。
15	潘季馴留餘堂集五卷，烏程人，嘉靖庚戌進士，刑部尚書。	潘季馴奏疏二十卷文集五卷	同。
16	吳桂芳師暇裒言十六卷，新建人，嘉靖甲辰進士，總督河漕工部尚書。	吳桂芳奏議十六卷文集十六卷	同。
		譚綸奏議十卷	前者在「表奏類」著錄。
17	俞大猷正氣堂集十六卷又餘集四卷，晉江人。	俞大猷正氣堂集十六卷	後者僅著錄前者第一種。
18	戚繼光橫槊稿三卷又愚愚稿一卷	戚繼光橫槊稿三卷	後者僅著錄前者第一種。

〔註6〕爲精簡篇幅，此表僅保留《明史・藝文志稿》與《明史・藝文志》重合的條目，順序依《明史・藝文志稿》。

〔註7〕二者「別集類」編選體例略有差異，《明史・藝文志》把奏議、樂府、古賦著錄在內，《明史・藝文志稿》則列在「集部表奏類、詞曲類」。對應的作者名下皆能找到，筆者把這種情況視爲相同。

〔註8〕《明史・藝文志》在著錄時，多省略集名，僅以文集、詩集、詩、全集等冠名。如馬自強《馬文莊公集》二十卷，《明史・藝文志》著錄爲「馬自強文集二十卷」；陸樹聲《陸文定公集》二十六卷，《明史・藝文志》著錄爲「陸樹聲詩文集二十六卷；潘季馴《留餘堂集》五卷，《明史・藝文志》著錄爲「潘季馴文集五卷」等等，並且《明史・藝文志》多無注釋，筆者加以比較時，視書名省稱、無注釋的情況爲相同。

19	海瑞備忘集四卷又忠介公集七卷，嘉靖己酉舉人，南京都察院右副都御史。	海瑞文集七卷	後者僅著錄前者第二種。
20	吳時來悟齋摘稿十五卷又橫槎集十卷，仙居人，嘉靖癸丑進士，右都御史，諡忠恪。	吳時來悟齋稿十五卷	後者僅著錄前者第一種。
22	趙用賢趙文毅公集三十卷又詩集六卷，常熟人，隆慶辛未進士，禮部右侍郎兼翰林院侍讀學士。	趙用賢奏議一卷文集三十卷詩六卷	同。
23	吳中行賜餘堂集十四卷又復庵太史娛晚詩抄一卷，武進人，隆慶辛未進士，右諭德。	吳中行賜餘堂集十四卷	後者僅著錄前者第一種。
24	艾穆熙亭集十卷，字如父，平江人，□□舉人，巡撫四川都御史。	艾穆熙亭集十卷	同。
26	鄒元標鄒南皋文集七卷又願學集八卷又太平山房續集十二卷	鄒元標奏疏五卷文集七卷續集十二卷	後者僅著錄前者中的第一、三種。
27	沈思孝陸沉漫稿六卷，嘉興人，嘉靖乙丑進士，協理戎政都御史。	沈思孝陸沉漫稿六卷	同。
28	蔡文範青門先生文集十八卷，字伯華，江西新昌人，隆慶戊辰進士，官刑部主事。艾穆沈思孝抗疏杖，文範周旋護視之中計，典讁福建運司官凡七年，江陵歿，起武庫郎中，出為湖廣副使，升廣東參政卒。	蔡文範文集十八卷	同。
		范槲明蜀都賦一卷	前者在「騷賦類」。
30	王宗沭敬所集三十卷又續集八卷，臨海人，嘉靖甲辰進士，刑部左侍郎。	王宗沐奏疏四卷文集三十卷	後者僅著錄前者中的第一種。
31	王士性五嶽遊草十二卷又玉硯集六卷，字恒叔，宗沐子。萬曆丁丑進士，太僕寺少卿。	王士性五嶽遊草十二卷	後者僅著錄前者中的第一種。
34	陳士元歸雲三集七十五卷，字心叔，應城人，嘉靖甲辰進士，灤州知州。母夢孟軻而生，祀文廟，甫拜而廟主僕，人咸異之。	陳士元歸雲集七十五卷	同。
36	林偕春雲山居士集八卷字元孚，漳浦人，嘉靖乙丑進士，官編修，以不肯增改江陵父製詞，出為湖廣副使，終參政。	林偕春雲山居士集八卷	同。
37	申時行賜閒堂集四十卷又綸扉牘草十卷	申時行綸扉奏草十卷賜閒堂集四十卷	同。
38	余有丁余文敏公集十五卷	余有丁詩文集十五卷	同。
39	許國許文穆公集六卷	許國文集六卷	同。
40	王錫爵王文肅公文草十四卷又牘草十八卷	王錫爵詩文集三十二卷	後者卷數是前者二種書目之和。

41	王家屏復宿山房集四十卷	王家屏文集二十卷	卷數異。
42	趙志皋趙文懿公集四卷又瀫陽詩集五卷	趙志皋奏議十六卷文集四卷詩五卷	同。
51	耿定向天台文集二十卷，黃安人，嘉靖丙辰進士，督儲戶部尚書。	耿定向文集二十卷	同。
53	姜寶鳳阿文集三十八卷又鳳阿詩集□卷，丹陽人，嘉靖癸未進士，禮部尚書。	姜寶文集三十八卷詩十卷	前者詩集卷數闕。
56	孫應鼇學孔精舍匯稿十六卷，清平衛人。嘉靖癸丑進士，南京工部尚書，未仕卒，諡文恭。	孫應鼇匯稿十六卷	同。
59	魏學曾魏恭襄公文集十卷，涇陽人，嘉靖癸丑進士，總督三邊，太子少保，兵部尚書。	魏學曾文稿十卷	同。
63	沈節甫太僕主人文集十五卷，烏程人，嘉靖己未進士，工部侍郎。	沈節甫文集十五卷	同。
64	王樵方麓居士集十四卷，金壇人，嘉靖丁未進士，南京右都御史，贈太子少保，諡恭簡。	王樵方麓居士集十四卷	同。
66	宋儀望華陽館集十二卷又詩集十四卷，永豐人，嘉靖丁未進士，南京大理寺卿。	宋儀望文集十二卷詩十四卷	同。
70	魏允貞魏伯子集四卷，字□□，南樂人，萬曆丁丑進士。	魏允貞文集四卷	同。
71	魏允中魏仲子集八卷，字懋權，允貞弟。萬曆庚辰進士，吏部考功司主事。	魏允中文集八卷	同。
72	顧憲成涇皋藏稿十二卷又顧端文集二十卷，字叔時，無錫人，萬曆丙子解元，庚戌進士，吏部郎中，贈光祿寺少卿。	顧憲成文集二十卷	後者僅著錄前者中的第二種
74	孟化鯉文集八卷，新安人，萬曆庚辰進士，吏部郎中，贈光祿寺卿。	孟化鯉文集八卷	同。
82	葉春及絅齋集六卷又志論二卷又公牘二卷，字化甫，歸善人。嘉靖壬子舉人，戶部郎中。	葉春及絅齋集六卷	後者僅著錄前者中的第一種
85	王稺登王伯穀全集延令纂一卷採真篇一卷梅花什一卷蒸市集二卷金闆集二卷青雀集二卷晉陵集二卷荊溪疏一卷竹箭編一卷客越志二卷廣長庵疏志一卷苦言一卷，長洲人，太學生。嘉靖末，袁文煒嘗欲薦其。以布衣領史事，不果。	王稺登詩集十二卷	卷數不符。

87	盛時泰城山堂集六十八卷　又遊燕雜記三卷，字仲交，上元人，貢士。	盛時泰城山堂集六十八卷	同。
90	張鳳翼處實堂前集十二卷又後集六卷，字伯起，長洲人，嘉靖甲子舉人。	張鳳翼處實堂前後集五十三卷	卷數異。
91	張獻翼文起堂集十卷又續集五卷又新集一卷又蘭芳集二卷，字幼于，一名敉，鳳翼弟，太學生。	張獻翼文起堂集十六卷	後者卷數是前者前三種卷數之和。
93	莫是龍石秀齋集十卷	莫是龍石秀齋集十卷	同。
95	曹子念快然閣集十卷，字以新，太倉人，王世貞甥，世稱其近體歌行酷似其舅。	曹子念詩集十卷	同。
97	顧大典清音閣集十卷，字道行，吳江人，隆慶戊辰進士，福建提學副使。	顧大典清音閣集十卷	同。
101	鄔佐卿纏頭集十卷又芳潤齋集九卷又金陵篇一卷，字汝翼，丹徒鄔紳子。	鄔佐卿芳潤齋集九卷	後者僅著錄前者中的第二種。
103	茅溱四友齋集十卷，字平仲，丹徒人，好著述，以布衣老於鄉。	茅溱四友齋集十卷	同。
104	莫叔明集三卷，字公遠，長洲人，居武林，酷嗜詩，多爲不經人道語。	莫叔明詩三卷	同。
110	田藝蘅田子蓻集二十卷，錢塘人，田汝成子，隆慶中歲貢，官徽州府教授。	田藝衡詩文集二十卷	同。
116	胡應麟少室山房類稿一百二十卷，字符瑞，蘭溪人，萬曆丙子舉人。	胡應麟少室山房類稿一百二十卷	同。
117	陳文燭二酉園文集十四卷又詩集十二卷又五嶽山房集□卷，字玉叔，陽州人，嘉靖乙丑進士，南京大理卿。	陳文燭文集十四卷詩十二卷	同。
118	李維禎四遊集二十二卷又大泌山房全集一百三十四卷，字本寧，京山人，隆慶戊辰進士，南京禮部尚書。	李維楨大泌山房全集一百三十四卷	後者僅著錄前者中的後一種。
119	屠隆由拳集三十三卷又白榆集二十卷又棲眞館集三十一卷又橫塘集二卷又南遊集二卷又絳雪樓集卷又採眞集二卷，字長卿，鄞縣人，萬曆丁丑進士，禮部郎中。	屠隆由拳集二十卷白榆集二十卷棲眞館集三十	卷數異。
120	屠本畯詩草六卷，字田叔，一字幽叟，屠大山子，以父任，官辰州知府。	屠本畯詩文草六卷	同。
121	馮時可元城選集八十二卷又北徵集十六卷又西徵集十四卷又金闈集十卷又岩棲稿三卷又石湖稿二卷又□茹稿二卷，華亭人，隆慶辛未進士。	馮時可元成選集八十三卷	卷數異。
144	沈鯉亦玉堂稿十八卷亦玉堂續稿	沈鯉亦玉堂稿十八卷	同。

146	于慎行穀城山館文集四十二卷又詩集二十卷	于慎行文集四十二卷詩二十卷	同。
147	李廷機李文節公集十八卷	李廷機文集十八卷	同。
148	曾同亨泉湖山房稿三十卷，吉安人，嘉靖己未進士，南京吏部尚書。	曾同亨泉湖山房稿三十卷	同。
151	謝傑天靈山人集二卷又棣萼北窗吟稿十三卷又白雲編二卷，福建長樂人，萬曆甲戌進士，督儲戶部尚書。	謝傑天靈山人集二十卷	卷數異。
154	馮琦北海集四十六卷又宗伯集八十一卷，臨朐人，萬曆丁丑進士，禮部尚書。	馮琦宗伯集八十一卷	後者僅著錄前者中的後一種。
155	曾朝節紫園草二十二卷又續草四卷，臨武人，萬曆丁丑進士，禮部尚書，掌詹事府事。	曾朝節紫園草二十二卷	後者僅著錄前者中的第一種。
158	郭子章閩草十六卷又留草十卷又蜀草十四卷又浙草十六卷又晉草十卷又楚草十三卷又閩藩草九卷又家草八卷又黔草三十七卷又養草七卷又苫草六卷又傳草二十四卷，吉安人，隆慶辛未進士，巡撫貴州兵部尚書。	郭子章粵草蜀草楚草閩草浙草晉草留草共五十五卷	二者卷數不符。
161	許孚遠敬和堂集八卷，德清人。嘉靖壬戌進士，兵部左侍郎，贈南京工部尚書。	許孚遠致和堂集八卷	同。
166	田一儁鍾臺遺稿十二卷，大田人，隆慶戊辰會試第一人，禮部左侍郎。	田一儁鍾臺遺稿十二卷	同。
172	林景暘玉恩堂集十卷，華亭人，隆慶戊辰進士，南京太僕寺卿。	林景暘玉恩堂集十卷	同。
173	鄧以讚鄧定宇集四卷又鄧文潔佚稿八卷，新建人，隆慶辛未會元，一甲第三人。吏部右侍郎兼侍讀學士，贈禮部尚書。	鄧以讚定宇集四卷	後者僅著錄前者第一種。
174	黃洪憲碧山學士集二十一卷，秀水人，隆慶辛未進士，累官少詹事兼侍讀學士，掌院事。	黃洪憲碧山學士集二十一卷	同。
176	王祖嫡先生文集三十七卷，信陽州人。隆慶辛未進士，右春坊右庶子。	王祖嫡文集三十七卷	同。
182	劉日升慎修堂集二十三卷，字扶生，廬陵人，萬曆庚辰進士。南京太僕寺卿，擢應天府尹。師王時槐，講學與鄒元標相善。	劉日升慎修堂集二十三卷	同。
183	郭正域黃離草十卷，字美命，江夏人，萬曆癸未進士，禮部侍郎，諡文毅。	郭正域詩文草十卷	同。

184	唐文獻占星堂集十六卷，字元徵，華亭人，萬曆丙戌一甲第一人，吏部右侍郎。	唐文獻占星堂集十六卷	同。
185	鄒德溥鄒太史全集五十卷，安福人，萬曆癸未進士，官編修。	鄒德溥全集五十卷	同。
186	沈懋學郊居遺稿六卷，字君典，宣城人，萬曆丁丑狀元，官修撰。	沈懋學郊居稿六卷	同。
192	馮夢禎快雪堂集六十四卷，字開之，秀水人，萬曆丁丑會元，南京國子祭酒。	馮夢禎快雪堂集六十四卷	同。
207	余寅農丈人集二十卷又詩集八卷	余寅農丈人集二十卷詩八卷	同。
208	邢侗來禽館集二十八卷，字子願，臨邑人，萬曆甲戌進士。陝西行太僕寺少卿。	邢侗來禽館集二十八卷	同。
210	虞淳熙德園全集六十卷又灌務山房集四十卷，字長孺，錢塘人，萬曆癸未進士，吏部稽勳司郎中。	虞淳熙德園全集六十卷	後者僅著錄前者第一種。
212	湯顯祖玉茗堂詩十六卷又文十五卷又尺牘八卷，字若士，一字義仍，臨川人。萬曆癸未進士，以禮部主事謫徐聞典史，遷遂昌知縣。	湯顯祖玉茗堂文集十五卷詩十六卷	後者僅著錄前者第一、二種。
213	謝廷諒簿遊草二十四卷又清暉館集二卷又帶櫑編□卷又起東草□卷又逢掖集□卷，字友可，金溪人，萬曆乙未進士，順慶知府。	謝廷諒薄遊草二十四卷	後者僅著錄前者第一種。
214	謝廷讚綠屋遊草十五卷又玉馬軒集□卷又步丘草□卷　又霞繼亭集□卷，字日可，廷諒弟。萬曆戊戌進士，刑部主事，疏請東宮出閣講學，神宗怒，落職歸。光宗立，贈尚寶少卿。	謝廷讚綠屋遊草十五卷	後者僅著錄前者第一種。
220	陳第寄心集六卷又薊門塞曲一卷，字季立，連江人。少為諸生，俞大猷知其才召置幕下，言於譚綸，綸一見日俞戚。	陳第寄心集六卷	後者僅著錄前者第一種。
229	羅大紘匡湖文集十二卷	羅太紘文集十二卷	同。
231	鄧元錫潛學稿十七卷，字汝極，江西新城人。嘉靖乙卯舉人，徵授翰林院待詔，學者私諡為文統先生。	鄧元錫潛學稿十七卷	同。
232	來知德瞿塘日錄三十卷，字矣鮮，梁山人。萬曆壬午舉人，薦辟授翰林院待詔。	來知德瞿塘日錄三十卷	同。
235	徐即登正學堂稿二十六卷又來益堂稿五卷，字獻和，南昌人，萬曆癸未進士，河南按察使。	徐即登正學堂稿二十六卷	後者僅著錄前者第一種。

238	蘇濬紫溪集三十四卷，字君禹，晉江人。萬曆癸酉解元，丁丑進士，累官廣西按察使。	蘇濬紫溪集三十四卷	同。
240	羅汝芳近溪子集十二卷又明德先生詩二卷	羅汝芳近溪集十二卷詩二卷	同。
247	潘士藻闇然堂遺集六卷，字去華，婺源人。萬曆進士，尚寶司卿。	潘士藻闇然堂集六卷	同。
248	焦竑欣賞齋集四十九卷又續集三十五卷，字弱侯，南京旗手衛人，修撰，諡文端。	焦竑詩文集四十九卷續集三十五卷	同。
249	袁宗道白蘇齋類稿二十四卷，字伯修，公安人。萬曆丙戌會元，右春坊右庶子，贈禮部侍郎。	袁宗道白蘇齋類稿二十四卷	同。
250	袁宏道錦帆集四卷又解脫集四卷又瀟碧堂集二十卷又瓶花齋集十卷又華嵩遊草二卷又桃源詠十卷又廣陵集一卷又蔽篋集二卷又破硯齋集二卷，字中郎，宗道弟，萬曆壬辰進士，吏部郎中。	袁宏道詩文集五十卷	卷數異。
251	袁中道珂雪齋集二十四卷又外集十三卷，字小修，宏道弟，萬曆丙戌進士，歷官禮部郎中。	袁中道珂雪齋集二十四卷	後者僅著錄前者第一種。
252	陶望齡歇庵集十六卷又水天閣集十三卷，字周望，會稽人，萬曆己丑會試第一人，廷試一甲第三人，國子監祭酒。	陶望齡歇庵集十六卷	後者僅著錄前者第一種。
258	瞿九思瞿慕川文集七十五卷，黃梅人，□□舉人，授翰林院待詔。	瞿九思文集七十五卷	同。
267	馮大受竹素園詩集十卷，字咸甫，華亭人，萬曆己卯舉人。	馮大受詩集十卷	同。
271	何三畏漱六齋集四十八卷，字子抑，上海人，舉人，推官。	何三畏漱六齋集四十八卷	同。
279	瞿汝稷冏卿集十四卷，常熟人，瞿景淳子。字符立，以父任官長蘆運使，加太僕寺少卿。	瞿汝稷同鄉集十四卷	《明史‧藝文志》誤把「冏」字作「同」，「卿」字作「鄉」字。
304	郝敬小山草十卷又嘯歌二卷，字仲輿，京山人，萬曆己丑進士。□科給事中。	郝敬小山草十卷	後者僅著錄前者第一種。
305	王圻洪洲類稿十卷，上海人，嘉靖乙丑進士，提學副使。	王圻鴻洲類稿十卷〔註9〕	同。

〔註9〕 《明史‧藝文志》此條在前「謝傑天靈山人集」上。

309	許樂善適志齋稿十卷，華亭人，隆慶辛未進士。	許樂善適志齋稿十卷	
328	王納諫初日齋集七卷，江都人，萬曆丁未進士，吏部員外郎。	王納諫初日齋集七卷	同。
331	姚舜牧承庵文集十六卷，烏程人，萬曆□□舉人。	姚舜牧文集十六卷	同。
337	葉向高蒼霞草二十卷又詩草八卷又續草二十二卷又餘草十四卷又小草篇一卷又賜歸篇一卷又紀遊篇一卷	葉向高綸扉奏草三十卷文集二十卷詩八卷	後者僅著錄前者第一、二種
341	丁賓丁清惠公遺集八卷，嘉善人，隆慶辛未進士，南京工部尚書。	丁賓文集八卷	同。
345	區大相太史詩集二十七卷又前後使集十四卷，字用孺，高明人。萬曆己丑進士，選庶吉士，由檢討遷中允，謫南京太僕寺寺丞	區大相詩集二十七卷	後者僅著錄前者第一種。
347	湯賓尹睡庵初集六卷又二集十四卷，字嘉賓，宣城人。萬曆乙未會試第一人，一甲第二人，累官國子監祭酒。	湯賓尹睡庵初集六卷	後者僅著錄前者第一種。
350	顧起元懶真堂全集五十卷文集三十卷詩集二十卷又遯園存稿四卷又雪堂隨筆四卷又蟄庵日錄四卷，字鄰初，江寧人，萬曆戊戌探花，歷官吏部右侍郎，諡文莊。	顧起元文集三十卷詩二十卷	後者僅著錄前者第二、三種。
352	王衡緱山集二十七卷，字辰玉，太倉人，王錫爵子。萬曆戊子順天解元，辛丑一甲第二人，翰林院編修。	王衡緱山集二十七卷	同。
353	公鼐問次齋集三十卷，字孝與，蒙陰人，萬曆辛丑進士，庶吉士，歷官禮部右侍郎，協理詹事府事。	公鼐問次齋集三十卷	同。
354	丘禾實循陔園文集八卷又詩集四卷，字有秋，貴州新衛人。萬曆辛卯解元，戊戌進士，右庶子。	邱禾實文集八卷詩四卷	同。
361	南師仲元麓堂集五十卷又集杜詩五卷，渭南人，南軒子。萬曆乙未進士，官檢討。	南師仲元麓堂集五十卷	同。
365	何喬遠鏡山全集□卷又萬曆集三十三卷又萬曆後集八卷又萬曆三集四卷又泰昌集四卷又天啓集十八卷又崇禎集□卷，字匪莪，晉江人，萬曆丙戌進士，歷官南京工部尚書。	何喬遠集八十卷	前者第一種卷數闕。
372	張以誠酌春堂集十卷，字君一，青浦人，萬曆辛丑狀元，歷官右諭德。	張以誠酌春堂集十卷	同。

382	張燮霏雲居集五十四卷又續集六十六卷又北遊稿一卷又藏眞館集四卷又群玉樓集八十四卷，字紹和，龍溪人，萬曆甲午舉人，崇禎十年舉堪任州牧，不起。	張燮群玉樓集八十四卷	後者僅著錄前者第五種。
384	張萱西園全集三十卷又存稿□卷又匯稿□卷，字孟奇，博羅人。萬曆壬午舉人，戶部郎中。	張萱西園全集三十卷	後者僅著錄前者第一種。
386	李光縉景璧集十九卷，字衷一，晉江人，萬曆乙酉福建解元。	李光縉景璧集十九卷	同。
387	曹學佺石倉集□卷，字能始，侯官人。萬曆乙未進士，廣西副使，家居二十餘年，多所著述。	曹學佺石倉詩文集一百卷	前者卷數闕。
398	徐𤊹幔亭集二十卷，字惟和，閩縣人，萬曆戊子舉人。	徐𤊹幔亭集二十卷	同。
399	徐𤏡鼇峰集二十六卷，字惟起，𤊹弟，好聚書，多所著述。	徐𤏡鼇峰集二十六卷	同。
403	鄭懷魁葵圃集三十卷，字輅思，漳州人。萬曆乙未進士，處州知府，浙江副使。讀書過目成誦，靡不淹貫，凡有所叩信口倒，不事翻閱，善爲駢儷之文，咄嗟而辦，典贍有若夙構。	鄭槐魁葵圃集三十卷	同。
406	黃汝亨寓林集三十二卷又寓庸子游紀九卷，字貞父，錢塘人，萬曆戊戌進士，江西提學副使。	黃汝亨寓林集三十二卷	同。
412	謝兆申全集二十四卷又謝耳伯古詩一卷又麻姑遊草一卷，邵武建寧人，諸生，有書癖，聚書甚多。	謝兆申詩文稿二十四卷	後者僅著錄前者第一種。
422	趙宧光寒山漫草八卷又凡夫雜著四卷	趙宧光寒山漫草八卷	後者僅著錄前者第一種。
430	顧正誼詩史十五卷，字仲芳，華亭人。官中書舍人，爲五言詩詠歷代人物，並自注之。	顧正誼詩史十五卷	同。
432	俞安期蓼蓼集二十八卷字羨長宜興人	俞安期蓼蓼集二十八卷	同。
456	歸子慕陶庵集四卷，字季思，歸有光子。萬曆辛未舉人，崇禎初詔訪遺逸，御史祁彪佳薦之，詔贈翰林院待詔。	歸子慕陶庵集四卷	同。
474	趙南星趙忠毅公集二十四卷	趙南星文集二十四卷	同。
476	楊漣楊忠烈公集三卷	楊漣文集三卷	同。
477	左光斗左忠毅公集五卷附錄一卷	左光斗奏疏三卷文集五卷	同。
478	魏大中藏密齋集二十五卷	魏大中藏密齋集二十五卷	同。

479	魏學洢茅簷集八卷，大中子。	魏學洢茅簷集八卷	同。
480	繆昌期從野堂存稿八卷	繆昌期從野堂存稿八卷	同。
481	李應升落落齋遺稿十卷	李應升落落齋遺稿十卷	同。
		周宗建奏議四卷	前者在「表奏類」
482	黃尊素黃忠端公集六卷	黃尊素文集六卷	同。
484	馮從吾少墟文集二十二卷	馮從吾疏草一卷少墟文集二十二卷	同。
486	孫愼行元晏齋集十卷，字聞斯，武進人。萬曆己未一甲第三人，禮部尚書，諡文介。一作二十二卷。	孫愼行奏議二卷元晏齋集十卷	同。
489	曹于汴抑節堂集十四卷，安邑人，萬曆辛卯解元，壬辰進士，左都御史。	曹于汴抑節堂集十四卷	同。
493	陳于廷定軒存稿三卷，字孟諤，宜興人。萬曆乙未進士，左都御史。	陳于廷定軒存稿三卷	同。
497	張鼐寶日堂初集，字侗初，華亭人，萬曆甲辰進士，太子賓客，南京吏部侍郎。	張鼐寶日堂集六卷	前者無卷數。
498	楊守勤寧澹齋集十卷，慈谿人，萬曆甲辰進士一甲第一人，狀元及第，右庶子。	楊守勤寧澹齋集十卷	同。
504	婁堅學古緒言二十六卷又吳歈小草十卷，字子柔，嘉定縣人，貢士。	婁堅學古緒言二十六卷	
505	唐時升三易集二十卷，字叔達，嘉定人。	唐時升三易集二十卷	同。
506	李流芳檀園集十二卷，字長蘅，嘉定人，萬曆丙午舉人。	李流芳檀園集十二卷	同。
507	程嘉燧松圓浪淘集十八卷又偈庵集二卷又耦耕堂詩集三卷又文集二卷，字孟陽，休寧人，僑居嘉定，與婁堅等三人號嘉定四先生。	程嘉燧松圓浪淘集十八卷	後者僅著錄前者第一種。
526	朱國祚介石齋集二十卷	朱國祚介石齋集二十卷	同。
564	鍾惺伯敬文十六卷又詩二十二卷又隱秀堂全集八卷又遺稿四卷，字伯敬，景陵人，萬曆庚戌進士，福建提學僉事。	鍾惺隱秀堂集八卷	後者僅著錄前者第三種。
565	譚元春嶽歸堂集十卷又鵠灣文集□卷，字友夏，竟陵人，天啓丁卯解元。	譚元春嶽歸堂集十卷	後者僅著錄前者第一種。
566	蔡復一遯庵全集十七卷又爨餘駢語六卷，字敬夫，同安人。萬曆乙未進士，總督都御史，贈兵部侍郎，諡清憲。	蔡復一遯庵集十七卷	同。

567	王思任避園擬存一卷又雜文序一卷又詩文序一卷又歷遊記一卷又遊喚一卷又廬遊記一卷又廬山詠一卷又律陶一卷又謔庵文飯□卷，字季重，山陰人，萬曆乙未進士，江西僉事。	王思任文集三十卷	後者應是前者幾種書目卷數之和。
577	董其昌容臺集十四卷又別集六卷	董其昌容臺集十四卷別集六卷	同。
578	陳繼儒陳眉公全集□卷又晚香堂小品二十四卷	陳繼儒晚香堂集三十卷	書名、卷數異。
579	李日華恬致堂集四十卷，字君實，嘉興府人。萬曆壬辰進士，太僕寺少卿。	李日華恬致堂集四十卷	同。
582	方應祥青來閣初集十卷又二集十卷又三集十五卷，字孟旋，浙江西安人，萬曆丙辰進士，山東提學參議。	方應祥青來閣集三十五卷	後者卷數是前者三種之和，同。
587	王廷宰茗粥堂詩集六卷畫竟集三卷，字鹿門，華亭人，貢生，沅江知縣。	王廷宰緯蕭齋集六卷	書名異。
588	姚希孟公槐集二卷又響玉集十卷又棘門集八卷又沈瀲集五卷又秋旻集十二卷又文遠集二十八卷又循滄集二卷又松瘻集二卷又伽陵集四卷又風吟集六卷，字現聞，吳縣人，萬曆己未進士，詹事府詹事，贈禮部右侍郎。	姚希孟文集二十八卷	後者僅著錄前者「文遠集二十八卷」一種。
589	陳仁錫無夢園全集四十卷又補集四卷又遺集十卷又小品四卷，字明卿，長洲人。天啓壬戌一甲第三人。南京國子監祭酒，贈詹事府，諡文莊。	陳仁錫無夢園集四十卷	後者僅著錄前者第一種。
591	蕭士瑋春浮園集十卷，泰和人，萬曆丙辰會試，天啓壬戌進士，光祿寺少卿。	蕭士瑋春浮園集十卷	同。
592	張采知畏堂集有四卷又文存十一卷，字受先，太倉人，崇禎戊辰進士，禮部主事。	張采知畏堂文存十一卷詩存四卷	同。
593	張溥七錄齋集十二卷又詩稿二卷	張溥七錄齋集十二卷詩三卷	詩稿卷數異。
598	吳應箕樓山堂集二十卷，字次尾，貴池人，太學生。	吳應箕文集二十八卷〔註10〕	卷數異。
603	唐汝詢編蓬集十卷，字仲言，少喪目，聞人誦書，遂極博洽。	唐汝詢編蓬集十卷	同。
605	曾異撰訪授堂集二十七卷，字弗人，侯官人，崇禎己卯舉人。	曾異撰紡授堂集二十七卷	同。
609	陳山毓靖質居士集六卷	陳山毓靖質居士集六卷	同。

〔註10〕　《明史·藝文志》此條在後「陳際泰太乙山房集」下。

622	孫承宗太傅孫文正公集十八卷又續集二卷	孫承宗奏議三十卷文集十八卷	後者僅著錄前者第一種。
626	賀逢聖代囊子類十卷又文類五卷，字克田，江夏人。萬曆丙辰廷試一甲第二人，歷官太子太保，禮部尚書，文淵閣大學士。死張獻忠之難，諡文忠。	賀逢聖文類五卷	後者僅著錄前者第二種。
629	蔣德璟敬日草九卷	蔣德璟敬日草九卷	同。
630	黃景昉甌安館詩集三十卷，字太穉，一字東崖，又字多呆。晉江人。天啓乙丑進士，選庶吉士，歷官太子太保、戶部尚書兼東閣太學士。	黃景昉甌安館集三十卷	同。
632	倪元璐應本集十七卷又憶草二卷，字鴻寶，上虞人。天啓壬戌進士，選庶吉士，歷官戶部尚書，本朝賜諡。	倪元璐奏牘三卷詩文集十七卷	同。
633	李邦華李忠文公文水全集□卷	李邦華奏議六卷文集八卷	前者文集卷數闕。
634	王家彥王忠端公集五卷，字尊五，莆田人。天啓壬戌進士，協理京營兵部右侍郎，本朝賜諡。	王家彥奏議五卷文集五卷	同。
635	凌義渠凌忠介公遺集六卷又使岷詩一卷	凌義渠文集六卷	後者僅著錄前者第一種。
637	馬世奇澹寧詩集三卷又文集□卷，字君常，一字素修。無錫人，崇禎辛未進士。庶吉士，司經局洗馬，本朝賜諡。	馬世奇文集六卷詩三卷	前者文集卷數闕。
638	劉理順劉文烈公集十三卷，字湛六，□□縣人，崇禎甲戌□甲第一人，左春坊左中允兼翰林院修撰，本朝賜諡文烈。	劉理順文集十二卷	卷數異。
639	金鉉金伯玉遺集六卷，一字在六，留守前衛籍，武進人，崇禎戊辰進士，兵部車駕司主事。	金鉉文集六卷	同。
641	鹿善繼鹿太常文選四卷，定興人，萬曆癸丑進士，太常寺少卿，管光祿寺寺丞事，諡忠節。	鹿善繼文稿四卷	同。
657	孫元化□□文集一百卷，字初陽，嘉定縣人，萬曆壬子舉人，巡撫登萊都御史。	孫元化文集一百卷	同。
666	熊人霖華川集二十四卷，明遇子，崇禎丁丑進士，南京兵部主事。	熊人霖華川集二十四卷	同。
684	陳龍正幾亭全書六十四卷，嘉善人，崇禎甲戌進士，禮部員外郎。	陳龍正幾亭集六十四卷	同。
685	陳際泰太乙山房稿□卷又已吾集十四卷，字大士，臨川人，崇禎甲戌進士。	陳際泰太乙山房集十四卷	書名異，卷數同第二種。

696	呂維祺明德堂集二十卷，字介孺，河南新安人，萬曆癸丑進士，南京兵部尚書，贈太子少保，諡忠節。	呂維祺詩文集二十卷	同。
697	徐石麒可經堂集十二卷，字寶摩，青浦籍，嘉善人，天啓壬戌進士，吏部尚書。	徐石麒可經堂集十二卷	同。
699	黃道周駢枝別集二十卷又石齋詠業二卷又大滌函書六卷	黃道周石齋集十二卷	書名、卷數皆異
700	張肯堂莞爾集二十卷，字鯢淵，華亭人，天啓乙丑進士，巡撫福建都御史。	張肯堂莞爾集二十卷	同。
701	袁繼咸六柳堂遺集三卷，字臨侯，宜春人，天啓乙丑進士，總督兵部侍郎。	袁繼咸六柳堂集三卷	同。
703	黃端伯瑤光閣集八卷又廬山集一卷又東海集一卷又還鄉集二卷，江西新城人，崇禎戊辰進士，杭州府推官。	黃端伯瑤光閣集八卷	後者僅著錄前者第一種。
704	金聲金太史文集九卷，字正希，休寧人，崇禎戊辰進士，翰林院修撰。	金聲文集九卷	同。
708	陳函輝寒玉集十卷又寒光集四卷又寒香集四卷又寒松集四卷，字木叔，臨海人，崇禎甲戌進士。	陳函輝寒山集十卷	書名異。
713	黃淳耀陶庵集七卷，字蘊生，嘉定縣人，崇禎癸未進士。	黃淳耀陶庵集七卷	同。
720	艾南英天傭子集六卷，字千子，臨川人，天啓甲子舉人。	艾南英天傭子集六卷	同。
721	黎遂球蓮須閣文集二十一卷又詩集十卷又燕臺集一卷又黃牡丹詩一卷	黎遂球文集二十一卷詩十卷	後者僅著錄前者前二種。
726	李日宣敬修堂全集三十卷，字絹敬，吉水人。萬曆癸丑進士，吏部尚書。	李日宣奏議十六卷敬修堂集三十卷	同。
748	侯峒曾二有堂文集四十卷，嘉定縣人，天啓乙丑進士，官通政。	侯峒曾文集四十卷	同。
749	侯岐曾半生道者集三十卷，峒曾弟，太學生。	侯岐曾文集三十卷	同。
769	官撫辰雲鴻洞集□卷，字凝之，□□人。		

　　《明史・藝文志稿》「集部・別集類」以年代來劃分，分「洪武、建文、永樂、洪熙、宣德、正統、景泰、天順、成化、弘治、正德、嘉靖、隆慶、萬曆初、萬曆中、萬曆末、啓禎」各時期。其著錄「萬曆、天啓、崇禎」三朝作者 769 家，作品 1138 部。《明史・藝文志》著錄 202 家，作品 247 部（包括 20 種奏議、詩賦）。《明史・藝文志稿》第 12、231、279、305、347、365、

403、412、430、587、598、609、713 條的順序與《明史·藝文志》稍異，餘 189 條順序全同。另外，除了第 85、90、119、121、151、158、250、593、598、683 條與《明史·藝文志》所著錄的卷數異，第 587、685、699、708 條書名異，第 578 條書名、卷數皆異之外，二者條目的相似度近 90%。《明史·藝文志稿》在編排時，通常把同一家族的作者，如父子、兄弟，列在一起。第 30、31 條的王宗沐、王士性，第 478、479 條的魏大中、魏學洢即是父子；第 70、71 條的魏允貞、魏允中，第 90、91 條的張鳳翼、張獻翼，第 213、214 條的謝廷諒、謝廷讚，第 249、250、251 條的袁宗道、袁宏道、袁中道，第 398、399 條的徐熥及徐𤊹，第 728、749 條的侯峒曾、侯岐曾則為兄弟。《明史·藝文志稿》如此，《明史·藝文志》亦同，顯而易見，後者沿襲了前者體例。

又如「成化、弘治、正德」三朝，《明史·藝文志稿》著錄作者 455 家，作品 664 部，《明史·藝文志》著錄作者 143 家，作品 186 部（包括 24 部奏議、樂府、古賦），僅「杭淮雙溪詩集八卷」、「穆孔暉文集三卷」兩部不在《明史·藝文志稿》此列。〔註 11〕二書排列的順序及條目基本相同度也極高。〔註 12〕再如《明史·藝文志稿》「別集類·方外」著錄五十人，《明史·藝文志》收入四十人，順序及條目幾乎完全相同。未著錄的十人，其中七條無卷數〔註 13〕，另外三條，「姚廣孝逃虛子集十卷又外集一卷」已列入「別集類·洪武時」，「釋永瑛石林集一卷」及「釋袾宏竹窗隨筆一卷又二筆一卷又三筆一卷又□□山房雜錄一卷又雜錄補一卷」不知何由未及著錄。此從排序考察二者關係，為其一。

其二，需要說明的是，《明史·藝文志稿》「別集類」雖然是按照年代來劃分，但由於以抄本流傳，僅「洪武時」著錄比較規範，以下的年代多錯亂混淆，如天順時混入永樂、正統作者作品，成化時混入景泰、天順作者作品。僅以上表為例，不在此三朝之列的就有 61 人，分別為「張居正、張四維、馬

〔註 11〕 杭淮雙溪詩集八卷、穆孔暉文集三卷，《明史·藝文志稿》誤繫在「嘉靖」時。
〔註 12〕 除了注釋中的 14 個條目順序稍異，但都還在此列。二書中相同的條目有 94 條，加上范理、劉吾、顧盤三條字形訛誤以及「南皋子集」漏抄「子」字這樣的筆誤，二者吻合度達 70%。
〔註 13〕 分別為「釋無慍《山庵雜錄》、釋萬金《澹泊齋稿》、釋故山《松月集》、釋至仁《澹居稿》、釋文湛《江海群英集》、釋戒襄《禪餘集》、釋法聚《玉芝內外集》」。但《明史·藝文志》中的宗林《香山夢寐集》一卷、寬悅《堯山藏草》五卷、張友霖《鐵礦集》二卷，在《明史·藝文志稿》中皆無卷數，相關的著錄亦不標卷數，這裡的卷數應為《明史·藝文志》編撰者所增補。

自強、陸樹聲、林烴、汪鏜、徐學謨、潘季訓、吳桂芳、俞大猷、戚繼光、海瑞、吳時來、吳中行、艾穆、蔡文範、王宗沐、王崇古、陳士元、鄧元錫、林偕春、申時行、余有丁、許國、王錫爵、耿定向、姜寶、孫應鼇、魏學曾、沈節甫、王樵、宋儀望、葉春及、王穉登、張鳳翼、張獻翼、曹子念、顧大典、田藝蘅、陳文燭、李維楨、馮時可、沈鯉、曾同亨、王圻、郭子章、許孚遠、田一儁、林景暘、鄧以讚、黃洪憲、王祖嫡、陳第、羅汝芳」諸人，在嘉靖朝；「趙用賢、沈思孝、王家屏、趙志皐、許樂善、于慎行、丁賓」則在隆慶朝，幾乎占《明史‧藝文志》此列的三分之一。「成化、弘治、正德」三朝中，「柯潛」在「景泰辛未科」，「彭華、尹直、李裕、張寧、徐溥、丘濬」在「景泰甲戌科」，「謝一夔」在「天順庚辰科」，「范理」在「宣德庚戌科」，諸如此類的情況，書中還有多例。《明史‧藝文志稿》中的疏誤，又被《明史‧藝文志》沿襲了。

　　上述兩種情況可以證明，《明史‧藝文志》「別集類」基本按照《明史‧藝文志稿》的原順序刪取、移並。《明史‧藝文志》「集部」共著錄 1398 部作品，「別集類」1188 部及「文史類」46 部，占總數的 88%，全在《明史‧藝文志稿》的「別集類」及「文史類」之內。二者的差異主要在「總集類」上。《明史‧藝文志》的「總集類」共收錄 144 部作品，但卻涵蓋了《明史‧藝文志稿》集部「表奏類、騷賦類、總集類、詞曲類、制舉類」的條目，把表奏、騷賦、詞曲、制舉類的條目列入「總集類」，顯然不符合目錄學的編排規則，但從宏觀上來講，這些條目還在《明史‧藝文志稿》的集部範疇內，換言之，《明史‧藝文志》的「集部」就是由《明史‧藝文志稿》「集部」刪削而成。

第二節　著錄條目的異同之分析

　　不僅「集部」如此，筆者在對《明史‧藝文志》「經史子集」四部加以全面的考察後，愈發證實了它和《明史‧藝文志稿》的淵源關係。因為二者有一些條目的書名、卷數、分類，甚至訛誤，都是一模一樣的。為了使讀者有直觀的印象，筆者還要以列表的形式加以說明：（表 2）

	《明史·藝文志稿》	四庫本《明史·藝文志》〔註14〕	《千頃堂書目》	備　注
1	黃潤玉儀禮戴記附注五卷	黃潤玉儀禮戴記附注五卷	黃潤玉儀禮戴注附注五卷	《明史·藝文志稿》與《明史·藝文志》同，書名與《千頃堂書目》異。
2	張以寧春秋尊王發微八卷	張以寧春秋尊王發微八卷	汪克寬春秋尊王發微八卷	《明史·藝文志稿》與《明史·藝文志》同，作者與《千頃堂書目》異，《千頃堂書目》誤。
3	陸粲春秋左氏鐫二卷	陸粲春秋左氏鐫二卷	陸粲左氏鐫二卷	《明史·藝文志稿》與《明史·藝文志》同，書名與《千頃堂書目》異。
4	王錫爵左傳釋義評苑二十卷	王錫爵左傳釋義評苑二十卷	王錫爵左氏釋義評苑二十卷	《明史·藝文志稿》與《明史·藝文志》同，書名與《千頃堂書目》異。
5	梁格集四書古義補十卷	梁格集四書古義補十卷	梁格四書古義補十卷	《明史·藝文志稿》與《明史·藝文志》同，書名與《千頃堂書目》異。《千頃堂書目》是。
6	楊一清車駕幸第錄二卷	楊一清車駕幸第錄二卷		《千頃堂書目》未收。
7	史部·故事類	史部·故事類	史部·典故類	類目名異。
8	王之垣承天大志基命紀錄事實三十卷	王之垣承天大志紀命紀錄事實三十卷	王之恒承天大志基命紀錄事實三十卷	《明史·藝文志稿》與《明史·藝文志》同，作者與《千頃堂書目》異，《千頃堂書目》誤。
9	張鼐吳淞甲乙倭變志二卷	張鼐吳淞甲乙倭變志二卷	張鼐吳松甲乙倭變志二卷	《明史·藝文志稿》與《明史·藝文志》同，作者與《千頃堂書目》異，《千頃堂書目》誤。
10	馬惟銘史書纂略一百卷	馬惟銘史書纂略一百卷	馬惟銘二十二史纂略四十四卷	書名、卷數異，《千頃堂書目》誤。
11	鍾城太平府志二十卷	鍾城太平府志二十卷	鍾城太平府續志九卷	書名異。
12	崔銑彰德府志八卷一名鄴乘	崔銑彰德府志八卷一名鄴乘	崔銑彰德府志八卷又鄴乘十卷	《千頃堂書目》著錄為二書。
13	王世懋饒南九三郡輿地圖說一卷	王世懋饒南九三郡輿地圖說一卷	王世懋饒南九三府圖說一卷	書名異。
14	郭子章注豫章古今記一卷豫章雜記八卷廣豫章災祥記六卷	郭子章注豫章古今記一卷豫章雜記八卷廣豫章災祥記六卷	郭子章豫章大記一百六十卷注豫章古今記一卷豫章雜記八卷廣豫章災祥記六卷	未見文獻記載郭子章有《豫章大記》。

〔註14〕 此表中《明史·藝文志》的 10 餘處訛誤，在武英殿本《明史·藝文志》中並未出現，可見二者在版本上是有差異的。

15	童承敘沔陽州志十八卷	童承敘沔陽州志十八卷	童承敘沔陽縣志十八卷	書名異。
16	郭棐嶺南名勝志十六卷」	郭棐嶺南名勝志十六卷」	郭棐嶺南名勝記十六卷」	書名異。
17	張鳴鳳桂故八卷桂勝十四卷	張鳴鳳桂故八卷桂勝十四卷	張鳴鳳桂故集八卷桂勝集十六卷	書名異。
18	鄭汝璧延綏鎮志八卷	鄭汝璧延綏鎮志八卷	鄭汝璧延綏鎮志六卷	卷數異。
19	潘之恒黃海二十九卷	潘之恒黃海二十九卷		《千頃堂書目》未收。
20	吳之鯨武林梵刹志十二卷	吳之鯨武林梵刹志十二卷	吳之鯨武林梵志十二卷	書名異。
21	耿定向二孝子傳一卷	耿定向二孝子傳一卷	耿定向二孝子傳	《千頃堂書目》無卷數。
22	淩迪知姓氏博考十四卷	淩迪知姓氏博考十四卷	淩迪知氏族博考十四卷	書名異。
23	范表前後海寇議	范表前後海寇議	萬表前後海寇議	作者異，《千頃堂書目》是。
24	孫世芳磯園稗史二卷	孫世芳磯園稗史二卷	孫繼芳磯園稗史二卷	作者異，《千頃堂書目》是。
25	孫國莊燕都遊覽志四十卷	孫國莊燕都遊覽志四十卷	孫國籽燕都遊覽志四十卷	作者異，《千頃堂書目》是。
26	蔣一驄長安客話八卷	蔣一驄長安客話八卷	蔣一葵長安客話八卷	作者異，《千頃堂書目》是。
27	車爾正漕河總考四卷	車爾正漕河總考四卷	車璽漕河總考四卷	作者異，《千頃堂書目》是。
28	陳嗣昌天文地理圖說	陳嗣昌天文地理圖說	陳胤昌天文地理圖說	「嗣」乃「胤」的避諱字。
29	顧潛稽古政要十卷	顧潛稽古政要十卷	顧潛稽古政要	《千頃堂書目》無卷數。
30	田藝蘅西湖遊覽志	田藝蘅西湖遊覽志	田汝成西湖遊覽志	作者異，《千頃堂書目》是。
31	周孟中廣西通志六十卷	周孟中廣西通志六十卷	周旋廣西通志六十卷	作者異，《千頃堂書目》誤。
32	虞愚虔臺志十二卷	虞愚虔臺志十二卷	虞守愚虔臺志十二卷	作者異，《千頃堂書目》是。
33	南軒皇明關中文獻志八十卷	南軒皇明關中文獻志八十卷	南軒皇明關中文獻志五十卷	卷數異。
34	僧傳燈天台山志二十九卷	傳燈天台山志二十九卷	釋無盡天台山方外志二十九卷	「傳燈」是「無盡」的字。
35	賀燦然備荒議一卷	賀燦然備荒議一卷	賀燦然救荒議一卷	書名異。
36	張朝瑞皇明貢舉考八卷	張朝瑞皇明貢舉考八卷	皇明貢舉考八卷	《千頃堂書目》無作者。

37	曹嗣儒華嚴指南四卷	曹嗣儒華嚴指南四卷	曹胤儒華嚴指南四卷	「嗣」乃「胤」的避諱字。
38	汪道昆南溟副墨二十四卷	汪道昆南溟副墨二十四卷	汪道昆南明副墨二十四卷	書名異,《千頃堂書目》誤。
39	徐成名保合編十二卷	徐成名保合編十二卷	孫成名保合編十二卷	作者異,《千頃堂書目》是。
40	萬民育三命會通十二卷	萬民育三命會通十二卷	萬育吾三命會通十二卷	作者異,《千頃堂書目》是。
41	劉嗣昌劉氏類山十卷	劉嗣昌類山十卷	劉胤昌劉氏類山十卷	「嗣」乃「胤」的避諱字。
42	王圻三才圖說一百六卷	王圻三才圖說一百六卷	王圻三才圖會一百六卷	書名異,《千頃堂書目》是。
43	汪宗姬儒數類函六十二卷	汪宗姬儒數類函六十二卷	汪宗姬儒函數類六十二卷	書名異,《千頃堂書目》是。
44	顧元紫府奇元十一卷	顧元紫府奇元十一卷	顧起元紫府奇元十一卷	作者異,《千頃堂書目》是。
45	唐桂芳白雲集略四十卷	唐桂芳白雲集略四十卷	唐仲實白雲集略四十卷	「仲實」乃「唐桂芳」的號。
46	藍仁詩集六卷	藍仁詩集六卷	藍仁藍山集六卷	書名異。
47	高遜志嗇齋集二卷	高遜志嗇齋集二卷	高遜志嗇庵遺稿二卷	書名異。
48	魏驥魏文靖公摘稿十卷	魏驥摘稿十卷	魏驥南齋前後集二十卷又魏文靖摘稿十卷	《千頃堂書目》著錄多一種。
49	林誌節齋集十五卷	林誌節齋集十五卷	林誌蔀齋集十五卷	書名異,《千頃堂書目》是。
50	王汝玉詩集八卷	王汝玉詩集八卷	王璲青城山人詩集八卷	書名異。「汝玉」是「王璲」的號。
51	桑悅民懌文集十六卷	桑悅文集十六卷	桑悅思玄集十六卷	書名異。
52	呂㐭九柏集六卷	呂㐭九柏集六卷	呂㐭九柏山房存稿七卷	書名、卷數異。
53	湯珍小隱棠詩集八卷	湯珍小隱棠詩集八卷	湯珍小隱堂詩草八卷	書名異。
54	高濲石門集一卷	高濲石門集二卷	沈濲霞居子集	書名、作者皆異,《千頃堂書目》誤。
55	蕭雍酌齋遺稿四卷	蕭雍酌齋遺稿四卷	蕭雍酌齋遺集四卷	書名異。
56	詹萊招搖池館集三十卷	詹萊招搖池館集三十卷	詹萊招搖池館集十六卷	卷數異。
57	楊芾百一稿□卷又無逸齋稿□卷又鶴崖集二十卷	楊芾鶴崖集二十卷	楊芾百一稿無逸齋稿鶴崖集合二十卷	卷數異。

58	陸深儼山外集四十卷	陸深儼山外集四十卷	陸深陸文裕公外集四十卷	書名異，《千頃堂書目》誤。
59	呂原介軒集十二卷	呂原介軒集十二卷	呂原介庵集十二卷	書名異，《千頃堂書目》誤。
60	蘇衡蘇平仲文集十六卷	蘇衡文集十六卷	蘇伯衡蘇平仲文集十六卷	作者異，《千頃堂書目》是。
61	張孟兼文集六卷	張孟兼文集六卷	張孟兼白石山房稿六卷	書名異。
62	蘇伯厚履素集十卷	蘇伯厚履素集十卷	蘇伯厚履素齋集十卷	書名異。
63	孫宜洞庭山人集五十三卷	孫宜洞庭山人集五十三卷	孫宜洞庭漁人集五十三卷	書名異，《千頃堂書目》是。
64	何維柏天山堂集二十八卷	何維柏天山堂集二十八卷	何維柏天山草堂存稿二十八卷	書名異，《千頃堂書目》是。
65	陳于廷定軒存稿三卷	陳于廷定軒存稿三卷	陳于廷定軒稿三卷	書名異。
66	朱廉朱伯清文集十七卷	朱廉文集十七卷		《千頃堂書目》未收
67	楊巍夢山存稿四卷	楊巍夢山存稿四卷	楊巍夢山詩集四卷	書名異。
68	王士性五嶽遊草十二卷	王士性五嶽遊草十二卷	王士性五嶽遊草十一卷	卷數異。
69	祝叔祺考古詞宗二十卷	祝叔祺考古詞宗二十卷	況叔祺考古詞宗二十卷	作者異，《千頃堂書目》是。
70	鄒守益東郭集十二卷又東郭先生遺稿十三卷	鄒守益東郭集十二卷遺稿十三卷	鄒守益東廓集十二卷，又東廓先生遺稿十三卷	書名異，《千頃堂書目》是。
71	嚴衍資治通鑑補二百七十卷	嚴衍資治通鑑補二百七十卷		《千頃堂書目》未收。
72	胡經胡子易演義十八卷	卷九十六經部易類著錄	見補元部份	年代不同
73	葉山八白易經十六卷	卷九十六經部易類著錄	見補元部份	年代不同
74	連伯聰禮記集傳十六卷	卷九十六經部禮類著錄	見補元部份	年代不同
75	王崇慶春秋析義二卷	王崇慶春秋析義二卷	王崇慶春秋斷義二卷	書名異。
76	石琚左傳章略三卷	石琚左傳章略三卷	石琚左傳敘略二卷	書名異。
77	徐師曾禮記集注三十卷	徐師曾禮記集注三十卷	徐師曾禮記纂注四十九卷	書名卷數皆異。
78	呂本期齋集十六卷	呂本期齋集十六卷	呂光洵期齋集十六卷	作者異，《千頃堂書目》誤。
79	沈一中禮記述注十八卷	沈一中禮記述注十八卷	沈一中禮記課兒述注十八卷	書名異。

上表中，《明史·藝文志稿》與《明史·藝文志》同時出現訛誤的地方有16處，筆者對其中的5處加以考訂（第23、24、25、26、27、30、40、42、43、44、61條的訛誤，中華書局本《明史》已加以校勘，此不贅述）。第5條，《明史·藝文志稿》著錄為「集四書古義補」，《千頃堂書目》無「集」字，是。《山西通志》卷一百四十「梁格小傳」云：「梁格字君正，稷山人，長史濬子。性儉約，嘉靖乙未進士，授濟陽知縣。所著《窺易集》、《四書古義補》、《定齋存稿》藏於家。」第32條，《明史·藝文志稿》作「虞愚」，應為「虞守愚」，虞守愚字惟明，義烏人。嘉靖癸未進士，歷官兵部侍郎。有《虞臺拙稿》及《東厓文集》。第38條，應為孫成名。明張世偉《自廣齋集》卷四有《孫氏保合編序》，云「先生為簡肅公仲子」，說他是簡肅公孫植的兒子。《澹生堂書目》、《傳是樓書目》皆著錄作者為「孫成名」。第48條，「節（菪）齋集」，「節」與「菪」字屬字形相近而訛，《本朝分省人物考》及《福建通志》、《明詩綜》各書皆作「菪齋集」。林誌字尚默，閩縣人，永樂壬辰賜進士第二，除翰林編修，歷侍讀，有《菪齋集》。第70條，《明史鄒守益傳》云「鄒守益字謙之，安福人。學者稱東廓先生」，可知《明史·藝文志稿》形誤。又如《明史·藝文志稿》誤錄宋代「蔣日新開雲觀月歌一卷」，《明史·藝文志》卷九十八照錄。

第三節　所屬類目的異同之分析

下面通過三者分類上的異同對它們之間的關係進一步的加以說明。（表3）

	《明史·藝文志稿》	《明史·藝文志》	《千頃堂書目》
1 大明集禮五十卷	史部·儀注類	史部·儀注類	經部·禮樂書
2 孝慈錄一卷	同上	同上	同上
3 經義模範一卷	集部·制舉類	集部·制舉類	經部·經解類
4 太祖御製永鑒錄一卷	史部·故事類	史部·故事類	子部·儒家類
5 紀非錄一卷	同上	同上	同上
6 世臣總錄二卷	同上	同上	同上
7 宗藩昭鑒錄五卷	同上	同上	同上
8 御製祖訓一卷	同上	同上	同上
9 祖訓條章一卷	同上	同上	同上
10 申明誠諭書	同上		史部·政刑類

11 為政要錄一卷	同上	同上	史部・典故類
12 存心錄十八卷	同上	同上	經部・禮樂書
13 省躬錄十卷	同上	同上	子部・儒家類
14 精誠錄三卷	同上	同上	子部・儒家類
15 醒貪錄二卷	同上	同上	子部・儒家類
16 武士訓戒錄一卷	同上	同上	史部・政刑類
17 國朝製作一卷	同上	同上	
18 志戒錄二卷	同上		史部・政刑類
19 歷代公主錄二卷	同上	同上	子部・儒家類
20 臣戒錄十卷	同上	同上	史部・政刑類
21 宣宗御敕歷代臣鑒三十七卷	同上	同上	子部・儒家類
22 外戚事鑒五卷	同上	同上	子部・儒家類
23 俞汝楫禮儀志一百卷	史部・儀注類	史部・儀注類	經部・禮樂書
24 務本之訓一卷	子部・雜家類	子部・雜家類	子部・儒家類
25 顧潛稽古政要十卷	史部・故事類	史部・故事類	同上
26 公子書一卷	子部・雜家類	子部・雜家類	同上
27 務農技藝商賈書	子部・雜家類	子部・雜家類	同上
28 張居正帝鑒圖說六卷	史部・故事類	史部・故事類	同上
29 焦竑養正圖解二卷	史部・故事類	史部・故事類	同上
30 譚綸軍政條例類考七卷	史部・職官類	史部・職官類	史部・典故類
31 李化龍邦政條例十卷	同上	同上	史部・典故類
32 陳夢鶴武銓邦政二卷	同上	同上	典故
33 傅鸎軍政類編二卷	同上	同上	史部・典故類
34 徐奮鵬古今治統二十卷	史部・故事類	史部・故事類	子部・儒家類
35 唐珏歷代志略四卷	同上	同上	同上
36 馮柯歷代宗藩訓典十二卷	同上	同上	同上
37 張銓鑒古錄六卷	同上	同上	同上
38 喬懋敬古今廉鑒八卷	同上	同上	同上
39 太祖資治通訓一卷	子部・雜家類	子部・雜家類	子部・儒家類
40 司馬泰廣說郛八十卷古今匯說六十卷再續百川學海八十卷三續三十卷史流十品一百卷	子部・小說家類	子部・小說家類	子部・類書類
41 清類天文分野書二十四卷	子部・天文類	子部・天文類	史部・地理類
42 沈弘正蟲天志十卷	子部・小說家類	子部・小說家類	史部・食貨類

43 陳元素名將傳十七卷	子部·兵家類	子部·兵家類	史部·傳記類
44 馮孜古今將略四卷	子部·兵家類	子部·兵家類，	史部·傳記類
45 曹參芳遜國正氣記九卷	史部·雜史類	史部·雜史類	史部·傳記類
46 楊時喬馬政記十二卷	史部·職官類	史部·職官類	史部·典故類
47 艾儒略幾何要法四卷	子部·天文類	子部·天文類	子部·算法類
48 曹昭格古要論十三卷	子部·藝術類	子部·藝術類	史部·食貨類
49 王路清珠淵十卷	子部·類書類	子部·類書類	子部·雜家類
50 董斯張廣博物志五十卷	子部·雜家類	子部·雜家類	子部·類書類
51 王士琦三雲籌俎考四卷	史部·故事類	史部·故事類	史部·地理類
52 王士騏皇明馭倭錄八卷	同上	同上	同上
53 閻世科計遼始末四卷	同上	同上	同上
54 盧翰中庵籤易一卷	子部·五行類	子部·五行類	經部·易類
55 王文祿明世學山五十卷	子部·小說家類	子部·小說家類	子部·類書類
56 汪雲程逸史搜奇一百卷	子部·小說家類	子部·小說家類	子部·類書類
57 陸楫古今說海一百四十二卷	子部·小說家類	子部·小說家類	子部·類書類
58 梅純續百川學海一百卷	子部·小說家類	子部·小說家類	子部·類書類
59 李賢鑒古錄	史部·故事類	史部·故事類	子部·儒家類
60 汪克寬春秋作義要訣	集部·制舉類	集部·總集類（包括制舉類在內）	經部·春秋類
61 陳禹謨類字判草二卷	集部·制舉類	集部·總集類（包括制舉類在內）	史部·政刑類

第四節　盧文弨增補條目之佐證

　　還有一條更明顯的證據，說明二者之間的淵源關係。盧文弨據朱文遊本《明史·藝文志稿》所增補的條目，也就是《千頃堂書目》所未收錄的，有350餘條（僅限明代），其中70餘條出現在《明史·藝文志》中。分別為：

　　1、歐陽貞《周易問辯》三十卷

　　2、陸振奇易芥五卷（明史·藝文志為易芥十卷）

　　3、顧樞西疇易稿六卷（顧樞西疇易稿三卷）

　　4、張鏡心易經增注十卷

　　5、來集之讀易隅通二卷

　　6、秦鏞易序圖說二卷

7、何楷孝經集傳二卷

8、黃道周孝經集傳二卷

9、李日華倭變志一卷

10、楊嗣昌督師紀事五十卷

11、袁祥新舊唐書折衷二十四卷

12、李浩通鑑斷義七十三冊

13、李維楨南北史小識十卷

14、馮尚賢史學彙編十二卷

15、呂楠史約三十七卷

16、曹嗣榮輿地一覽十五卷

17、李輔重修遼東志□卷

18、王崇古莊浪漫記八卷

19、李日華檇李叢談四卷

20、何炯清源文獻志八卷

21、楊鼐南詔通紀十卷

22、黃尊素隆萬兩朝列卿記

23、林兆珂注大明律例二十卷

24、吳震元宋相譜二百卷

25、劉有光麻沙劉氏忠賢傳四卷

26、顧樞古今隱居錄三十卷

27、曹宗儒郡望辨二卷

28、董遵金華淵源錄

29、魯邦彥就正錄十卷（圖書就正錄）

30、楊榮訓子編一卷

31、王直女教續編□卷

32、王廉迂論十卷

33、徐三重鴻洲雜著十八卷

34、羅亨信覺非集十二卷（羅亨信集十二卷）

35、劉均拙庵集八卷

36、周鳴退齋稿六十卷

37、皇甫汸司勳集六十卷

38、李邦華李忠文公文水全集八卷（李邦華文集八卷）

39、張肯堂莞爾集二十卷

40、侯峒曾二有堂文集四十卷（侯峒曾文集四十卷）

41、孟淑卿荊山居士集一卷

42、張友霖鐵礦集二卷

43、元極圓庵集十卷

44、王逢年文統一百卷

45、郭棐名公玉屑錄二十卷

46、方岳貢古文國瑋集五十二卷

47、呂維祺明德堂集二十六卷（呂維祺詩文集二十六卷）

48、黃謙萬玉山房藏稿十六卷（黃謙詩文稿十六卷）

49、林偕春雲山居士集八卷

50、尤鎧紅箱集一卷

51、俞汝爲缶音集四卷

52、唐之淳文斷四卷

53、溫景明藝學淵源四卷

54、楊愼經義模範一卷

55、黃佐論原十卷，又論式

56、李國本理氣秘旨七卷又地理形勢眞訣三十卷

57、徐燬堪輿辨惑一卷

58、葉容太乙三辰顯異經十卷

59、朱眞瑋葆眞通十卷（載）

60、吳天洪造命宗鏡集十二卷

61、沈易博文編四卷

62、景鳳六緯擷華十卷

63、王路清珠淵十卷

64、程良孺茹古略八十卷

65、徐應秋騈字憑霄二十卷

66、何三畏類鎔二十卷

67、呂本期齋集十六卷

68、屠隆由拳集二十卷白榆集二十卷棲眞館集三十卷

69、葉良貴歙縣硯志四卷

第五節　《明史‧藝文志稿》即《明史‧藝文志》
的文獻來源

　　通過上面多種材料的多種方式比勘，我們可以下結論了：《明史‧藝文志稿》就是《明史‧藝文志》的文獻來源。而且通過表 2 和表 3，可以清楚的看出，《明史‧藝文志》與《千頃堂書目》在著述上有著一定的差異，在分類、斷代等多方面都有所差別。如書名、作者名號相異的情況，僅表 2 中的「別集類」就有 17 處。而這 17 處差異中，王璲、唐仲實、藍仁、高遜志、魏驥、桑悅、呂䛾、湯珍、蘇伯厚、孫宜、何維柏、陳于廷諸條，無論書名還是人名，都與《明詩綜》的著錄相同；第 57 條，《千頃堂書目》著錄「楊苐百一稿無逸齋稿鶴岩集合二十卷」，則出自《（雍正）浙江通志》卷二百四十九「經籍‧明別集」，該卷「洪武時人」下有此條，引自《東陽縣新志》。另外《千頃堂書目》有訛誤的 10 餘條，尤其是第 54 條，書名作者皆誤。其書名《霞居子集》當來自《明詩綜》卷四十三「高瀫」條云「瀫字宗呂，侯官人，有霞居子集」，《千頃堂書目》把作者誤抄作沈瀫，集名和注釋原樣錄了下來。再如第 59 條，《明詩綜》著錄呂原《介庵集》，考李賢爲呂原作《翰林院學士奉政大夫贈禮部左侍郎諡文懿呂公神道碑銘》云「所著有介軒集若干卷藏於家」，則呂原所著爲《介軒集》是也。第 78 條「呂本《期齋集》」，呂本，字汝立，號南渠，又號期齋，餘姚人。初誤姓李，後奏復。嘉靖壬辰進士。官至武英殿大學士，諡文安。有《期齋集》《奏謝稿》《館閣漫錄》行世。《四庫全書總目》「期齋集」提要云：「明呂本撰。本字汝立，號南渠，又號期齋，餘姚人，初冒姓李，晚乃歸宗。嘉靖壬辰進士，官至武英殿大學士，諡文安。本在位不久即遭憂以歸，遂不復出，家居數十年。以亭館花竹之勝擅名一時。」而《千頃堂書目》卷二十三作「呂光洵期齋集十六卷，又皆山稿四卷，又可園詩鈔」，注曰：「字信卿，新昌人，兵部尚書兼副都御史，巡撫雲南，改南京工部尚書，未任卒。」此條源自《（雍正）浙江通志》，原書著錄爲「期齋集十六卷，《明詩綜》『呂光洵著，字信卿，新昌人』。按：《尤氏藝文志》又有皆山稿四卷，《（萬曆）紹興府志》又有《可園詩鈔》」，查《明詩綜》載「呂光洵字信卿，紹興新昌人。嘉靖壬辰進士，累官兵部尚書，兼副都御史，巡撫雲南，改南京工部尚書，未任卒。有期齋集」，朱氏所云呂光洵生平不誣，確爲嘉靖壬辰進士，但其著爲《皆山堂稿》、《可園詩鈔》。呂光洵及呂本爲同年進士，又同

為浙江人,朱氏混為一人致誤。《明詩綜》誤,則《(雍正)浙江通志》誤,《千頃堂書目》又綜合二書而成,亦誤。

這些差異說明,《明史・藝文志》與《千頃堂書目》的文獻來源是不同的,二者之間並沒有直接的關係。後來的學者越過《明史・藝文志稿》,把《明史・藝文志》與《千頃堂書目》拿來作比較,所以才會造成看法上的種種分歧。

第六節　王鴻緒《明史稿・藝文志》略考

筆者在本文前面曾說過,《明史・藝文志稿》是《明史・藝文志》的主要資料來源,而不是唯一來源。據王重民先生考證,王鴻緒依據《經義考》增補了易類(80 餘種)、書類(30 餘種)、詩類(30 餘種)、禮類(25 種),並且依《經義考》著錄,基本上只錄其存者〔註 15〕。實際上,該志圖書的卷數也多以《經義考》為據。中華書局點校本《明史》卷九十六《藝文志》「校勘記」有曰「本志所列書目卷數往往與各家書目不同」,編者所說的這些「不同」,應該是與《千頃堂書目》或者《四庫全書總目》相較而言。如「徐駿五服集證一卷」,《四庫全書總目》提要考證云:「此本六卷。考序末有『大明歲次壬申進德書堂新刊』字,則此本猶屬舊刻,不由竄亂,《明史》誤以六字為一字耳?」此書《明史・藝文志稿》亦作六卷,獨《經義考》作一卷。可見並非誤以六字為一字,而是根據《經義考》的著錄而來。再如「傅文兆義經十一翼五卷」,《明史・藝文志稿》作六卷,《經義考》作五卷;「方孝孺孝經誠俗一卷、曹端孝經述解一卷、劉實孝經集解一卷、薛瑄定次孝經今古文一卷、王守仁孝經大義一卷」諸條,《明史・藝文志稿》皆無卷數,可見也是據《經義考》所增補。

《明史・藝文志》除了「經部」的增補〔註16〕,「史部・地理類」的增補也比較明顯,據筆者統計,《明史・藝文志稿》著錄作者 684 家、作品 783 部,《明史・藝文志》則著錄 417 家、作品 471 部,有 338 家的條目及排序與《明

〔註15〕　張廷玉《明史・藝文志》實際上以王鴻緒《明史稿・藝文志》為藍本,刪改而成,其改動幾乎可以忽略不計,鑒於此,筆者要把王鴻緒的《明史稿・藝文志》作為考察的對象,才能深入到問題的根源所在。

〔註16〕　其他「樂、春秋、諸經、四書」等類中,雖增加的數量不多,但也是有一些的。如「小學類」就增補了「何瑭家訓一卷、程敏政貽範錄三十卷、周思兼家訓一卷、黃佐姆訓一卷、王敬臣婦訓一卷」五種。

史‧藝文志稿》相符，另 79 家則不見於《明史‧藝文志稿》，當是王鴻緒後來所增補的。其他部類也做了些微改動，比如把《明史‧藝文志稿》「別史類」的「李文鳳《月山叢談》、焦竑《玉堂叢語》」，歸在「小說家類」；「別集類」的「王廷宰《茗粥堂詩集》六卷《畫竟集》三卷」改作「王廷宰《緯蕭齋集》六卷」、「陳函輝《寒玉集》十卷又《寒光集》四卷又《寒香集》四卷又《寒松集》四卷」改作「《寒山集》四卷」，與《明詩綜》的著錄相一致，應是參考諸書後做的調整。

其中也有誤改的情況：如胡淡《芝軒集》五卷，《明史稿‧藝文志》作《澹庵集》，《澹庵集》乃宋人胡銓的著作，王鴻緒錯誤地胡淡當作了胡銓，著錄為「胡銓《澹庵集》五卷」；誤補的情況：如「鄧名世古今姓氏書辯證四十卷」，係宋人著作；「總集類」的張洪《古今箴銘集》十四卷，最早見《隋書》卷三十五著錄「張湛古今箴銘集十四卷」，新舊《唐書》同。至宋代鄭樵《通志》，卷七十誤作「張洪古今箴銘集十四卷」，王氏又沿襲其誤。以上兩條，不應收入該志。及把「子部儒家類」的「周憲王家訓一卷、朱勤美諭家邇談一卷、鄭綺家範二卷、王士覺家則一卷、程達道家教輯錄一卷、周自修家訓十二卷、曹端家規輯略十四卷、楊廉家規一卷、孫植家訓一卷、吳性宗約一卷又家訓一卷、楊繼盛家訓一卷、王祖嫡家庭庸言二卷、高皇后內訓一卷、章聖皇太后女訓一卷、明慈聖皇太后女鑒一卷內則詩一卷」、「雜家類」的「明仁孝皇后勸善書二十卷」列在「經部小學類」的做法，也是欠妥當的。

與《明史‧藝文志稿》相較，王鴻緒《明史稿‧藝文志》在類目上作了調整，《明史‧藝文志稿》原有 50 小類，王《志》分 35 小類，改動在：經部，三禮類、禮樂書類改稱作「禮類、樂類」，論語類、孟子類並在新增的「四書類」下，經解類改稱「諸經類」；史部，國史類、通史類、編年類統統併入「正史類」，霸史類、史學類併入「雜史類」、「時令類、食貨類、簿錄類」被刪除；子部變化不大，僅把「醫方類」併入「藝術類」；集部則把「表奏類、騷賦類、制舉類、詞曲類」各類總納入「總集類」之下。其修改之處是為了更加符合正史藝文志的要求，依古法而定，又根據其原有思想有所創新。就整體而言，《明史稿‧藝文志》在分類上稍嫌簡略，著錄也不夠完備。如正史類，明人僅修過《元史》，對於古代史的注解也不多，所以在這一類內就著錄了明代的歷朝《實錄》，及宋元明時代的編年紀事本末、別史，甚至一部份雜史，未免蕪亂。又如「譜牒類」收年譜、姓譜等，但既無目錄類，目錄又不附譜牒之

內，遂使全書失載目錄書籍，這都是刪並黃虞稷原稿不當的地方。又「醫書」附入「藝術類」，使醫藥書籍與琴、棋、書、畫、書籍同居，且不更類名，也是欠妥的地方。集部的改動更不符合目錄學編排原則。

另外，王鴻緒大肆刪削黃虞稷《明史·藝文志稿》，其在《明史稿·藝文志序》中說：「凡卷數莫考，疑信未定者，寧闕而不詳也。」姚名達先生則對王鴻緒刪削「原無卷數者」的行為進行了批評，他說：「然試與黃虞稷《千頃堂書目》相較，則部數減少極多。一一比勘，則其所刪削者多為原無卷數者。鴻緒等不能詳徵博考，及猥以『寧闕而不詳』語，輕輕抹殺數千百部之書目。」〔註17〕此固然有壓縮史志篇幅方面的考慮，而王氏缺乏詳徵博考的功力，也是導致《明史·藝文志》著錄圖書數量減少的重要原因。王氏在刪削黃氏《明史·藝文志稿》時無力鑑別所錄著作是否為精華之作，而僅簡單地對黃氏稿中「卷數莫考」的部份加以刪削，「寧闕而不詳」，這使得《明史稿·藝文志》所具有的學術價值與《明史·藝文志稿》相比，已不可同日而語。

以筆者對《明史稿·藝文志》集部條目的考察而言，姚氏的批評是中肯的。《明史稿·藝文志》「集部」所著錄的條目幾乎全在《明史·藝文志稿》中，但王鴻緒在編撰時並無一定標準，有隨心所欲的嫌疑。如某一作者有多種著述，他僅抄取其中的一種或者幾種，而不是完全抄錄。《明史·藝文志稿》「成、弘、正」三朝中，傅汝舟有《行己外篇》六卷、《嘌嚩棄存》六卷、《粵吟稿》一卷、《丁戊山人集》十二卷、《拘虛集》五卷，五種著述，《明史稿·藝文志》僅收錄了《丁戊集》十二卷一種；王雲鳳《虎谷集》二十一卷、《博趣齋稿》二十三卷，僅收錄《虎谷集》二十一卷一種；錢仁夫《水部詩曆》十二卷、《歸閒文集》十八卷，僅收錄《水部詩曆》十二卷一種。這種不完全抄錄的情況多達 33 處。《明史·藝文志稿》「成、弘、正」三朝著錄作品 664 部，除了 225 部無卷數，有 439 部的條目作者、卷數、注釋完整，如「王弼《南郭集》八卷，字存敬，黃岩人。成化乙未進士，興化知府；金忠《甕天稿》三卷又《東甌童子吟稿》三卷，字尚文，麗水人。天順甲申進士，南京道御史；李昊《坦拙稿》十卷又《謫居集》四卷，字志遠，上元人。成化己丑進士，檢討改禮科給事中，歷廣西太平知府；沈鍾《休齋集》一卷又《晉陽稿》一卷，字仲律，上元人，天順庚辰進士。按察司副使，提督湖廣，山東、山西學政，在郎署時與羅倫、章懋、黃仲昭、莊昶、周孟申、林孟和、

〔註17〕 姚名達：《中國目錄學史》，上海古籍出版社，2002 年 6 月第 1 版，第 182 頁。

支立、項麒、陳壯稱十君子」等條目,《明史稿‧藝文志》僅抄錄了其中 162 部,還有 280 餘部不予收錄,以上幾條即在未收錄之列。有學者認爲,《明史‧藝文志》集部著錄的「多是當時尚存的詩文集」〔註18〕,實際情況並非如此,比如張泰《滄洲集》、孫一元《太白山人漫稿》、程楷《程念齋集》、夏鍭《赤城集》、賀欽《醫閭集》諸書,皆爲《四庫全書總目》著錄,《明史稿‧藝文志》卻未收錄。另外《明史稿‧藝文志》卷數也有抄錯的情況,如高瀫《石門集》一卷,《明史稿‧藝文志》抄作「二卷」;彭韶《惠安文集》十一卷,《明史稿‧藝文志》抄作「十二卷」等等。再如其妄補卷數的行爲,也是缺點之一。作爲一部史志,出現以上幾種情況,說明其在編排上不夠嚴謹。

〔註18〕 李慶《論〈明史‧藝文志〉與〈千頃堂書目〉的關係》,《中華文史論叢》第59 輯,第 291 頁。

第四章 《千頃堂書目》與《明史・藝文志稿》的關係探析

第一節 《明史・藝文志稿》和《千頃堂書目》關係爭論

我們已知黃虞稷是《明史・藝文志稿》的編輯者，他有另一本目錄書——《千頃堂書目》傳世，後人也給予了極高的評價「考明一代著作者，終以是書為可據。」而《千頃堂書目》與《明史・藝文志稿》有著許多相似之處，故此二者的關係也就成為學者們討論的焦點。在對二者關係的爭論中主要持兩種不同的看法：一是認為《千頃堂書目》是《明史・藝文志稿》的成書底本，即《藝文志稿》是以《千頃堂書目》為底本編撰而成的；二是認為《千頃堂書目》並非《明史・藝文志稿》的底本，《千頃堂書目》成書於《明史・藝文志稿》之後，有部份觀點更是認為《千頃堂書目》是從黃氏編撰的《明史・藝文志稿》中輯出的。除了這兩種主要的看法以外，還有觀點認為這兩本書其實是同一本著作，只不過是以不同的書名流傳罷了。由於觀點眾多，並且在不同的歷史時期有著不同的爭論者，因此在正式論述這兩本書的關係前，我們首先整理一下幾個時期對此二者的爭論。

（1）清代學者對《明史・藝文志稿》和《千頃堂書目》關係的爭論

首先，認為《千頃堂書目》是《明史・藝文志稿》的底本的有：

一是杭世駿。杭世駿在其《千頃堂書目跋》中曾講到：「俞邰徵修明史，為此書（即《千頃堂書目》）以備《藝文志》採用。」二是吳騫。吳騫《重校

千頃堂書目跋》云：「菫浦本尚多漏略，疑爲俞邰初稿。復借錢塘盧抱經先生金陵新校本勘補，書既加詳，且多序目，似是史局增修之本。」此處的「菫浦本」指的就是杭世駿所校勘的《千頃堂書目》，吳騫認爲這是「初稿」，而後來得到的盧文弨所校補的題名爲《明史・藝文志稿》的「金陵新校本」，認爲這「似是史局增修之本」。也就是認爲《千頃堂書目》成書於黃虞稷進入明史館之前，因此才會存有「非史局增修」本和「史局增修」本之分。三是後來的大部份藏書家也都持有相同的觀點。如後來刊刻《千頃堂書目》的張鈞衡，他就在其《適園藏書志》卷五的《千頃堂書目》條下說到：「是書所錄，皆有明一代之書，爲《明史・藝文志》張本。」而朱緒曾《開有益齋讀書志》卷三《千頃堂書目》條下也云：「修明史者，取此書明人著作爲《藝文志》。」此外在丁丙的《善本書室藏書志》卷十四以及莫伯驥《五十萬卷樓藏書目錄初稿》卷八中提及《千頃堂書目》時，也都有提到張廷玉等奉詔纂修《明史》，其《藝文志》往往多採錄《千頃堂書目》。繆荃孫的《藝風堂藏書續記》卷五也在提及此書時說：「所錄皆有明一代之書，以備史料，《明史・藝文志》頗依據之。」

其次，認爲《明史・藝文志稿》是《千頃堂書目》的底本的主要是盧文弨。

盧文昭《題明史・藝文志稿》云：「外間傳有《千頃堂書目》與此志大致相同，而亦間有移易，堂名千頃，固黃氏所以志也。然今之書，直是書賈所爲。」另有吳壽暘的《拜經樓藏書題跋記》中又引：「又別紙錄抱經學士與其弟書云：『黃俞邰有《明史・經籍志》，原稿體例較好，今《千頃堂書目》乃從此出，雖增添甚多，而雜亂無序，是賈客之帳簿而已。』」又因盧文弨所見的《千頃堂書目》「郡縣志幾於無所不載，別集各就其科第之年以爲先後，取便於檢尋耳。宗藩與宗室離而爲二，俱失體裁。而小注又爲鈔胥任意刪減，益失黃志之舊。」因此他認爲《千頃堂書目》是書賈所爲，並有可能是從《明史・藝文志稿》中輯出，成書時間自然也就晚於《藝文志稿》了。

最後，認爲《明史・藝文志稿》與《千頃堂書目》是同一種的有清莫友芝，他的《宋元舊本書經眼錄》附錄卷一著錄《新編事文類聚翰墨全書》，提要云：「此書蓋以十千分十集，而各集門目皆互相補無重複，……諸家書目唯黃虞稷《明史・藝文志稿》有之，當亦見《千頃堂書目》云。」清潘衍桐《兩浙輶軒續錄》卷三十載《論書目絕句》十二首，第八首爲「布衣修史亦鴻儒，

冊載前朝例仿於。底事桐城嚴筆削，僅收勝國一朝書。黃氏千頃堂即《明史‧藝文志稿》。

（2）現當代學者對《明史‧藝文志稿》和《千頃堂書目》關係的爭論

其一，現代的大多數學者都是認為《千頃堂書目》成書的時間早於《明史‧藝文志稿》，並且前者是後者的底本。其中論述得最為詳盡的就是王重民先生。王重民先生在他的《千頃堂書目考》一文第五個章節「黃氏《明史‧藝文志稿》與《千頃堂書目》」中對二者的關係進行了詳細的論證，並得出了「《藝文志稿》和《千頃堂書目》不完全相同」的結論，還在此章中通過二者內容的對比論證了成書先後的問題，認為《千頃堂書目》成書的時間早於《明史‧藝文志稿》，並且前者是後者的底本。〔註 1〕與王重民先生持同樣觀點的還有汪辟疆先生，他在《目錄學研究》一書中談到《千頃堂書目》時就說：「清廷詔修《明史》，藝文一志，即以此目為底本，從而刪增潤色之，則其書之賅贍可知矣。」〔註 2〕王欣夫先生也在他的《文獻學講義》第七節「官家目錄」中說到：「清張廷玉等修《明史》，中有《藝文志》四卷，係根據黃虞稷的《千頃堂書目》。」〔註 3〕此外吳楓先生也在其《中國古典文獻學》一書的第六章「文獻目錄與解題」中提到：「黃氏先有『書目』（按：即指《千頃堂書目》），入明史館參與王鴻緒的《明史稿》編纂工作。《明史‧藝文志》以『書目』為藍本，經過大量刪削，僅存四千餘種文獻。清康熙中葉（1689 年）張廷玉撰修《明史‧藝文志》時，仍以『書目』為底本，抄襲《藝文稿》，而無所創新。」〔註 4〕

其二，是認為《千頃堂書目》成書的時間晚於（（明史‧藝文志稿》，或是認為《千頃堂書目》並非《明史‧藝文志稿》的底本。這種觀點主要是近幾年一些學者在重新研究和考證二者關係的時候提出。其中，以李慶先生的《論〈明史‧藝文志〉與〈千頃堂書目〉之關係》一文論述最為詳細。他認為《明史‧藝文志稿》和《千頃堂書目》這兩本書並非同一本書用兩個名字流傳。並且認為《明史‧藝文志稿》的編撰時並非是黃虞稷一個人「獨挑大樑」，而是多名人員參與編撰而成的。此外由於《明史‧藝文志稿》的目錄分

〔註 1〕王重民《中國目錄學史論叢》，中華書局出版，1984 年第 1 版。
〔註 2〕汪辟疆《目錄學研究》，商務印書館，1955 年版，第 47 頁。
〔註 3〕王欣夫《文獻學講義》，上海古籍出版社，1986 年第 1 版，第 206 頁。
〔註 4〕吳楓《中國古典文獻學》，齊魯書社，1982 年第 1 版，第 164 頁。

類和《千頃堂書目》的分類有所不同，所以推斷出《千頃堂書目》並非《明史‧藝文志稿》的底本。〔註 5〕薛新力《〈明史‧藝文志〉編撰考》一文通過對《明史‧藝文志》編撰過程的考察，指出黃虞稷在編撰《明史‧藝文志》時並非以《千頃堂書目》作為底本，《千頃堂書目》當在他編撰《明史‧藝文志》之後成書。理由是，黃虞稷撰完《明史‧藝文志稿》後，又積累了許多材料，在他自己的《藝文志稿》的基礎上作了許多增補工作，才形成後來搜羅豐富，著錄完備的《千頃堂書目》。〔註6〕

　　三、還有學者認為，《明史‧藝文志稿》與《千頃堂書目》為同一書，只是用不同的名字進行流傳。來新夏先生在他的《古典目錄學》中云：「此稿（按，即指黃氏《明史‧藝文志稿》）於康熙二十八年修成並上交明史館後，還以《千頃堂書目》為名行世。」〔註7〕王重民先生曾說過《千頃堂書目》成書的時間早於《明史‧藝文志稿》，並且前者是後者的底本。但他在 1956 年校訂姚明達先生遺稿時又說：「康熙二十八年（1689）黃虞稷寫定了《明史‧藝文志》稿，交給總裁官徐乾學，⋯⋯黃虞稷自己當然還保留著一份《明史‧藝文志》的原稿，後來用《千頃堂書目》的名稱流傳出來。」二人所說並無史料支持，且未見具體考訂，不知緣何而發。

　　以上就是從清代到現當代學人對《明史‧藝文志稿》和《千頃堂書目》關係的爭論。

第二節　《明史‧藝文志稿》和《千頃堂書目》的異同

一、二書分類及條目數量之統計分析

　　在以上的這些爭論中，大多數人所持有的觀點都是《千頃堂書目》是《明史‧藝文志稿》的底本，而黃虞稷是編撰《明史‧藝文志稿》的最主要編撰人和最大貢獻者。下面我們再對二者的關係進行一次考證：

　　首先：從二者的類目進行比較：

〔註 5〕李慶：《論〈明史‧藝文志〉與〈千頃堂書目〉之關係》一文，《中華文史論叢》第 59 輯。

〔註 6〕薛新力：《〈明史‧藝文志〉編撰考》，《北京大學學報》（國內訪問學者、進修教師論文專刊），2002 年第 s1 期，第 106 頁。

〔註 7〕來新夏《古典目錄學》，中華書局，1991 年第 1 版，第 273 頁。

《明史‧藝文志稿》	《千頃堂書目》
經部：易類、書類、詩類、春秋類、三禮類、禮樂書類（凡後代編定之禮及類次樂律書）、孝經類、論語類、孟子類（前代皆入儒家，今特爲一類），經解類（五經四子總解）、小學類（分訓詁、書、數、蒙訓四種）	經部：易類、書類、詩類、三禮類、禮樂書類、春秋類、孝經類、論語類、孟子類，經解類、四書類、小學類（附算學、小學童蒙）
史部：國史類（朝廷勅編當代史）、正史類、通史類（通輯列代之史）、編年類、雜史類、霸史類、史學類、史抄類、故事類、職官類、時令類、食貨類、儀注類、政刑類、傳記類、地理類、譜牒類、簿錄類	史部：國史類、正史類、通史類、編年類、別史類、霸史類、史學類、史抄類、地理類、職官類、典故類、時令類、食貨類、儀注類、政刑類、傳記類、譜牒類、簿錄類
子部：儒家類、雜家類（前代藝文志列名、法諸家，後代沿之，然寥寥無幾，備數而已，今削之，總附雜家）、農家類、小說家類、兵書類、天文類、曆數類、五行類、醫方類、雜藝術類、類書類、道家類、釋家類	子部：儒家類、雜家類（前代藝文志列名、法諸家，後代沿之，然寥寥無幾，備數而已，今削之，總附雜家）、農家類、小說家類、兵書類、天文類、曆數類、五行類、醫家類、藝術類、類書類、道家類、釋家類
集部：制誥類、表奏類、騷賦類、別集類、詞曲類（因《文獻通考》例錄）、總集類、文史類、制舉類（自宋熙寧用荊舒之制，以經義試士，其後或用或否，惟明遵行不廢，遂爲一代之制。三百年來，程士之文與士之自課者，龐雜不勝錄也。然而典制所在，未可廢也。緣《通考》錄擢犀、擢象之類，載程序之文二三種，以見一代之制，而二三場之者亦附見焉）	集部：別集類、制誥類、表奏類、騷賦類、總集類、文史類、制舉類（因《文獻通考》例錄）、總集類、文史類、制舉類（自宋熙寧用荊舒之制，以經義試士，其後或用或否，惟明遵行不廢，遂爲一代之制。三百年來，程士之文與士之自課者，龐雜不勝錄也。然而典制所在，未可廢也。緣《通考》錄擢犀、擢象之類，載程序之文二三種，以見一代之制，而二三場之者亦附見焉）、詞曲類

　　《千頃堂書目》分 51 小類，較《明史‧藝文志稿》多經部「四書類」一種，《明史‧藝文志稿》的「四書類」實際包含在「經解類」中。其他類目，除了叫法（比如把「禮樂書類」作「禮樂類」「故事」改成「典故」、「雜史」改成「別史」、「醫方」改作「醫家」「雜藝術類」改成「藝術類」）和順序上的差異，基本是相同的。二者在類目分合上差別不大。尤其是《千頃堂書目》「雜史類」小序「前代藝文志列名法諸家，後代沿之，然寥寥無幾，備數而已，今削之，總名之曰雜家」及「制舉類」小序「自宋熙寧用荊舒之制，以經義試士，其後或用或否，惟明遵行不廢，遂爲一代之制。三百年來，程士之文與士之自課者龐雜不勝錄也，然而典制所在，未可廢也。緣《通考》『擢犀、擢象』之類載程序之文二三種，以見一代之制，而二三場之者亦附見焉」，與《明史‧藝文志稿》的內容一字不差。二者的沿襲關係由此可見一斑。

　　其次：從條目的具體內容上加以比較：

	《明史·藝文志稿》	《千頃堂書目》	備　注
經部·易類	294 條	294 條（13 條為盧補）	杭補、吳補以及不在《明史·藝文志稿》內的 17 條。《明史·藝文志稿》有 17 條〔註 8〕，《千頃堂書目》列在補元部份。《千頃堂書目》有 61 條的注釋詳於《明史·藝文志稿》。
書類	123 條	134 條	10 條為吳補、他補，26 條注釋詳於《明史·藝文志稿》。有 2 條《明史·藝文志稿》在其他類目下。而「俞鯤尚書匯解卷，又禹貢元珠一卷」一條為《千頃堂書目》未收錄，《四庫全書總目》著錄其《禹貢元珠》一卷，《經義考》著錄其《百家尚書匯解》。
詩類	105 條	115 條（1 條盧補）	9 條吳補、他補，1 條《明史·藝文志稿》入其他類目，26 條注釋詳於《明史·藝文志稿》（6 條出自《經義考》）。
春秋類	189 條	204 條（盧補 1 條）〔註 9〕	24 條吳補、杭補，44 條注釋詳於《明史·藝文志稿》（其中 7 條出自《經義考》引「陸元輔曰」或作者自序）。汪克寬和張以寧兩條的著述 1 條《明史·藝文志稿》在別的類目。
三禮類	306 條	322 條	杭補、吳補 16 條，注釋詳於《明史·藝文志稿》的 65 條，其中 45 條出自《經義考》，（所引「黃虞稷曰」、「陸元輔曰」以及各書自序）。另外還有 34 條〔註 10〕，《明史·藝文志稿》無卷數，《千頃堂書目》據《經義考》加以增補。

〔註 8〕 家人衍義二卷以下俱失名氏、乾坤二卦集解三卷、易象龜鑒二卷、周易宗孔篇三冊、黃宗炎憂患學易二十四卷、東皋老人百一易、姚麒易經或問十卷、周方學易記三卷、詹一麟周易述説一卷字孟仁婺源人學旨猶東鏡先生、黃瓚翁讀易備忘四卷、程轍洊南易説九卷、周佐補齋口授易説三卷、寧欽周易宗旨八卷、葉山八白易傳十六卷、郭濬理數通考二卷、楊幅周易餘義八卷、許復易衍義二十二卷。

〔註 9〕 此條盧補為「林嗣昌春秋易義十二卷，晉江人，天啓壬戌進士，吏部文選郎中」，即林胤昌條，同《明史·藝文志稿》。嗣乃避雍正諱而改字。《千頃堂書目》已著錄林胤昌條，但與《明史·藝文志稿》略有不同：林胤昌春秋易義十二卷【以易證春秋之義，故曰易義。胤昌，字為盤，晉江人，天啓壬戌進士，歷官吏部文選司郎中。】

〔註 10〕 這 34 條為：白良輔中庸膚見、羅倫中庸解、姚文灝中庸本義、倪復中庸解、王漸逵中庸義略、許天錫中庸析義、洪鼐中庸通旨、夏尚樸中庸説、許誥中庸本義、楊爵中庸解、萬思謙中庸述微、李穎中庸參、劉清大學要旨、陳雅言大學管窺、葉應大學綱領圖、李果大學明解、程敏政大學重訂本、胡爌大學補、程昌大學古本注釋、蔡烈大學格物致知傳、陸深校定大學經傳、豐坊石經大學、轟豹大學臆説、李先芳大學古本、史朝富考正大學古本、魯邦彥古本大學解、區大倫大學定本、劉元卿大學新編、唐伯元石經大學、吳極石經大學疏旨、來知德大學古本釋、吳桂芳大學記、劉宗周大學古文參疑、熊釗學庸私錄。

禮樂書類	169 條	182 條（2 條盧補）	6 條吳補、杭補，7 條《明史‧藝文志稿》在別的類目。29 條的注釋詳於《明史‧藝文志稿》。
孝經類	51 條	57 條（盧補2 條）	吳補或他 6 條，4 條注釋詳略不同。
論語類	54 條	60 條（4 條盧補）	吳補、杭補 6 條，3 條注釋詳略不同。
孟子類	10 條	10 條	全同。
經解類	115 條	122 條（盧補1 條）	《明史‧藝文志稿》中的「蔡文範五經翼五卷」一條，《千頃堂書目》未收錄。8 條吳補、杭補或他補（唐懷德、張惟政兩條誤補，唐為元人張為宋人）；23 條注釋詳於《明史‧藝文志稿》，其中 13 條與《經義考》引「黃虞稷曰」相同。
四書類〔註11〕	85 條	98 條（2 條盧補）	15 條吳補杭補，《明史‧藝文志稿》中「蔣允汶四書纂類」《千頃堂書目》列在元人中、「歸起先學庸論孟大旨四卷」《千頃堂書目》未收錄。14 處注釋詳於《明史‧藝文志稿》，其中 6 條與《經義考》引「黃虞稷曰」相同。
小學類	247 條	265 條（盧補8 條）	吳補、杭補 18 條，27 條的注釋詳略不同。
史部‧國史類	42 條	43 條	吳補 1 條，剩餘的 42 條中有 6 條與《明史‧藝文志稿》的注釋稍有差異，其餘的基本相同。
正史類	18 條	22 條	4 條吳補、他補，餘 18 條有 3 條與《明史‧藝文志稿》注釋上稍有差異。
通史類	12 條	13 條	1 條吳補，餘相同。
編年類	113 條	118 條（7 條盧補）	5 條吳補、他補，剩餘的 113 條中有 10 條與《明史‧藝文志稿》注釋上稍有差異。
雜史類（別史類）	391 條	420 條（6 條盧補）	29 條吳補、他補，「涂昌治昭代芳模二十五卷」《明史‧藝文志稿》在編年類、「張延登元史略二卷」在《明史‧藝文志稿》史學類，剩餘的 389 條中有 22 條的書名、卷數、注釋稍異，其他的二者完全相同。
霸史類	20 條	24 條（1 條盧補）	4 條吳補，剩餘的 20 條與《明史‧藝文志稿》完全相同。
史學類	100 條	104 條（9 條盧補）	吳補 4 條，剩餘的 100 條，7 條書名、卷數、注釋稍有差異，其他的 93 條與《明史‧藝文志稿》完全相同。
史抄類	39 條	45 條（3 條盧補）	吳補、別本補 6 條（還有 8 條標明別本補，實際都在《明史‧藝文志稿》內），剩餘的 39 條，除了「馬惟銘二十二史纂略四十四卷」一目，《明史‧藝文志稿》作「馬惟銘史書纂略一百卷」〔註12〕，其他的都相同。

〔註11〕 《明史‧藝文志稿》的四書諸書列在「經解類」中，《千頃堂書目》單獨作為一類著錄。

〔註12〕 上古校記云「盧校改書名及卷數為史書纂略一百卷」。

故事類（典故類）	175 條	241 條（2 條為盧補）	吳補或他補的 47 條，19 條在《明史‧藝文志稿》在別的類目，剩餘的 175 條與《明史‧藝文志稿》幾乎全同。
職官類	147 條	163 條（2 條盧補）	吳補、他補 16 條，9 條作者、注釋差異，剩餘的 138 條，偶有順序上的差異（如「太常寺志外備錄一卷」下接「汪宗元南京太常寺志十三卷〔註13〕、太常寺考五卷」，盧文弨校記云「此三條序次與志異，此列三，下二條為二與一」，正與《明史‧藝文志稿》的排序「太常寺考五卷、南京太常寺志十三卷、太常寺志外備錄一卷」相合），其他幾乎是完全相同的。
時令類	11 條	11 條	全同。
食貨類	129 條	142 條（1 條為盧補）	吳補或他本補的 9 條，另外 4 條，《明史‧藝文志稿》在其他類目中（沈弘正蟲天志十卷，《明史‧藝文志稿》在小說家類；江穎食物本草二卷及寧原食鑒本草一卷，《明史‧藝文志稿》入醫家類；曹昭格古要論十三卷，《明史‧藝文志稿》入藝術類）剩餘的 129 條（1 條為盧補），6 條注釋詳略不同，其他的 123 條連排序都與《明史‧藝文志稿》完全相同。
儀注類	99 條	97 條	《明史‧藝文志稿》此類較《千頃堂書目》多「大明集禮五十卷、孝慈錄一卷」兩條，《千頃堂書目》列在「經部‧禮樂類」。餘 97 條全同。
政刑類	144 條	165 條（4 條盧補）	7 條吳補，還有 14 條，《明史‧藝文志稿》在其他類下。剩餘的 144 條，除了「武士訓戒錄一卷」的注釋，兩者有差異，其他的 143 條幾乎完全相同。
傳記類	301 條	394 條（12 條盧補）	90 條為吳補或者他補〔註14〕，3 條《明史‧藝文志稿》在其他類，剩餘的有 19 條在注釋上有差異。這個類目的排序與《明史‧藝文志稿》與較大出入，如「成祖編輯外戚傳三卷」盧校曰「此條黃志在魏顯國下」，《千頃堂書目》則在「陳元素名將傳十七卷」下；「趙鶴文山寓揚忠憤錄」下接「袁珙忠義錄一卷」，盧校云「黃《志》丁元吉一條在此，今見後」，《明史‧藝文志稿》趙鶴下為丁元吉、袁珙；「陳鎬金陵人物志六卷」盧校曰「當另起。黃《志》在前吳震元後」，《明史‧藝文志稿》中「吳震元宋相譜」下即為陳鎬；「歐陽東鳳晉陵崇祀先賢傳」盧校曰「黃志下接畢雲以下」，《明史‧藝文志稿》此下接畢雲錫山先賢錄；「遜國臣記三十卷」盧校云「黃

〔註13〕《明史‧藝文志稿》此條無作者。

〔註14〕這 90 條中又有 70 餘條出自《浙江通志‧經籍志》，如「王叔英二孝子傳一卷、鄭漢千孝行錄、周珽廣孝錄、姚舜牧孝史警世、胡良臣四十八孝廣、來嘉謨敦倫寶鑒、徐奇五倫志編、竇文卿孝順傳芳錄、竇文照世旌孝義集」九條見卷二百四十四《經籍‧史部傳記》中的「孝友」類，「胡應麟駱侍御忠孝辨一卷、昭嫩錄二卷、汪青湖先生事實一卷、端峰遺範錄、董光宏歷官紀錄、姚士粦吳少君遺事一卷、陳王石尊白堂外傳、李玳續膜膜老人傳、梅墟先生別錄二卷」出自卷二百五十四」《經籍‧兩浙志乘》中的「傳記」類。

			《志》接張芹以下」，《明史‧藝文志稿》中此條下接張芹備遺錄一卷；「胡宗憲三朝昭忠錄一卷」盧校「此條在胡少保行實後」，是；「英風紀異錄」盧校「黃志接向忠節以下」，《明史‧藝文志稿》此下一條即為「向忠節紀事」；「汪宗伊皇明表忠錄二卷」盧校「此下接許有穀以下」，《明史‧藝文志稿》此下接許有穀忠貞合璧三卷存襃什一卷維風什二卷；「皇系賢錄三卷」盧校「黃《志》此下接列女」，《明史‧藝文志稿》下接「古今列女傳三卷」等等。雖然在排序上有些差異，但條目基本上還是相同的。
地理類	684 條	2411 條	《千頃堂書目》溢出的 1800 餘條中，有 580 餘條與通行的《內閣藏書目錄》幾乎完全相同，並且在排序上也與其該書相吻合，這些應該就是杭世駿利用《內閣藏書目錄》進行增補的部份。還有一部份是利用《（雍正）浙江通志》進行增補的，剩餘的條目是抄撮地方志及地方文獻著錄而成。筆者有專節加以討論。
譜牒類（譜系類）〔註15〕	93 條	122 條（盧補 2 條）	27 條為吳補、他補，其中的 20 條出自《（雍正）浙江通志》卷二百五十四「經籍志‧兩浙志乘」下的「家譜、家傳」類。2 條在其他類目；剩餘的 93 條基本與《明史‧藝文志稿》相同。
簿錄類	77 條	78 條（2 條盧補）	除了「丁雄飛古今書目十卷」不見於《明史‧藝文志稿》，餘 77 條與《明史‧藝文志稿》完全相同。
子部‧儒家類	373 條	459 條（6 條盧補）	58 條吳補、別本補（有一些出自《（雍正）浙江通志》卷二百四十五「經籍‧子部‧儒家」中的「理學類」，比如「劉子全書」注「子汋輯」，其實編者漏抄了「宗周」二字，原注為「宗周子汋輯」；還有下面的「劉子節要十四卷」，注中也有「宗周」二字；接下的「劉竟中心學旨歸又性理晰疑又蕺山證道集、張鎰就正編、邢大忠證人錄、何國輔理學正宗、張應槐存養錄，又鳳山博議」都出自此書）；22 條注釋書名卷數有異；還有 26 條《明史‧藝文志稿》在別的類目。
雜家類	262 條	286 條（7 條盧補）	23 條為杭補、吳補，又有 3 條《明史‧藝文志稿》在別的類目，還有 3 條在注釋上有差異。其他的 259 條與《明史‧藝文志稿》同。
農家類	36 條	42 條	6 條為吳補、他補，餘 36 條與《明史‧藝文志稿》同。
小說家類	348 條	367 條（16 條盧補）	17 條吳補杭補他補，17 條書名、卷數、注釋不同，2 條在別的類目，其他的 331 條與《明史‧藝文志稿》同。
兵書類（兵家類）	152 條	169 條	杭補、他補的 16 條之中，「程時登八陣圖解、俞在明用武提要二十篇、秦輔之武事要略」屬元人著述，不應列入明人著述。「劉宣化三國策十二卷」一條，《明史‧藝文志稿》在「史部‧霸史類」。

〔註15〕 《千頃堂書目》作「譜系類」，盧校云「《志》作譜牒」，同《明史‧藝文志稿》。

天文類	63 條	66 條	有 3 條爲他人所補，不見於《明史‧藝文志稿》，剩餘的 63 條基本完全相同。
曆數類	31 條	33 條	2 條吳補，餘 31 條與《明史‧藝文志稿》同。
五行類	244 條	254 條（11 條盧補）	10 條爲吳補，餘 244 條與《明史‧藝文志稿》是相同的
醫方類（醫家類）	400 條	420 條（1 條盧補）	20 條爲杭補、他補，其餘的 400 條有 5 條書名、作者不同，〔註16〕另 395 條排序、條目基本完全相同。在此類目中無作者、不知時代的條目有 80 條之多，多爲黃虞稷從公私家書目中抄錄，抄錄時不察，沿襲了原書的錯誤，如西方子銅人針灸經十五卷、明目至寶四卷、周與權難經注解一卷、葉玠五運指掌賦圖一卷、楊退修通神論十四卷、藺道接骨仙方二卷、楊清叟外科集驗方一卷、謝天錫瘡腫證治一卷、張聲道產科大通論方一卷、伊尹湯液仲景廣爲大法十卷、外傷金鏡錄一卷、銀海精微二卷、孟孔治痘詳說三卷等十餘條，皆是有問題的條目，筆者在《〈明史‧藝文志稿〉與明代書目關係探析》一文中已有考訂，可參看。
雜藝術類（藝術類）	86 條	99 條	11 條不見於《明史‧藝文志稿》，還有 2 條《明史‧藝文志稿》在其他類目，餘 86 條同。
類書類	114 條	128 條	8 條他補，6 條《明史‧藝文志稿》在其他類。《千頃堂書目》此類條目下多列子目，《明史‧藝文志稿》則不列子目，吳騫校云「盧本自不列散目」。
道家類	175 條	182 條	4 條吳補，3 條《明史‧藝文志稿》在其他類目下，餘同。
釋家類	193 條	196 條	3 條不見於《明史‧藝文志稿》，餘 193 條全同。
集部‧制誥類	33 條	33 條	全同。
表奏類	406 條	413 條（18 條盧補）	5 條他補，「熊明遇中樞集略十卷」及「文震孟奏疏一卷」標明盧補，可不在《明史‧藝文志稿》中。剩餘的 406 條中除了 17 條的注文是盧文弨據《明史‧藝文志稿》增補的，其他完全相同。
騷賦類	65 條	71 條（2 條盧補）	6 條係他補，剩餘的 65 條，7 條注文係盧補，其他的 58 條與《明史‧藝文志稿》同。
別集類	2500 餘條	8000 餘條	盧補 38 條，100 餘條爲杭補。
詞曲類	83 條	92 條	8 條爲他補，「程明善嘯餘譜十一卷」《明史‧藝文志稿》在「經部‧禮樂書」下。

〔註16〕 「原幼心法三卷」，《明史‧藝文志稿》題彭用先作；喻嘉言傷寒尚論編，《明史‧藝文志稿》作董養學著；陳楠注石山醫案三卷【一作許忠注，九卷。】《明史‧藝文志稿》作許忠注石山醫案九卷；鄒彬運氣或問一卷，《明史‧藝文志稿》作傷寒運氣或問一卷，無作者。

總集類	378 條	411 條（18 條盧補）	36 條杭補或者他補，1 條《明史·藝文志稿》在別的類目，剩餘的 377 條中有 12 條注文爲盧補，其他的 365 條與《明史·藝文志稿》同。
文史類（包括前代匯輯校注）	139 條	152 條（12 盧補）	2 條注文盧補，吳補或他補 13 條。
制舉類	29 條	34 條（3 條盧補）	5 條吳補或他補，餘 29 條同。

　　上表是筆者對《千頃堂書目》與《明史·藝文志稿》兩書進行全面考察後所做的統計，包括對二書各類目下圖書的數目統計及二書對應條目的具體比勘，發現《千頃堂書目》與《明史·藝文志稿》所著錄的條目數量（吳補、杭補、別本補及他補的條目〔註17〕不計在內）、順序先後、注釋〔註18〕等方面，除了「地理類」及「別集類」存在較大差異〔註19〕，其他類目幾乎都是相同的。可見二者之間存在特殊的關係。

二、著錄條目具體內容的差異

　　筆者茲以「詩類」爲例，加以考證。

	《千頃堂書目》	《明史·藝文志稿》	備 註
1	詩集傳大全二十卷【永樂間命胡廣等四十一人編輯。】〔註20〕	詩集傳大全二十卷	《千頃堂書目》有注。
2	梁寅詩經演義八卷【因朱子之傳演其義而申之。】，又詩考四卷	梁寅詩演義八卷又詩考四卷	《千頃堂書目》有注。
3	朱升詩旁注八卷	朱升詩旁注八卷	同。
4	朱善詩解頤四卷【字備萬，豐城人，洪武八年授翰林修撰，十七年進文淵閣大學士。】	朱善詩解頤四卷，字備萬，豐城人。洪武八年授翰林修撰，十七年進文淵閣大學士。	同。

〔註17〕　還有一些《明史·藝文志稿》未收錄，亦未標明補注的條目，筆者把這一類條目，稱作他補。這些條目無法確定是，黃虞稷《明史·藝文志稿》本來有，爲 416 卷本《明史》漏抄的；或是由後人（也許是杭世駿）增補，卻未標注的，如豐寅初《古易略說》、豐慶《古易筮法》、豐慶《古義傳義》等條目。

〔註18〕　經史子二部中，《千頃堂書目》的多注釋詳於《明史·藝文志稿》，《明史·藝文志稿》集部有些條目的注釋較詳細。而集部中，利用《明史·藝文志稿》補充《千頃堂書目》的情況要比其他三部多。

〔註19〕　由於「地理類」及「別集類」的特殊性，筆者有專章進行考證，本節暫不討論。

〔註20〕　因《明史稿·藝文志》僅著錄明人著述，爲了比勘的準確性，此表中《千頃堂書目》只收錄明代部份，書中條目前後順序不一致者，忽略不計。

5	汪克寬詩集傳音義會通三十卷【引古今之書凡百餘家，疑者辨之，缺者補之，朱子之欲更定而未及者，從而正之。】	汪克寬詩集傳音義會通三十卷	《千頃堂書目》有注。
6	陳謨詩經演疏	陳謨詩經演疏	同。
7	何淑詩義權輿	何淑詩義權輿	同。
8	范祖幹讀詩記	范祖幹讀詩記	同。
9	高頤詩傳解二十卷【福安人，洪武中舉孝廉，任海鹽知縣。】	高頤詩集傳解二十卷，福安人，洪武中舉孝廉，任海鹽知縣。	同。
10	周是修詩小序，又詩集義，又詩譜三卷	周是修詩小序，又詩集義，又詩譜三卷	同。
11	鄭旭詩經總旨一卷【閩縣人，建文中官儒學訓導。】	包旭詩經總旨一卷，閩縣人，建文中官訓導。	同。
12	張洪詩正義十五卷	張洪詩正義十五卷	同。
13	曾堅詩疑大鳴錄一卷【吳江人，本元禮部員外郎，徐達克元都，堅同學士危素等出謁軍門，太祖命仍原官，後宣德中歷官雲南左布政使司。】		黃虞稷列入「補元」部份。
14	陳濟詩傳通證【武進人，永樂中徵修大典，書成，授春坊贊善。】	陳濟詩傳通證	《千頃堂書目》有注。
15	瞿祐詩經正葩	瞿祐詩經正葩	同。
16	何英詩經詳釋【一作增釋。】	何英詩經詳釋，一作增釋。	同。
17	劉翔詩口義【清江人，宣德己酉舉人，翰林院檢討，又有禮記說。】	劉翔詩口義，清江人，宣德己酉舉人，翰林院檢討，又有禮記說。	同。
18	孫鼎詩義集說四卷【字公宜，廬陵人，永樂舉人，應天提學御史，正統十二年丁卯序。】	孫鼎詩義集說四卷，字公宜，廬陵人，永樂舉人，為應天提學御史。	《千頃堂書目》注多「正統十二年丁卯序」。
19	魯穆葩經或問	魯穆葩經或問	同。
20	易貴詩經直指十五卷【貴州宣慰司籍，吉水人，景泰甲戌進士，辰州府知府。】	易貴詩經直指十五卷，貴州宣慰司籍，吉水人，景泰甲戌進士，辰州府知府。	同。
21	范理詩經集解三卷	范理詩經集解三卷	同。
22	楊守陳詩私抄四卷	楊守陳詩私抄四卷	同。
23	程楷詩經講說二十卷【字正之，樂平人，成化丁未會試第一人。】	程楷詩經講說三十卷	《千頃堂書目》有注。
24	豐熙魯詩正說	豐熙魯詩正說	同。
25	倪復詩傳纂義一卷【字汝新，鄞縣人，嘉靖時。】	倪復詩傳纂義一卷	《千頃堂書目》有注。
26	李賢讀詩記一卷	李賢讀詩記一卷	同。

27	陳鳳梧毛詩集解【取毛傳，鄭箋，孔疏，稽諸朱子之語類參之，以讀詩記，詩緝，楊守陳私鈔而附以自得之見，別著參訂篇什一卷，以定其世次。	陳鳳梧毛詩集解	《千頃堂書目》有注。
28	陸深儼山詩微三卷	陸深儼山詩微三卷	同。
29	湛若水詩釐正二十卷	湛若水詩釐正二十卷	同。
30	舒芬詩稗說三十篇	舒芬詩禆說三十篇	同。
31	韓邦奇毛詩末喻	韓邦奇毛詩未喻	同。
32	呂柟毛詩序說六卷	呂柟毛詩序說六卷	同。
33	王道詩億三卷	王道詩億三卷	同。
34	馬理詩經冊義	馬理詩經冊義	同。
35	許誥詩考	許誥詩考	同。
36	季本詩說解頤正繹三十卷，又總論二卷，又字說八卷【嘉靖丁巳序。】	季本詩說解頤正繹三十卷，又總論二卷，又字說八卷	《千頃堂書目》有注。
37	楊慎四詩表傳一卷	楊慎四詩表傳一卷	同。
38	豐坊魯詩世學三十六卷【一作十二卷，坊言家有魯詩世學，是書傳自遠祖稷，然實自撰也，又作詩傳託之子貢，而同時，又有詩說託之申培者，皆僞書不錄。】〔註21〕	豐坊魯詩世學三十六卷，一作十二卷。坊言家有魯詩，傳自遠祖稷，然實自撰。也又作詩傳託之子貢，而同時又有作詩說託之申培者，皆僞書不錄。	同。
39	黃佐詩傳通解二十五卷	黃佐詩傳通解二十五卷	同。
40	王漸逵讀詩記【因許魯齋訂正二南之圖，竊取朱子之意，復爲訂正小雅圖，以救小序之失。】〔註22〕	王漸逵讀詩記	《千頃堂書目》有注。
41	歐志學毛詩小見字須靜，莆田人，嘉靖乙酉舉人，丙戌進士，知縣。】	歐志學毛詩小見莆田人嘉靖乙酉舉人知縣	《千頃堂書目》注多「丙戌進士」。
42	薛騰蛟毛詩附說十卷	薛騰蛟毛詩附說十卷	同。
43	王崇慶詩經衍義七卷	王崇慶詩經衍義七卷	同。
44	張忠詩辨疑【號梅江，任丘人，嘉靖己丑進士，光祿寺卿。】	張忠詩辨疑，任丘人，嘉靖己丑進士，光祿寺卿。	同。
45	薛應旂方山詩說八卷【一作六卷。】	薛應旂方山詩說八卷	《千頃堂書目》有注。
46	潘思詩經輯說七卷	潘思詩經輯說七卷	同。
47	李淮詩經童訓辨疑【字巨川，聞喜人，正德甲戌進士，巡撫延綏，右僉都御史。】	李淮詩經童訓辨疑，字巨州，聞喜人。正德甲戌進士，巡撫延綏右僉都御史。	同。

〔註21〕 上古校記云「盧校又有下有作字」。
〔註22〕 見《經義考》王漸逵自序。

48	李先芳毛詩考正【以詩注邶、墉諸風，多解淫奔，疑而未安，索注疏及呂氏讀詩記，考正其說，先芳，字伯承，濮州人，嘉靖丁未進士，歷官尚寶司丞，左遷亳州同知，升寧國府同知，中計典歸。】	李先芳毛詩考正	《千頃堂書目》有注。
49	何宗魯詩辨考證四卷【字可言，福清人，嘉靖癸卯舉人，官惠州府同知。】	何宗魯詩辨考證四卷，字可言，福清人。嘉靖癸卯舉人，惠州府同知。	同
50	陳頤正詩序折衷【慈谿人，嘉靖壬戌進士，按察使。】	陳頤正詩序折衷，慈谿人，嘉靖壬戌進士，按察使。	同
51	黃光升讀詩蠡測	黃光升讀詩蠡測	同
52	王樵詩考	王樵詩考	同
53	劉誠風雅遺音【輯楚漢以下詞人之作，得三百篇之旨者。】〔註23〕		《明史・藝文志稿》此條在「總集類」。
54	許天贈詩經正義【字德夫，黟縣人，嘉靖乙丑進士，山東參政。】	許天贈詩經正義，字德夫，黟縣人。嘉靖乙丑進士，山東參政。	同。
55	邵弁詩序解頤一卷【字偉元，太倉州人，歲貢士。】	邵弁詩序解頤一卷，字偉元，太倉州人，歲貢生。	同。
56	陸奎章陸詩別傳十二卷【武進士，陸簡子，嘉靖戊子舉人，學士。】	陸奎章陸詩別傳十二卷，武進人，陸簡子。嘉靖戊子舉人。	二注稍異，《千頃堂書目》多「學士」二字。
57	葉朝榮詩經存固八卷【一作十卷，字時良，福清人，葉向高父，隆慶元年選貢，養利州知州。】〔註24〕	葉朝榮詩經存固八卷，一作十卷。福清人，葉向高父，隆慶初貢士，官養利州知州。	二注稍異。
58	袁仁毛詩或問二卷	袁仁毛詩或問二卷	同。
59	勞堪詩林伐柯四卷【凡先儒之說有異聞者，聚而錄之，非全詩也。】	勞堪詩林伐柯四卷	《千頃堂書目》有注。
60	林兆珂毛詩多識篇七卷【字孟鳴，莆田人，萬曆甲戌進士，刑部郎中。】	林兆珂毛詩多識篇七卷，字孟鳴，莆田人。萬曆甲戌進士，刑部郎中。	同。
61	黃洪憲學詩多識	黃洪憲學詩多識	同。
62	郭子章詩傳書例四帙【泰和人。】	郭子章詩傳書例四帙	《千頃堂書目》有注。
63	馮時可詩臆二卷	馮時可詩臆二卷	同。
64	鄧元錫詩繹三卷	鄧元錫詩繹三卷	同。
65	章潢詩原始	章潢詩原始	同。

〔註23〕 上古校記云「盧校云志入總集」。
〔註24〕 上古校記云「盧校貢下有官字」。

66	陳第毛詩古音考四卷【字季立，連江人，爲諸生教授，清漳俞大猷一見奇之，召置幕下，勸以武自奮，薦之譚綸，綸亦奇之日，俞戚流亞也，起家京營，出守古北口，官游擊將軍，居薊鎮，與戚繼光論兵，復相善，其後譚死戚去，第與後來開府者不合，棄官歸，聞修撰焦竑好學，往金陵從之遊，離經析疑，叩擊累年，竑以爲不如也，第學通五經，而尤長於詩易，古音考一書，發前人未竟之意義，尤爲學者所推，萬曆三十四年丙午序。】	陳第毛詩古音考四卷，字季立，連江人，爲諸生教授，清漳俞大猷一見奇之，召置幕下，勸以武自奮，薦之譚綸，綸亦奇之，日俞戚流亞也。起家京營，出守古北口，官游擊將軍，居薊鎮，與戚繼光論兵，復相善。其後譚死戚去，第與後開府者不合，棄官歸。聞修撰焦竑好學，往金陵從之遊，離經析疑，叩擊累年，竑以爲不如也。第學通五經，而尤長於詩、易。古音考一書發前人未竟之義，尤爲學者所推。	二注稍異，《千頃堂書目》多末一句。
67	屠本畯毛詩鄭箋二十卷	屠本畯毛詩鄭箋二十卷	同。
68	李承恩詩大義	李承恩詩大義	同。
69	瞿九思詩經以俟錄【九思謂三百篇皆有所用，因取當世所行典禮，自朝廟以迄里巷，即詩一一配合而歌之，以俟好古君子云，九思所著諸書，皆名以俟錄，不僅此也。】〔註25〕	瞿九思詩經以俟錄	《千頃堂書目》有注。
70	胡文煥胡氏詩識三卷【取朱子集傳，擇其要而類編之，自天文至訓詁，凡三十七類。】	胡文煥胡氏詩識三卷	《千頃堂書目》有注。
71	郝敬毛詩原解三十六卷，又毛詩序說八卷【天啓乙丑序。】	郝敬毛詩原解三十六卷，又毛詩序說八卷	《千頃堂書目》有注。
72	曹學佺詩經質疑六卷	曹學佺詩經質疑六卷	同。
	喬中和蒩經旁意一卷【字公致，蓬山人，垣曲令。（別本補）】		
73	姚舜牧詩經疑問十二卷	姚舜牧詩經疑問十二卷	同。
74	李鼎編詩經古注十卷	李鼎編詩經古注十卷	同。
75	朱謀㙔詩故十卷【原本小序，按文武周公以來，春秋左國之事而次第其世，考其習俗，論其人而以意通之，萬曆三十七年己酉序。】〔註26〕	朱謀㙔詩故十卷	《千頃堂書目》有注。
76	朱統稽詩解頤錄【新建奉國中尉。】	朱統稽詩解頤錄，新建奉國中尉。	同。
77	程嗣光詩經講義八卷〔註27〕	程朝光詩講義八卷	同。
78	徐即登詩說五帙	徐即登詩說五帙	同。
79	蔡毅中詩經輔傳四卷	蔡毅中詩經輔傳四卷	同。
80	沈守正詩經通說十三卷	沈守正詩經通說十三卷	同。

〔註25〕注乃《經義考》中瞿氏自序。
〔註26〕注乃《經義考》中黃汝亨小序。
〔註27〕上古校記云「盧校改嗣爲朝」。

81	淩蒙初聖門傳詩嫡冢十六卷【萬曆戊午萬尙烈序。】	淩蒙初聖門傳詩嫡冢十六卷	《千頃堂書目》有注。
82	徐熙詩說闕疑十五卷	徐熙詩說闕疑十五卷	同。
83	林世升毛詩人物志三十四卷【禮部尙書林燫子，本王應麟詩傳圖要而作。】	林世升毛詩人物志三十四卷，禮部尙書林燫子，本王應麟《詩傳圖要》而作。	同。
84	吳雨毛詩鳥獸草本疏三十卷【因陸璣之疏而廣之，閩縣人。】	吳雨毛詩鳥獸草木疏三十卷，閩人。	《千頃堂書目》注詳。
85	趙宧光風雅合詮三卷	趙宧光風雅合詮三卷	同。
86	黃一正詩經埤傳八卷	黃一正詩經埤傳八卷	同。
87	陸曾曄詩學內傳三十二卷，又外傳二十卷【字章之，會稽人。】	陸曾曄詩學內傳三十二卷，又外傳二十卷，字章之，會稽人。	同。
88	馮復京六家詩名物疏五十五卷【字嗣宗，常熟人，萬曆乙巳焦竑等序。】	馮復京六家詩名物疏五十五卷，字嗣宗，常熟人。	《千頃堂書目》注詳。
89	徐奮鵬詩經毛朱二傳刪補【臨川人，以毛詩朱傳繁簡不一，令學者昧比興之旨，乃爲是書，人劾其擅改經傳，請治罪，神宗取其書閱之，以其不悖於經傳，有功於朱子，貸之，復著古今治統二十卷，古今道脈二十卷，辨俗十卷，怡偲集十卷，崇禎中督學駱日升，蔡懋德將上其書於朝，不果，學者稱華峒先生。】	徐奮鵬詩經毛朱二傳刪補，臨川人。以毛詩朱傳合爲是書。人或劾其擅改經傳請治罪，神宗以其書不悖朱子，有功於毛貸之。奮鵬復著古今治統、古今道脈等書。崇禎中督學使臣駱日升蔡懋德將獻於朝，不果。	《千頃堂書目》注詳。
90	李經綸詩類考【字大經，南豐諸生。】	李經綸詩類考	《千頃堂書目》有注。
91	鄒忠胤詩經闡二十五卷【字肇敏，號黍穀居士，武進人，崇禎乙亥自序。】	鄒忠嗣詩經闡二十五卷	《千頃堂書目》有注。
92	徐光啓毛詩六帙【字子先，上海人，萬曆甲辰進士，官至太子太保，文淵大學士，六帖者，一翼傳，二存古，三廣義，四攬藻，五博物，六正叶。】〔註 28〕	徐光啓毛詩六帖	《千頃堂書目》有注。
93	史記事毛詩序考十卷	史記事毛詩序考十卷	同。
94	沈萬鈳詩經類考三十卷【字玉臺，嘉善鄉貢士，其書爲古今論詩考，逸詩考，音均考，國風異同考，二雅三頌考，群書字異考各一卷，天文地理雜考二十二卷，崇禎戊寅自序。】	沈萬鈳詩經類考三十卷，古今論詩考，逸詩考，音韻考，國風異同考，二雅三頌考，群書字異考各一卷，天文地理雜考二十二卷。	《千頃堂書目》注詳。
95	王志長毛詩刪翼二十卷【字平仲，崑山舉人，取序說傳箋正義及宋元明諸儒之說詩者折衷，不盡從集傳。】	王志長毛詩刪翼二十卷	《千頃堂書目》有注。

〔註 28〕 注乃《經義考》中引俞汝言曰及按語。

96	馬元調詩說十卷【字巽甫,嘉定縣人,師婁堅,盡得其學。】	馬元調詩說十卷	《千頃堂書目》注詳。
97	卓爾康詩學全書四十卷	卓爾康詩學全書四十卷	同。
98	黃道周詩罣正	黃道周詩罣正	同。
99	何楷毛詩世本古義二十八卷【取毛詩序依其世時之次第而先後之,故曰世本,所採先儒之說其博。】	何楷詩經世本古義二十八卷	《千頃堂書目》注詳。
100	黃淳耀詩箚二卷【取漢宋諸儒之說爲雙方,而以己意微加讞決,僅及王風而止,淳耀隨卒,書亦亡,太倉朱汝礪以其意更補焉。】〔註29〕	黃淳耀詩箚二卷	《千頃堂書目》注詳。
101	毛鳳苞草木蟲魚疏廣要四卷	毛鳳苞草木蟲魚疏廣要四卷	同
102	程元初詩經叶韻四卷,又詩經反切音釋一卷	程元初詩經叶韻四卷又詩經反切音釋一卷	同
103	殷子義詩經疏解【嘉定人,隆慶中貢生,淮安府訓導。】	殷子義詩經疏解 嘉定人,隆慶中貢生,淮安府訓導	同。
104	林國華十五國風論一卷	林國華十五國風論一卷	同
105	張溥詩經注疏大全合纂	張溥詩經注疏大全合纂	同
106	朱朝瑛讀詩略記二卷	朱朝瑛讀詩略記二卷	同
107	唐汝諤毛詩微言二十卷【字士雅,松江人。】	唐汝諤毛詩微言二十卷字士雅松江人	同。
108	周夢華毛詩解		《明史・藝文志稿》未著錄。
109	顧起經詩解頤		《明史・藝文志稿》未著錄。
110	詩讚餘音,著夫子刪述本思無邪之旨。		《明史・藝文志稿》未著錄。
111	張元玘詩經匯解(盧補)	張元玘詩經匯解	《千頃堂書目》此條係盧文弨補。
112	張次仲詩紀六卷二冊(吳補)		
113	鍾惺毛詩解,又詩經圖史合考二十卷(吳補)		
114	范于孫詩志二十六卷【錢塘人。(吳補)】		
115	錢澄之田間詩學五卷(吳補)		
116	惢泉手學二卷【題曰環琉堂石經魯詩正。(吳補)】		
	計117條	計106條	

〔註29〕 注乃《經義考》中引「陸元輔曰」,末一句不知何人補。

　　《千頃堂書目》「詩類」著錄 117 條，《明史稿・藝文志》著錄 106 條。「周夢華毛詩解、顧起經詩解頤、詩讚餘音」《明史稿・藝文志》未著錄，「喬中和葩經旁意一卷、張次仲詩紀六卷、鍾惺毛詩解又詩經圖史合考二十卷、范王孫詩志二十六卷、錢澄之田間詩學五卷、㟊泉手學二卷」六條爲吳騫補或他補。剩餘條目中 71 條作者、書名、卷數、注釋全同，目、注略異者 34 條，其中 32 條《千頃堂書目》有注或者注詳；《千頃堂書目》「書類」收錄 131 條（計 138 種），《明史稿・藝文志》著錄 123 條，（計 130 種），《千頃堂書目》多出的 8 條中，劉誠《典謨遺旨》、崔銑《文苑春秋》、顧起經《續汲冢師春》三條屬分類不當〔註 30〕，黃祐、吳桂森、周夢華、華從允、吳其馴五條屬於僅在《千頃堂書目》中得見者，同時代書目或文獻中皆未見記載。《明史・藝文志稿》之所以不予著錄，或是出於審愼的考慮。兩書中著錄書名、作者、卷數、注釋全同者 89 條，餘 26 條書名、卷數、作者多同，僅在注釋上有少許差異，其中《千頃堂書目》注釋較《明史稿》詳者 20 條，《明史・藝文志稿》詳於《千頃堂書目》者 4 條；《千頃堂書目》「易類」收錄 294 個條目，除去杭補、吳補及列入他類的 17 條，剩餘的 277 條（包括盧補 13 條）全部在《明史・藝文志稿》中。這 277 個條目中，《千頃堂書目》有 61 條的注釋較《明史・藝文志稿》爲詳，具體可分爲三種情況「注明作序的時間、介紹作者生平、介紹書的內容」，「僅注明作序時間」的條目就有 22 條，如《千頃堂書目》中的「潘士藻洗心齋讀易述十七卷，萬曆丙午焦竑序」、「樊良樞易象二卷，字尙默，豫章人，天啓甲子朱謀㙔序」、「倪元潞兒易外儀十五卷又內儀六卷，崇禎辛巳序」等等，在《明史・藝文志稿》中都是沒有末一句的。盧文弨在校記中說道：「黃《志》多不載某年序」，就是針對這種情況而言。《明史・藝文志稿》注文較詳的有 4 條（其中 2 條《千頃堂書目》無注）。除此之

〔註30〕「劉誠」條，盧文弨校云：「此當入《總集》，非經也」，《明史稿・藝文志》載在《集部・制誥類》；「崔銑」條，盧文弨校云：「此當入《總集類》」。《千頃堂書目》中此條三見，卷十五《類書類》、卷三十一《總集類》又收1。《四庫全書總目》編撰者云：「是集所錄起漢高帝入關告諭，迄明太祖諭中原檄，凡一百篇，各仿《毛詩》小序之體，篇首綴以數言，而別無詮釋大旨，謂非關世教人心者不錄，故名曰《春秋》，亦文章正宗之屋下屋也」，可見歸入《總集類》爲當；「顧起經」條，盧文弨校云：「恐不應附此，《志》不載」，《明史・藝文志稿》確未收此條。考《汲冢師春》乃晉魏國事師春純集疏左傳卜筮事，《直齋書錄解題》、《宋史・藝文志》、《文獻通考》等皆著錄於《春秋類》，此《續汲冢師春》亦當列入「春秋類」爲是。

外，兩者卷數、注釋有差異的有 16 條。《千頃堂書目》這些條目下都有盧文弨云「黃《志》作某某」，盧校與《明史‧藝文志稿》基本上是完全吻合的。〔註31〕

三、相同條目所屬類目的差異

《千頃堂書目》和《明史‧藝文志稿》的差異還表現在條目所屬類目的不同。筆者在《〈明史‧藝文志稿〉與〈明史‧藝文志〉的關係探析》一文的表3所列61個條目，即屬於這種情況。如「外戚事鑒五卷、宣宗御敕歷代臣鑒三十七卷、昭鑒錄十一卷、永鑒錄二卷、馮柯歷代宗藩訓典十二卷」諸條，《明史‧藝文志稿》在「史部故事類」，《千頃堂書目》在「子部儒家類」，《四庫全書總目》則列入「子部‧雜家存目」；「公子書一卷」，《明史‧藝文志稿》在「子部雜家類」，《四庫全書總目》同，《千頃堂書目》則在「子部‧儒家類」；「張居正帝鑒圖說六卷」，《明史‧藝文志稿》在「史部故事類」，《千頃堂書目》在「子部儒家類」，《四庫全書總目》列入「史部史評類」；「俞汝楫禮儀志一百卷」，《明史‧藝文志稿》在「史部‧故事類」，《千頃堂書目》在「子部‧儒家類」，《四庫全書總目》列在「史部職官類」；還有「大明集禮五十卷」，《明史‧藝文志稿》在「史部‧儀注類」，《千頃堂書目》在「經部‧禮樂書」，《四庫全書總目》列入「史部政書類」。

雖然這些條目在三種書目中所屬類目各不相同，但由此也說明了《千頃堂書目》的編撰者不僅具備豐富的目錄學知識，對所著錄的條目並不僅僅只照搬原書而已，也進行了相關的考證，做出了其所認為的合適調整。如把「四書類」單獨分列，而不是像《明史‧藝文志稿》附加在「經解類」後，這樣更加清晰。「別集類」按照科第先後編排，更加便於檢索。

四、所據底本的差異考辨

筆者在上文已論及《明史‧藝文志稿》有朱彝尊本和朱文遊本兩種版本，兩本所著錄的條目詳略有所差異。《千頃堂書目》與《明史‧藝文志稿》之所

〔註31〕如《千頃堂書目》中的「王廉《周易參疑》，字熙陽，處州人，與修元史，後官山西布政，蘇州知府況鍾刊行」，《明史‧藝文志稿》為「王廉周易參疑，字熙陽，處州人，與修元史，後官山西布政使，蘇州知府況鍾刊行」，盧校曰：「布政下有使字」；《千頃堂書目》「田汝籽周易纂錄」，《明史‧藝文志稿》為「田汝籽周易纂義」，盧校云「錄，《志》作義」；《千頃堂書目》「李賢《讀易記》一卷」，《明史‧藝文志稿》作「二卷」，盧校改一為二。

以出現注釋詳略不同的情況，即緣於 416 卷本《明史》的《藝文志》是朱文遊藏本，《千頃堂書目》為朱彝尊藏本。筆者通過《經義考》、《明史·藝文志稿》、《千頃堂書目》三書共同著錄條目的具體對勘（囿於篇幅所限，僅對「易類」加以考察），來加以論證，見下表：

	《經義考》	《明史·藝文志稿》	《千頃堂書目》	備 註
1	葉氏儀周易集解，黃虞稷曰「儀字景翰，金華人。受學於許白雲。明太祖下婺州，與范祖幹等同被召」。	金華人明太祖下婺州與范祖幹等同被召	葉儀《周易集解》【金華人，明太祖下婺州，與范祖幹等同被徵。】（盧補）	《千頃堂書目》未著錄，盧文弨補。
2	王氏廉周易參疑，黃虞稷曰「廉字熙陽，處州人。與修《元史》，後官山西布政使。是書蘇州知府況鍾曾刊行」。	王廉周易參疑，字熙陽，處州人。與修《元史》，後官山西布政使，蘇州知府況鍾刊行。	王廉《周易參疑》【字熙陽，處州人，與修元史，後官山西布政，蘇州知府況鍾刊行。】	三書同。
3	歐陽氏貞周易問辨三十卷，黃虞稷曰「貞洪武初以易魁江西鄉試，官考城主簿。其書歷考諸家之異同，廣證先儒之論議，初名《易疑》，更今名」。	歐陽氏貞周易問辨三十卷，分宜人，洪武初以易魁江西省試，官考城主簿，一名易疑。	歐陽貞《周易問辯》三十卷【分宜人，洪武初以易魁江西省試，官考城主簿，一名易疑。】（盧補）	《千頃堂書目》未著錄，盧文弨補。
4	汪氏有訓周易句解，黃虞稷曰「字得時，休寧人。著《周易句解》、《尚書》《論語》《孟子》注，洪武中卒」。	汪有訓周易句解，休寧人。	汪有訓周易句解【字得時，休寧人。】	三書詳略皆不同。
5	程氏汝器周易集傳十卷，黃虞稷曰「汝器名昆，以字行。休寧人。師事趙汸。洪武中舉明經，永樂初官蘄州知州」。	程汝器周易集傳十卷，名昆，以字行。休寧人。師趙汸。洪武中舉明經，永樂中官蘄州知州。	程汝器《周易集傳》十卷【名昆，以字行，休寧人，師事趙汸，洪武中舉明經，永樂中官蘄州知州。】	三書同。
6	楊氏士奇周易直指十卷，黃虞稷曰「仁宗在東宮命楊士奇纂卦爻、朱子本義要旨，為是書以備觀覽，賜今名。	周易直指十卷，仁宗在東宮命楊士奇纂進以備觀覽，賜名《直指》。	《周易直指》十卷【仁宗在東宮時，命楊士奇纂卦爻、朱氏本義要旨，為是書以備觀，賜今名。】	《千頃堂書目》同《經義考》。
7	高氏暐讀易日錄，黃虞稷曰「暐字汝晦，臨安人。永樂甲申進士，累官四川按察僉事」。	高暐讀易目錄，浙江臨安人，永樂甲申進士，按察司僉事。	高暐《讀易日錄》【字汝晦，浙江臨安人，永樂甲申進士，累官四川按察司僉事。】	《千頃堂書目》同《經義考》。

8	包氏瑜周易衍義，黃虞稷曰「成化中浮梁知縣」。	包瑜周易衍義，青田人，成化中浮梁知縣。	包瑜《周易衍義》【青田人，成化中浮梁知縣。】	三書稍異，《千頃堂書目》同《明史‧藝文志稿》。
9	劉氏誠周易衍辭，黃虞稷曰「誠字敬之，雞澤人。天順丁丑進士，官至湖廣布政司參議。其書專辨焦氏納甲飛伏之非」。	劉誠周易衍辭，專辨焦贛納甲飛伏之非。誠雞澤人，天順丁丑進士，湖廣參政。	劉誠《周易衍辭》【專辨焦贛納甲飛伏之非，誠雞澤人，天順丁丑進士，湖廣參政。】	三書注稍異，《千頃堂書目》同《明史‧藝文志稿》。
10	王氏緒易學辨疑，黃虞稷曰「緒字紹夫，江西樂平人。弘治壬子舉人，四川忠州知州」。	王緒易學辯疑，字紹夫。江西樂平人。弘治壬子舉人，忠州知州。	王緒《易學辨疑》【字紹夫，江西樂平人，弘治壬午舉人，四川忠知州。】	三書同。
11	左氏輔周易本義附說，黃虞稷曰「輔字弼之，涇縣人。弘治丙辰進士，寧州知州」。	左輔周易本義附說，字弼之。涇縣人。弘治丙辰進士，寧州知州。	左輔《周易本義附說》□卷，【字弼之，涇縣人，弘治丙辰進士，寧州知州。】	三書同。
12	錢氏貴易通，黃虞稷曰「貴字符抑，吳人。弘治戊午舉人，鴻臚寺丞」。	錢貴易通，字符抑，吳人。弘治戊午舉人，鴻臚寺丞。	錢貴《易通》【字符抑，吳郡人，弘治戊午舉人，鴻臚寺丞。】	《千頃堂書目》注中多一「郡」字，餘同。
13	伊氏伯熊易學講義四卷，黃虞稷曰「伯熊吳縣人，徙上元。正德丁卯舉人，除深州知州，改祁州」。	伊伯熊易學講義四卷，吳縣人，正德丁卯舉人，柳州府同知。	伊伯熊易學講義四卷【吳縣人，正德丁卯舉人，廣西柳州府同知。】	三書注異，《千頃堂書目》較接近《明史‧藝文志稿》。
14	洪氏鼐讀易索隱，黃虞稷曰「鼐字廷器，壽昌人。正德庚午舉人，國子監助教」。	洪鼐讀易索隱，字廷器，壽昌人。正德庚午舉人，國子監助教。	洪鼐《讀易索隱》【字廷器，壽昌人，正德庚午舉人，國子監助教。】	三書同。
15	戚氏雄易原二卷，黃虞稷曰「雄字世英，金華人，正德辛未進士，南京監察御史」。	戚雄易原二卷，金華人，正德辛未進士，南京監察御史。	戚雄《易原》二卷【字世英，金華人，正德辛未進士，南京監察御史。】	《千頃堂書目》同《經義考》。
16	梅氏鷟古易考原三卷，黃虞稷曰「鷟旌德人，正德癸酉舉人，官南京國子監助教，終鹽課司提舉」。	梅鷟古易考原三卷	梅鷟古易考原三卷	《千頃堂書目》同《明史‧藝文志稿》皆無注。
17	劉氏濂易象解六卷，黃虞稷曰「濂字濬伯，南宮人，正德辛巳進士，知杞縣事，擢御史」。	劉濂易象解六卷，字濬伯，南宮。正德辛巳進士，由杞縣知縣擢御史。	劉濂《易象解》六卷【字濬伯，南宮人，正德辛巳進士，由杞縣知縣擢御史，劾分宜，謝病歸。】	三書注稍異，《千頃堂書目》較《明史‧藝文志稿》多末一句。

18	張氏廷芳易經十翼章圖蘊義十卷,黃虞稷曰「晉江人,講明理學,自號退密翁」。	張廷芳易經十翼章圖蘊義十卷,晉江人,自號退密翁。	張廷芳《易經十翼章圖蘊義》十卷【晉江人,自號退密翁。】盧補	《千頃堂書目》未著錄,盧文弨補。
19	汪氏思敬易學象數舉隅四卷易傳通釋闕卷,黃虞稷曰「思敬名敬,以字行,祁門人」。	汪思敬易學象數舉隅四卷又易傳通釋卷,名敬,以字行,祁門人。	汪思敬《易學象數舉隅》四卷,又《易傳通釋》□卷【名敬,以字行,祁門人。工詩文,□□中侍郎楊寧嘗薦之朝。】	《明史·藝文志稿》同《經義考》,《千頃堂書目》注多末一句。
20	方氏太古易經發明,黃虞稷曰「太古字元素,金華人,從學楓山章氏」。	方太古易經發明,金華人。	方太古易經發明【金華人,字元素,從學楓山章氏。】	《千頃堂書目》同《經義考》。
21	黃氏芹易圖識漏一卷,黃虞稷曰「龍安人,字伯馨。從蔡清學易。正德九年,以歲貢生官海陽儒學訓導」。	黃芹易圖識漏一卷,龍岩人。從蔡清學易。正德中貢生,海陽訓導。	黃芹《易圖識漏》一卷【龍岩人,從蔡清學易,正德中歲貢生,官海陽縣學訓導。】	三書注稍異,《千頃堂書目》較接近《明史·藝文志稿》。
22	周氏積讀易管見,黃虞稷曰「積字以善,江山人。舉人,官至長史。從章懋、蔡清學易」。	周積讀易管見,字以善,江山人。舉人,官長史,從章懋、蔡清學易。	周積《讀易管見》【字以善,江山人,舉人,官長史,從章懋、蔡清學易。】	三書同。
23	沈氏燔復古易十二篇,黃虞稷曰「嘉定人。正德中以呂東萊訂正古易刊正今世行本」。	沈燔復古易十二篇,嘉定縣人。正德中以呂東萊訂正古易刊正今世行本。	沈燔復《古易》十二篇【嘉定縣人,正德中以呂東萊訂正古易,刊正今世行本。】	三書同。
24	鄒氏守愚易釋義,黃虞稷曰「守愚莆田人,嘉靖丙戌進士」。	鄒守愚易釋義	鄒守愚易釋義【莆田人,嘉靖丙戌進士。】	《千頃堂書目》同《經義考》。
25	劉氏邦采易蘊二篇,黃虞稷曰「邦采字君亮,南昌人。嘉靖戊子舉人,官嘉興府同知。從學王陽明」。	劉邦采易蘊二篇,南昌人,舉人,嘉興府同知。從王守仁學。	劉邦采易蘊二篇【字君亮,南昌人,嘉靖戊子舉人,官嘉興府同知,從王陽明學。】	三書注稍異,《千頃堂書目》注較接近《經義考》。
26	洪氏垣周易玩辭,黃虞稷曰「垣婺源人,嘉靖壬辰進士」。	洪垣周易玩詞	洪垣周易玩詞【婺源人,嘉靖壬辰舉人。】	《千頃堂書目》同《經義考》。
27	陳氏嘉謨周易就正略義五卷,黃虞稷曰「嘉謨廬陵人,嘉靖丁未進士」。	陳嘉謨周易就正略義五卷	陳嘉謨周易就正略義五卷	《千頃堂書目》同《明史·藝文志稿》,無注。

28	謝氏憲周易竹書，黃虞稷曰「憲字汝慎，歸善人。嘉靖中歲貢。嘗於郡之西湖臺畔折竹枝濡赤土注易，葉春及受而錄之，故名」。	謝憲周易竹書，字汝慎，歸善人。嘉靖中歲貢，嘗於歸善西湖臺畔折竹枝濡赤土注易，葉春及受而錄之，故名。	謝憲周易竹書【字汝慎，歸善入，嘉靖中歲貢，嘗於歸善西湖臺畔折竹枝濡赤土注易，葉春及受而錄之，故名。】	三書同。
29	徐氏棡周易通解八卷，黃虞稷曰「閩縣人，嘉靖中貢士，官永寧知縣」。	徐棡周易通解八卷，閩縣人，嘉靖中貢士，永寧知縣。	徐棡周易通解八卷【閩縣人，嘉靖中貢士，永寧知縣。】	三書同。
30	周氏聰周易講義二十四卷，黃虞稷曰「周聰樂平人，嘉靖中貢士，官英山教諭」。	周聰周易講義二十四卷，江西樂平人，嘉靖中貢士，英山教諭。	周聰周易講義二十四卷【字敬之，江西樂平人，嘉靖中貢士，英山教諭。】	三書注稍異。
31	甯氏威易象四編，黃虞稷曰「威衡陽布衣講學，學者稱太虛先生」。	寧威易觀又易象四編，衡陽人，布衣，學者稱太虛先生。	寧威易觀又易象四編【衡陽人，布衣講學，學者稱太虛先生。】	《千頃堂書目》同《經義考》。
32	鄧氏敏易解一卷，黃虞稷曰「敏常熟人」。	鄧敏易解一卷，常熟人。	鄧敏《易解》一卷【常熟人。】	三書同。
33	王氏夢麟北山讀易記十卷，黃虞稷曰「夢麟字維振，閩縣人，官廣西桂林通判」。	王夢麟北山讀易記十卷，字維振，閩縣人，桂林府通判。	王夢麟北山讀易記十卷【字維振，閩縣人，廣西桂林通判。】	三書注稍異，《千頃堂書目》接近《經義考》。
34	阮氏琳圖書紀愚，黃虞稷口「莆田人，官教諭」。	阮琳圖書紀愚，莆田人，教諭。	阮琳圖書紀愚【莆田人，教諭。】	三書同。
35	姜氏玉潔圖學淺見一卷，黃虞稷曰「劍州人」。	姜玉潔圖學淺見，劍州人。	姜玉潔圖學淺見【劍州人。】	三書同。
36	賀氏沚圖卦臆言，黃虞稷曰「沚字汝定，盧州人。隆慶庚午舉人，官蘇州府同知」。	賀沚圖卦臆言，字汝定，盧陵人，隆慶庚午舉人，蘇州府同知。	賀沚圖卦臆言【字汝定，盧陵人，隆慶庚午舉人，蘇州府同知。】	三書同。
37	戴氏廷槐易學舉隅六卷，黃虞稷曰「廷槐長泰人，隆慶中貢士」。	戴廷槐易學舉隅六卷，長泰人。	戴廷槐易學舉隅六卷【長泰人，隆慶中貢十。】	《千頃堂書目》同《經義考》。
38	朱氏篁居易齋讀易雜言一卷鏗鏗齋易郵七卷，黃虞稷曰「朱仲子之說易取途於博士家言，而以管先生志道之微言奧義折而入焉」。			《千頃堂書目》與《明史‧藝文志稿》未著錄。

39	傳氏文兆義經十一翼五卷，黃虞稷曰「文兆金溪人，以孔子傳易爲十翼，而已，又翼孔子，故謂之十一翼」。	傳文兆義經十一翼六卷，其書爲古周易二卷、觀象篇一卷、觀變篇一卷、玩辭篇一卷、玩占篇一卷。文兆金溪人，以孔子傳易爲十翼，而已，又翼孔子，故謂之十一翼。	傳文兆義經十一翼六卷【其書爲古周易二卷，觀象篇一卷，觀變篇一卷，玩辭篇一卷，玩占篇一卷，文兆，金溪人，以孔子傳易爲十翼，而已又翼孔子，故謂之十一翼。謂爻辭爲文王所作，與周公無涉。】	三書注異，《千頃堂書目》較其他二書詳。
40	張氏元蒙讀易纂五卷，黃虞稷曰「元蒙字叔正，萬曆壬午自序」。	張元蒙讀易纂五卷字叔正	張元蒙讀易纂五卷【字叔正，萬曆壬午自序。】	《千頃堂書目》同《經義考》。
41	楊氏士顯周易存言八卷，黃虞稷曰「士顯字用晦，奉先人。萬曆二十八年自序」。	楊士顯周易存言八卷，字用晦，奉先人。	楊士顯周易存言八卷【字用晦，奉先人，萬曆二十八年庚子序。】	《千頃堂書目》同《經義考》。
42	范氏守己周易會通十三卷，黃虞稷曰「守己字岫雲，洧川人。萬曆甲戌進士，歷官陝西布政司參議」。	范守己周易會通十三卷，又參兩通極七卷	范守己周易會通十三卷，又參兩通極七卷	《千頃堂書目》同《明史·藝文志稿》，無注。
43	徐氏常吉易解，黃虞稷曰「常吉號徹，武進人。萬曆癸未進士，官至浙江按察司僉事」。	徐常吉易解	徐常吉易解	《千頃堂書目》同《明史·藝文志稿》，無注。
44	羅氏大紘周易古本一卷，黃虞稷曰「大紘字匡湖，吉水人。萬曆丙戌進士，官禮科給事中，以建言謫潮陽典史」。	羅大紘周易古本一卷	羅大紘周易古本一卷【字匡湖，吉水人，萬曆丙戌進士，官禮部給事中，以建言謫潮陽典。】	《千頃堂書目》同《經義考》。
45	王氏述古易筌，黃虞稷曰「述古字信甫，號鍾嵩。禹州人。萬曆己丑進士，官常州知府，遷山西按察副使進布政」。	王述古易筌	王述古易筌【字信南，號鍾嵩，禹州人，萬曆己丑進士，官常州知府，遷山西按察副使，進布政司。】	《千頃堂書目》同《經義考》。
46	徐氏日仁周易翼注，黃虞稷曰「永豐人，萬曆辛卯舉人」。	徐日仁周易翼注，永豐人。	徐日仁周易翼注【永豐人，萬曆辛卯舉人，以孝稱。】	《千頃堂書目》同《經義考》。

47	姚氏文蔚周易旁注會通十四卷，黃虞稷曰「文蔚字養谷，錢塘人，萬曆壬辰進士，仕至南京太僕寺少卿」。	姚文蔚周易旁注會通十四卷，字元素，杭州人。	姚文蔚周易旁注會通十四卷【字元素，杭州人，萬曆丁巳序。】	三書注異。
48	張氏維樞澹然齋易測十二卷，黃虞稷曰「維樞字子環，晉江人。萬曆戊戌進士，累官工部左侍郎」。	張維樞澹然齋易測十二卷，晉江人，萬曆戊戌進士，工部左侍郎。	張惟樞澹然齋易測十二卷【字子環，晉江人，萬曆戊戌進士，工部左侍郎。】	《千頃堂書目》同《經義考》。
49	程氏汝繼周易宗義十二卷，黃虞稷曰「汝繼字志初，婺源人，萬曆辛丑進士，官袁州府知府」。	程汝繼周易宗義十二卷，婺源人，萬曆辛丑進士，袁州知府。	程汝繼周易宗義十二卷【字志初，婺源人，萬曆辛丑進士，江西袁州知府。】	三注稍異，《千頃堂書目》同《經義考》。
50	魏氏濬周易古象通八卷，黃虞稷曰「濬字蒼水，松溪人，萬曆甲辰進士。累官都察院右僉都御史，巡撫湖廣。書八卷，前有《明象論八篇》」。	魏濬周易古象通八卷	魏濬周易古象通八卷	《千頃堂書目》同《明史‧藝文志稿》，無注。
51	高氏捷易學象辭二集十二卷，黃虞稷曰「高捷字中白，淄川人，萬曆甲辰進士，官至河南按察副使」。			《千頃堂書目》與《明史‧藝文志稿》未著錄。
52	楊氏瞿崍易林疑說十卷，黃虞稷曰「楊瞿崍字稺實，晉江人。萬曆丁未進士，歷官江西提學副使」。	楊瞿崍易經疑叢十卷，晉江人，萬曆丁未進士，江西提學副使。	楊瞿崍易經疑叢十卷【字稚實，晉江人，萬曆甲辰進士，江西提學副使。】	《千頃堂書目》書名與《明史‧藝文志稿》同，《明史‧藝文志稿》注與《經義考》同。
53	陸氏夢龍易略三卷，黃虞稷曰「山陰陸公夢龍字景鄴，萬曆庚戌進士，累官廣東按察使，降補河南布政司參議。尋備兵固原，崇禎七年死寇難，贈太僕寺卿，諡忠烈」。	陸夢龍易略三卷，會稽人，萬曆庚戌進士。備兵固原，崇禎七年死寇難，贈太僕寺卿，諡忠烈。	陸夢龍易略三卷【字景鄴，會稽人，萬曆庚戌進士，備兵固原，崇禎七年死寇難，贈太僕寺卿，諡忠烈。】	《經義考》注較《千頃堂書目》與《明史‧藝文志稿》詳。
54	唐氏大章易經合疏，黃虞稷曰「仙遊人」。	唐大章易經合疏，仙遊人。	唐大章易經合疏【字士一，仙遊人，天啟中貢士，謂河圖為象數之原，故以觀象為主。】	《明史‧藝文志稿》與《經義考》同，《千頃堂書目》注詳。

55	馬氏元調易說六卷，黃虞稷曰「嘉定人」。	馬元調易說六卷嘉定人	馬元調易說六卷【嘉定人。】	三書同。
56	顏氏茂猷天皇河圖二卷，黃虞稷曰「字壯其，龍溪人，崇禎甲戌以五經中會試，奉旨列正榜前，授精膳司主事」。	顏茂猷天皇河圖二卷，字壯其，平和籍龍溪人。崇禎甲戌會試爲五經義，主考奏請欽定試正榜前□名，廷試二甲第一，授禮部主事。	顏茂猷天皇河圖二卷	《明史·藝文志稿》最詳細，《經義考》略異。
57	汪氏于汸周易剩義十二卷，黃虞稷曰：「崇禎中婺源諸生」。	汪于汸周易剩義十二卷，婺源人。	汪于汸周易剩義十二卷【崇禎中婺源諸生。】	《千頃堂書目》與《經義考》同。

　　上表 57 個條目中，第 38 條、51 條，僅見《經義考》著錄，《千頃堂書目》與《明史·藝文志稿》未收；第 36、53 兩條，《千頃堂書目》與《明史·藝文志稿》無注；第 2、5、10、11、12、14、22、23、28、29、34、35、36、55 條三書相同；第 1、6、7、15、20、24、25、26、31、33、37、40、41、44、45、46、48、49、57 條，《千頃堂書目》的著錄與《經義考》相同，《與《明史·藝文志稿》稍異；第 17、19、39、54 條，《千頃堂書目》的注釋詳於其他兩書，應該是編者據別書進行了增補。總的來說，《千頃堂書目》比《明史·藝文志稿》更接近《經義考》的著錄。

　　第 1、3、18 條係盧文弨以朱文遊家藏《明史·藝文志稿》增補，盧文弨曰「（《志稿》）於羽流、外國亦俱闕如，篇第亦間或顛倒」，故懷疑此稿「尚有脫簡」。可見朱文遊藏本可能也不是全本。吳騫曾記載：「復借盧抱經先生金陵新校本勘補，書既加詳，且多序目，似是史局增修之本」，其所云「金陵新校本」，不知是否黃虞稷在離開史館編撰時後完成的《明史·藝文志稿》的增補本。《千頃堂書目》卷一著錄「曾堅詩疑大鳴錄一卷」，注曰「吳江人，本元禮部員外郎。徐達克元都，堅同學士危素等出謁軍門，太祖命仍原官，後宣德中歷官雲南左布政使」，《經義考》也有此條，引「黃虞稷曰」與此注相同，可是《明史·藝文志稿》中卻無此目，令人疑惑。據筆者考訂〔註32〕，

〔註32〕　朱彝尊在《經義考》中有按語云：「堅嘗序薛毅夫《四明洞天丹山圖詠集》，自稱滄海逸吏臨川曾堅序，有云『余再以使事航海，出慶元洋』，蓋猶屬至正年間事。俞邰謂是吳江人，宣德初尚存，度別有所據。」朱氏認爲曾堅或爲元人，但因缺少直接材料證明，還是同意了黃氏的看法。錢大昕則不同，他在《十駕齋養新錄》卷十四「曾堅詩疑大鳴集」條下反駁道：「黃目列於明人，……此大誤也。按《四朝詩》，堅字子白，臨川人，至正甲午進士，官至

曾堅實爲元人。《明史‧藝文志稿》本應收錄了此條（《經義考》的記載可以證明），但全書後經史局審定，刪除了一些著錄不嚴謹的條目，曾堅此條即在其列，這就是今本《明史‧藝文志稿》未記載的原由，也證明了《千頃堂書目》所依據的《明史‧藝文志稿》底本與416卷本的《藝文志》是有差異的。吳騫此條下亦有校記云：「此書從曝書亭借錄，故猶是黃氏初稿；及爲《明史‧藝文志》，乃復考正，次入元人，竹垞或未之見耳。」吳騫是說他的《千頃堂書目》是從曝書亭借來的，是黃虞稷的初稿，朱彝尊與黃虞稷看法相左，猜疑其「別有所據」。後來黃虞稷得了新的意見，把此條改入元代，朱彝尊並未見到。由此亦可證明，朱彝尊本在前，朱文遊本在後。

第三節　《千頃堂書目》存在的不足

一、沿襲《明史‧藝文志稿》的訛誤

　　《明史‧藝文志稿》本身存在如作者、書名、卷數、時代訛誤，重複著錄之類的疏失，筆者在《〈明史‧藝文志稿〉與明代書目的關係探析》一文中已有探討。其中的一些錯誤被《千頃堂書目》所沿襲，如《千頃堂書目》卷二著錄「吳鵬舉春秋繁露節解十卷」，屬於作者誤；卷三著錄「梁有演說文、周才字錄□卷、卷三十一「周弼三體唐詩四卷」屬於作者年代誤。但在重新編撰的過程中，對《明史‧藝文志稿》存在的一些錯誤也加以了改正。比如原書著錄的「車爾正漕河總考四卷」，屬作者誤，《千頃堂書目》改作「車璽」，「虞愚虔臺志十二卷」《千頃堂書目》改作「虞守愚」；「范表前後海寇議」，《千

翰林直學士。元以經疑取士，此云詩疑大鳴者，當是科舉所用。黃以吳江同姓名者當之，差之遠矣。」考元人吳澄《禮部集》、虞集《道園學古錄》等集中有與曾堅子白唱和的詩文，可見元代確有名曾堅者，爲臨川人。但未見文獻記載其有《詩疑大鳴錄》，所以並不能確定此曾堅乃黃氏所云曾堅。又考《江南通志》卷一百三十五《選舉志‧明》載「曾堅吳江人，官布政司」及《四川通志》卷三十《職官‧明‧布政司》云「曾堅，吳江人」，此曾堅乃明人，應該就是注中所元「後宣德中歷官雲南左布政使」。曾堅與危素皆爲臨川人，雖未見兩人交往的直接記載，《式古堂書畫匯考》卷二十一「元人題華氏貞節堂卷」，先後有危素和曾堅題跋，可見兩人是有交集的。曾爲至正甲午進士（1354年），危素卒於1370年，曾堅與其同時代，不可能活到宣德年間。所以此注中的吳江曾堅，應屬《江南通志》記載的另一人，官布政司，宣德中還在世。此注把兩個曾堅的著作及生平混爲一談了，有「詩疑大鳴錄」的應是元臨川曾堅，注釋中的「後宣德中歷官雲南左布政使」也要刪除。

頃堂書目》改作「萬表」;「孫世芳磯園稗史二卷」,《千頃堂書目》改作「孫繼芳」;「汪宗姬儒數類函六十二卷」,書名誤,《千頃堂書目》改作「儒函數類」〔註33〕;「陰秉暘四書贅說六卷,四書自訓歌一卷」,注曰:「字子賓,汲縣人,嘉靖丁未進士,山西行太僕寺卿」,《千頃堂書目》把「山西行太僕寺卿」改作「陝西參政」,吳騫校云:「《經義考》作『陝西參政』,疑因下黃襄而誤。」「陶廷銓周易筆意十五卷」,《千頃堂書目》作「陶廷奎」著,考《經義考》卷五十三「陶廷奎周易筆意十五卷」引張士紘曰「廷奎會稽人,官武學訓導,以子承學貴,贈工部右侍郎,國子祭酒,贈禮部右侍郎,望齡之祖也」,《千頃堂書目》的改動是正確的,而盧校還依《明史・藝文志稿》云:「奎,《志》作銓」,僅僅是羅列文字的異同,並未做出勘正。再如「謝縉蘭庭集一卷,字孔昭,吳縣人,號葵丘,善畫山水」,盧文弨改「縉」為「晉」、「庭」為「亭」,吳騫校云:「《經籍志》『謝晉蘭庭集』、作『亭』者誤」,又校云「盧無善畫山水」,皆與《明史・藝文志稿》所著錄「謝晉蘭亭集一卷,字孔昭,吳縣人,號葵丘」相合。可見,盧校旨在於恢復《明史・藝文志稿》原貌,重點不在於訂誤。

二、漏抄、誤抄《明史・藝文志稿》的錯誤

　　《千頃堂書目》在編撰過程中也出現了漏抄、誤抄《明史・藝文志稿》的錯誤。漏抄的條目後來由盧文弨加以增補,見上海古籍出版社整理本《千頃堂書目》相應條目下的標注。至於誤抄的,如卷十一的「汪應蛟中詮八卷,又理學經濟二編,又經正錄八卷,又知本同參二卷,又經世大論四卷,又見羅先生書二十卷,又性善編,又四大儒書」一條,《明史・藝文志稿》原著錄為「汪應蛟中詮八卷又理學經濟二編,陳龍正纂」及「李材教學錄十二卷,又南中問辯錄十卷,又經正錄八卷,又知本同參二卷,又經世大論四卷,又見羅先生書二十卷」兩個條目,《千頃堂書目》漏了「李材」,把所有的著述列在了「汪應蛟」名下;卷三著錄「呂維祺音韻日月燈六十卷,又韻母五卷,又同文鐸三十卷韻鑰二十五卷共六十卷」一條,由此,呂維祺的著述應為日月燈、韻母、同文鐸、韻鑰四種凡一百二十卷,但在《明史・藝文志稿》中,「韻母五卷,同文鐸三十卷,韻鑰二十五卷」十六字實為注文也。諸如此類

〔註33〕關於《千頃堂書目》對《明史・藝文志稿》所著錄條目作者訛誤的糾正,見《明史・藝文志稿》與《明史・藝文志》的關係探析中的表 2 備註。

的條目,經盧文弨的校勘,大部份得以糾正。如《千頃堂書目》著錄「姜震陽易象闡庸」,盧校據《明史・藝文志稿》改爲「易傳闡庸」;「李奇玉雪園易義四卷」下注「字荊陽,天啓壬戌進士」,盧校據以改「字」爲「號」、「天啓壬戌」改爲「崇禎戊辰」。盧文弨的校勘記,豐富完善了《千頃堂書目》,也使得我們可以尋覓《明史・藝文志稿》的原貌。

但校勘如掃落葉,旋掃旋生,加之《明史・藝文志稿》著錄繁富,盧文弨也難免有校勘不到之處。《千頃堂書目》中尚有些條目未得到糾正。比如,卷五「王之恒承天大志基命紀錄事實三十卷」,《明史・藝文志稿》著錄「王之垣」作,是。之垣號見峰,山東新城人,嘉靖壬戌進士。官至戶部左侍郎,有《歷仕錄》一卷;卷七「周旋廣西通志六十卷」,《明史・藝文志稿》著錄作者爲「周孟中」,《廣西通志》卷六十六「名宦」有其小傳曰「周孟中字時可,盧陵人。弘治元年提學廣西嶺表,縫掖稀少,孟中振興有道,士愈知學……廣西舊志皆所裁定,著述尤多云」,還著有《地理眞機》十五卷、《畏齋集》十卷;另外,「別集類」下的「沈瀰霞居子集」,《明史・藝文志稿》著錄爲「高瀰石門集一卷」;呂原介軒集十二卷,作「介庵集」;呂本期齋集十六卷,作「呂光洵」撰。這三個條目在《明史・藝文志稿》中的著錄本是正確的,卻被《千頃堂書目》的編者誤改,盧文弨也未加以校正。筆者已加以考訂,詳見《〈明史・藝文志稿〉與〈明史・藝文志〉的關係探析》一文。

三、增補條目中的訛誤及原因分析

《千頃堂書目》後來增補的條目多達4、5千條,難免有疏失之處,比較突出的問題就是:著錄錯誤及重複著錄。謝巍在《百回本〈西遊記〉作者研究》一文中指出,《千頃堂書目》卷五著錄趙志皋《平臺召見紀事》一卷、朱賡《茶史》一卷、方從哲《乙卯召對錄》三卷附《杞人問答》一卷諸條,其中「趙、方兩氏之書分歸『別史類』尚可,而將朱賡《茶史》隸於『別史類』,便可證明黃虞稷這位目錄學家並未檢讀此書,僅憑書名有史字而歸入『別史類』。《茶史》今存,有《朱文懿公奏議》本、《殷禮在斯堂叢書》本可核。其文顯然爲年譜體,可見黃氏分類有想當然者。還有卷六史部輿地類的著錄:何景明《雍大記》三十卷、李景祥《雍勝略》十四卷、湛若水《雍語》」。筆者核《明史・藝文志稿》後則發現,謝氏認爲不妥的「朱賡《茶史》」在「傳記類」、湛若水《雍語》歸「儒家類」,並無不當之處。還有作者認爲,「醫書

類」的「鄭景岫廣東四時攝生論一卷」、「地理類」的「董愼續豫章志」爲唐人著述，黃虞稷不察，當做明人著述。這兩個條目《明史・藝文志稿》並未收錄，屬《千頃堂書目》誤錄。

最嚴重的是四庫館臣的指責，《考古文集》提要云「黃虞稷《千頃堂書目》雖列其名，而不著卷數，則亦未見原本」、《可傳集》提要云「此集《明史・藝文志》亦不著錄，《千頃堂書目》雖著錄而不載卷數，蓋黃虞稷亦未見之」、《黃介庵集》提要云「疑黃虞稷未見此本，但據傳聞載入」。以上幾書，《明史・藝文志稿》並未著錄。又如「《杜詩通》提要所謂「明張綖注，綖字世文，《千頃堂書目》作字世昌，疑傳寫誤也」，核《明史・藝文志稿》注作「字世文」，確屬傳寫致誤。諸如此類的條目，在文中還有不少，它們不僅影響後人對黃虞稷目錄學成就的評價，也會給讀者的利用製造麻煩。特別是《千頃堂書目》「地理類」，後人所增補的條目甚多，訛誤也就尤爲突出，以下的 37 個條目中，有的弄錯了作者名，如第 14、22、25、26、28、33、34、35、36 條；有的弄錯了作者年代，把唐、宋、元、清人的著述混入其中，如第 3、6、7、9、10、12、13、15、16、20 條。還有的圖書根本是不存在的，如第 37 條。筆者對這些條目重加考辨，以糾其誤。〔註34〕見附錄。

儘管《千頃堂書目》存在一些問題，但瑕不掩瑜，仍不失爲我國目錄學著作中的傑作，成爲研究《明史》的一把鑰匙。

第四節　結　語

綜之，筆者本章主要說明了兩個問題：《千頃堂書目》與《明志藝文志稿》的相似度極高，表現在條目數量、著錄內容、排列順序幾個方面，通過「易類、詩類、書類」三個小類所著錄圖書的具體考察，《千頃堂書目》與《明史・藝文志稿》的相似度達 95% 以上，《千頃堂書目》甚至連《明史・藝文志稿》的錯誤都沿襲了；差異則表現在條目注釋的詳略不同、所屬類目間有移易。如果把「地理類」和「別集類」排除在外，兩書可看作是同一書也。那麼二者之間到底存在著怎樣的關係呢？

〔註34〕　以下條目多不見於《明史・藝文志稿》，屬後人增補者，仍依《千頃堂書目》原序排列。

附錄：

1、劉師邵盧湖紀遊

按：《盧胡》、《紀遊》乃詩文集名，並非到盧湖的遊記，編者理解致誤，當刪。劉師邵，字師邵，山陰人，績之子。有《和唐音》、《半齋集》、《盧胡稿》、《紀遊稿》。

2、靳學顏鄧尉山志一卷

按：《四庫全書總目》卷七十六「鄧尉山志一卷」提要云：明沈津撰，津字潤卿，蘇州人。是書分本志、泉石、祠墓、梵宇、山居、名釋、草木、食品、集詩、集文十類。前為總敘一篇，其稱本志者以專紀山之形勢為作志本意，故以冠於各類之首也。書成於嘉靖壬寅，靳學顏嘗為之序。黃虞稷《千頃堂書目》遂以為學顏所作，失考甚矣。」靳學顏《靳兩城先生集》卷十五有《鄧尉山志序》。

3、李世洽太湖縣志十卷

按：世洽字君渥，束鹿人。順治四年進士，官按察司僉事。《（同治）太湖縣志》卷末有順治癸巳知太湖縣事束鹿李世洽撰《太湖縣志序》云：「然洽之為志，匪直文焉，亦欲以辨志也。」世洽為清人，修此志亦在清順治時，不當列入明人著述。

4、鄒璧太平府志十二卷【無錫人，嘉靖辛卯修。】

5、祝鑾《太平府志》十二卷

按：《天一閣書目》卷二之二史部「太平府志十二卷」提要云：「明嘉靖十年九峰山人鄒璧纂修並序，郡人祝鑾序。」《（嘉靖）太平府志》的纂修者是鄒璧，郡人祝鑾為總裁，並為此《志》撰序。《千頃堂書目》「鄒璧」下又接「祝鑾《太平府志》十二卷」，誤把一書當作二書也。

6、陸輔之吳中舊事一卷

按：陸友仁，字輔之，乃元人。不當列入明人著述。

7、馬汝礪盱眙縣志二卷

按：此條下接陳惟淵《舒城縣志》二卷，編者把二書的作者混淆了，《盱眙縣志》為陳維淵編，《（乾隆）盱眙縣志》卷六載「陳惟淵，浙江慈谿舉人，正德九年任，修《盱眙志書》」。馬氏所纂乃《舒城縣志》，《（乾隆）江南通志》卷一百十七載「馬金字汝礪，西充人。初授廬州通判，再遷知府，歷任久，盡去宿蠹。建余忠宣公祠，創景賢書院，修郡庠尊經閣，購書藏之」。

8、陳惟淵舒城縣志二卷

9、朱思本廣輿圖二卷【臨川人，吳寬集云，臨川道士朱本初從吳全節祀名山，所至考求地理，作輿地考。】

按：朱思本乃元人，不應列入明人著述。吳寬《家藏集》卷二十三有《題元朱本初道士貞一稿後》詩，有注云：「本初臨川人，從吳全節宗師居大都，數祀名山，所至考求地理，作《輿地圖考》」，盧文弨校曰「黃《志》入元人」，黃虞稷的《明史・藝文志稿》是歸在元人之列的。

10、六路水陸地理記一卷

按：此條目出現在宋鄭樵《通志》卷六十六，焦竑《國史經籍志》抄錄，《千頃堂書目》又轉抄。

11、魏學曾涇陽縣志【嘉靖戊寅修，邑人。】

按：《明史・藝文志稿》著錄為「魏學曾涇陽縣志二冊，萬曆戊寅修」，《內閣藏書目錄》同作「萬曆戊寅修」。《（道光）重修涇陽縣志》卷十七「經籍略」載「志，知縣傅好禮延邑人魏學曾著，已佚」，《（宣統）涇陽縣志》「歷代修輯涇陽縣志姓氏」記「萬曆戊寅涇陽縣知縣傅好禮、兵部尚書諡恭襄邑人魏學曾」，此目云「嘉靖戊寅」，誤。

12、董慎續豫章志

按：董慎為唐人，唐馮贄撰《雲仙雜記》間有引自董慎《續豫章記》者。《事類備要》《山堂肆考》諸書則作唐人「董謹」。

13、趙迎山續豫章志十二卷

按：趙迎山應是元人，見《元史藝文志》著錄。《千頃堂書目》重出，一在明人列，一在元人列。

14、楊三和進賢縣志十卷

按：三和當作「二和」，《（萬曆）新修南昌府志》卷二十六有楊二和《進賢縣志序》，《萬卷堂書目》諸書皆作二和。楊二和，進賢人，弘治六年癸丑毛澄榜，四川提學副使。

15、胡珵蒼梧雜志

按：胡珵，晉陵人，宋宣和中進士，嘗從學劉安世，操行端方。紹興初召試翰林兼史館校勘，命珵刪定舊史，忤執政，出知嚴州。《遂初堂書目》著錄該書。此當刪。

16、張輅太華希夷志三卷

按：張輅乃元人，《道藏書目提要》載該書提要云：「元登仕郎河中府知事訥齋張輅纂集補撰。前有自序，作於延祐甲寅（1314 年），全書述陳摶等之事蹟較詳，《宋史》之成尚後於此書。故考摶之事蹟，此書為主要來源之一。」

17、趙惟鵬崑崙圖說四卷

按：《晁氏寶文堂書目》著錄《崑崙圖說》，在《經部‧易類》，且不明作者。《（康熙）金華府志》卷十八「趙祖鵬傳」云：號太沖，東陽人。生七歲作玉門□迴文，時稱神童。讀書紫衣山中，無不淹貫。徐公階延修《（雍正）浙江通志》，歷官編修。所著有《明易》六十八篇，《詩補傳》二十四卷，《崑崙圖說》四卷，《華東集》《蕊珠林》《兩都賦》等書」，此目中「惟」應是「祖」之誤。祖鵬為嘉靖癸丑進士，《千頃堂書目》中還著錄其《華東集》《蕊珠林》《兩都賦》《旃蒙集》諸書。《（康熙）金華府志》卷三十載其「崑崙圖說」，全文為：「崑崙道之統體二氣道之流行。陽，清而疇天道也；陰，凝而承地道也。陽之陰，陰之陽，二少之互為根也。……天卑法地，天地設位而易行乎其中矣！連山首艮，本陽初也；歸藏首坤，守陰純也。周易首乾，用全陽也。大哉圖也！其三易之源乎」，從文意可知，屬經部文獻，不應列入地理類。編者望文生義，見有「崑崙」二字，即以為是地理著作，實當刪也。

18、趙惟勤獲鹿縣志【嘉靖丙辰修，令。】

19、索禮獲鹿縣志十二卷

按：「趙惟勤獲鹿縣志」下接「索禮獲鹿縣志十二卷」，俞憲《（嘉靖）獲鹿縣志序》云：「歲癸丑，趙子惟勤始為令。乃遂考求圖說，諭察利病，研核是非，一切志所當行者以漸措之於政。越三載，今丙辰春且將書考而以其政績循故事報予，又別為刪名日獲鹿志。……今稍加詮訂，自圖考至藝言凡十二卷，三閱月而梓成。成其業者教諭索禮，訓導程增、衛國，貢士張重倫，國子生武衡，均有磨勘之勞。」此《志》自嘉靖癸丑始修，丙辰成書。趙惟勤修，索禮等纂。《千頃堂書目》所著錄趙惟勤和索禮二書實為同一書也。

20、蕭韶麻姑山丹霞洞天志十六卷

按：《四庫全書總目》卷七十六「麻姑山丹霞洞天志十七卷」提要云：「國朝羅森撰。森字約齋，大興人。順治丁亥進士，官至陝西督糧道。是編因明

萬曆中左宗郢志而修，第一卷爲圖者八，第二卷爲考者四，第三卷爲表者二，第四卷爲志者四，第五卷爲紀者五，其餘藝文分七卷，末則麻源附錄一卷，從姑附錄一卷，育英堂附錄一卷，姑山雜記一卷，詩文補遺一卷。」卷七十七「丹霞洞天志十七卷」提要云：「國朝蕭韻撰。韻字明彝，南城人，康熙中舉人。明萬曆中建昌府知府鄒齊雲嘗屬郡人左宗郢爲《麻姑山志》，久而版毀，康熙中湖東道羅森復令韻增補成之，首繫以圖，次列考、表、志、記諸目，而於題詠詞賦爲尤詳。」可知，此書乃清羅森撰，蕭韻所增補，不當列入明人著述。

21、程應登雁州志七卷【嘉靖間修。】

按：雁州，應作「睢州」，《河南通志》卷三十三「職官四・睢州」載「程應登，山西長治人，舉人，嘉靖四十一年任」。《（康熙）延慶州志》卷九有楊立程撰《州牧程公傳》云：「程應登號存軒，山西潞安人，筮仕延慶州牧，慈祥性悌，平易近民，爲政先德化而後刑罰。」

《明詩紀事》云「應登字思進，長治人，嘉靖庚子舉人，官睢州知州，改延慶。有《樓霞集》。

22、景芳臨漳縣志【正德丙寅修，令。】

按：景芳，《內閣藏書目錄》作「陶景芳」，《（正德）臨漳縣志》十卷，今存，署名文林郎知縣事東魯定陶景芳編，前有正德丙寅陳文淮撰序。景芳，山東定陶人，弘治十年任臨漳知縣。

23、宿進夾江縣志

24、何堅夾江縣志九卷

按：夾江，應作「峽江」，峽江乃四川地名，《（同治）峽江縣志》卷六云「何堅號石庵，南直隸江都人。由舉人通判臨江。嘉靖三十五年署峽事。邑素苦，土瘠賦重，……分邑以來志尚未備。出所考訂，授諸生編次之，峽之有志自公始也」。

25、閔懷平陽府志【正德乙卯修，守。】

按：懷，《內閣藏書目錄》作槐，是。明樊深《（嘉靖）河間府志》卷二十三人物志「閔槐小傳」云：「字公甫，號南洲。其先上海人，永樂初徙居任丘。槐登進士，授刑部主事，仕至山西副使。」

26、周繼平定州事蹟【萬曆丙子修，訓導。】

按：周繼，《內閣藏書目錄》作「周繼志」，是。《（光緒）平定州志》卷六「職官志‧訓導」載：周繼志，絳州人，萬曆十九年任」，則修志當在1591年後的萬曆甲午。

27、崔汝孝平陵縣志【隆慶丁卯修。】

按：平陵，《內閣藏書目錄》作「平陸」，是，字形相近而訛。《山西通志》卷一百三十一「人物」有「崔汝孝小傳」曰「平陸人，嘉靖己酉舉人。授樂安知縣，摘奸發伏，省費開荒。歷官戶部員外郎，歸里纂修邑志，所著有《禹貢便蒙》行於世」。

28、關樸榆次縣志十卷【邑人。】

按：關，各本皆為「閻」，是。《山西通志》卷一百三十六「人物」有「閻樸小傳」曰「字文甫，榆次縣人，教諭大綸子。嘉靖壬辰進士，選翰林院庶吉士。官左春坊左贊善兼署左右春坊司經局印，遷南京國子監祭酒。著有《通鑑逸旨》《榆次志》《山西通志稿》諸書」。

29、永寧州志一冊全【萬曆丙戌郡人梁天敘編。】

按：佚名《六壬大全》卷十二「山西省‧永寧州」下屬有「寧鄉縣」，而永寧縣在當時隸屬河南省，二者為不同的地名。

30、吳安國永康縣志【萬曆辛巳修，令。】（吳補）

31、應廷育永康縣志十卷

按：《（萬曆）永康縣志》，為知縣長洲吳安國修，永康應廷育纂。萬曆九年修，未見刊本。本志吳安國、應廷育序及胡以準跋，均載《（光緒）永康縣志》。應《自序》云：「作《永康縣志》，總若干萬言，釐為十卷。初一曰地理，次二曰建設，次三曰貢賦，次四曰戶役，次五曰風俗，次六曰秩官，次七曰選舉，次八曰人物，次九曰藝文，次十曰遺事終焉。」吳《序》云：「永康舊有志，缺而未補蓋六十餘年矣。若僉憲應公仁卿所修，大抵參考舊籍而成。……書未及行而公卒。予承乏茲邑，懼文獻之湮也，乃稍為校閱而輯成之。」則應書與吳書乃同一書，吳騫據《內閣藏書目錄》增補時未加考證，著錄不當。

32、羅昌齡桐廬縣志【萬曆乙酉修，邑令。】

按：《（雍正）浙江通志》卷二百五十三著錄「桐廬縣志四卷，萬曆乙酉邑令楊束延邑人羅昌齡等修」。羅昌齡乃邑人，非邑令也。

33、戴詵易州志三十卷

按：「詵」誤，應作「銑」字。戴銑，字寶之，江西婺源人。弘治九年進士，官至兵科給事中，著有《易州志》、《朱子實紀》、《成是錄》和奏議文集等。《明史》卷一百八十八有傳。該志修於弘治十五年（1502）。據天一閣藏弘治年間刻本，卷首有兵科給事中、前翰林院庶吉士婺源戴銑「新葺易州志序」。明朱睦㮮《萬卷堂書目》卷二、朱士嘉《中國地方志綜錄》19 頁、中國科學院北京天文臺主編《中國地方志聯合目錄》55 頁，均作戴銑《易州志》二十卷。

34、何道衢巴州志【嘉靖間修，邑人。】

按：道，應作「通」，《四川通志》卷三十六《選舉》「明嘉靖年舉人」載「何通衢，巴州人」。

35、李承茂州志【萬曆戊子修，四川參議。】

按：《內閣藏書目錄》著錄「茂州志四冊全，萬曆戊子四川參議李承志修」，此處漏抄了「志」字。《四川通志》卷三十「職官」記載「李承志，曲溪進士」。

36、駱乘韶簡州志【萬曆己卯修，守。】

按：乘，應為「秉」字，字形相近而訛。《內閣藏書目錄》著錄「簡州志四冊全，萬曆己卯州守駱秉韶修」，《四川通志》卷六「名宦」載「駱秉韶，嘉靖中知簡州，養民愛士。是年洪水沖濟川橋，韶重建焉」。

37、李濂河南通志四十五卷【祥符人，僉事。】

按：盧文弨校記云：「此因下條而誤，《志》無。」《明史‧藝文志稿》著錄有「鄒守愚河南通志四十五卷」，下接「朱睦㮮中州文獻志四十卷又開封府志八卷，李濂汴京遺跡志二十四卷祥符文獻志十七卷」，無「李濂河南通志四十五卷」，《千頃堂書目》的編者則誤錄作「李濂河南通志四十五卷、鄒守愚河南通志四十五卷」。

第五章 《千頃堂書目·地理類》與 《內閣藏書目錄》的關係探析

　　杭世駿在《黃氏書目序》中說：「第神宗時，張萱、吳大山等重編內閣之目，他書多訛闕不可信，獨地理一類詳覈不支，俞邰親見此書，乃獨不之採用，所掛漏者夥頤，爲不可解。因取所聞見者，稍足成之，一則以備史職之考信，一則以完此書之缺遺且慰俞邰於九原也。」依杭世駿所云，其用《內閣藏書目錄》增補地理一門不少，可從其所藏《千頃堂書目》中看不到增補的痕跡，以至於吳騫在《重校千頃堂書目跋》發出：「顧序中言地理一門黃氏尚多掛漏，已因取《內閣書目》爲之增補，而予還閱此書又不如所云，其理殊不可解，豈此外別有一本耶？」的疑惑。再核張明華《黃虞稷和千頃堂書目》一書第七章注⑥「杭世駿所補 293 條書目」，沒有一條「地理類」的相關條目，與杭氏所云出入甚大。再以《千頃堂書目》與《明史·藝文志稿》相較，前者「地理類」的條目遠遠多於後者（《千頃堂書目》2572 種、《明史·藝文志稿》785 種，《明史·藝文志稿》僅及《千頃堂書目》的三分之一），如盧文弨所說的「郡縣志幾於無所不載」。《千頃堂書目》溢出的 1800 餘條目，有 580 餘條與《內閣藏書目錄》著錄完全相同〔註1〕，這些應該就是杭世駿利用《內閣藏書目錄》進行增補的部份，可是吳騫爲何發出「別有一本」的疑問呢？並且在「地理類」卷六有「地理類以張宣《內閣書目》校補歲月爵里者頗多」之類的校語。茲以「山西省志」爲例列表加以釋疑：

〔註1〕二者的書名、作者、注釋，甚至排序也基本吻合。

	《內閣藏書目錄》	四庫本《千頃堂書目》	杭本《千頃堂書目》	吳騫本《千頃堂書目》	上古本《千頃堂書目》
		胡謐山西通志十七卷成化間修〔註2〕			
1	山西通志十二冊全，嘉靖癸亥學憲周斯盛修。	周斯盛山西通志三十二卷，嘉靖癸亥爲山西提學僉事時修。	周斯盛山西通志三十二卷，嘉靖癸亥爲山西提學僉事時修。	周斯盛山西通志三十二卷，嘉靖癸亥爲山西提學僉事時修。	周斯盛山西通志三十三卷【嘉靖癸亥爲山西提學僉事時修。】
2	太原府陽曲縣志二冊全，萬曆辛卯縣令鮑獻書修。	鮑獻書陽曲縣志，萬曆間修。	鮑獻書陽曲縣志，萬曆間修。	鮑獻書陽曲縣志，萬曆辛卯修，令。	鮑獻書陽曲縣志【萬曆辛卯修，令。】
3	太原縣志二冊，嘉靖辛卯邑人高汝行修。	高汝行太原縣志六卷，嘉靖間修。	高汝行太原縣志六卷，嘉靖間修。	高汝行太原縣志六卷，嘉靖辛卯修，邑人。	高汝行太原縣志六卷【嘉靖辛卯修，邑人。】
4	榆次縣志二冊全，邑人閻樸修。	閻樸榆次縣志十卷	閻樸榆次縣志十卷	閻樸榆次縣志十卷	關〔註3〕樸榆次縣志十卷【邑人。】
5	太谷縣事蹟一冊，萬曆甲午教諭趙宗周編。	趙宗周太谷縣事蹟，萬曆間修。	趙宗周太谷縣事蹟，萬曆間修。	趙宗周太谷縣事蹟，萬曆甲午修，教諭。	趙宗周太谷縣事蹟【萬曆甲午修，教諭。】
6	祁縣志二冊全，萬曆壬午邑令張應舉修〔註4〕。	張應舉祁縣志，萬曆間修。	張應舉祁縣志，萬曆間修。	張應舉祁縣志，萬曆壬午修，令。	張應舉祁縣志【萬曆壬午修，令。】
7	清源縣舊志一冊全，莫詳編纂姓氏。	□□□清源縣舊志	□□□清源縣舊志	□□□清源縣舊志	□□□清源縣舊志
8	徐溝縣志一冊全，訓導劉鳳修。	劉鳳徐溝縣志	劉鳳徐溝縣志	劉鳳徐溝縣志，訓導。	劉鳳徐溝縣志【訓導。】
9	交城縣志一冊全，萬曆戊子縣令張文璧修。	張文璧交城縣志，萬曆間修。	張文璧交城縣志，萬曆間修。	張文璧交城縣志，萬曆戊子修，令。	張文璧交城縣志【萬曆戊子修，令。】
10	文水縣志二冊全，嘉靖癸丑邑令樊從簡修。	樊從簡文水縣志八卷，嘉靖間修。	樊從簡文水縣志八卷，嘉靖間修。	樊從簡文水縣志八卷，嘉靖癸丑修，令。	樊從簡文水縣志八卷【嘉靖癸丑修，令。】

〔註2〕此表按照《千頃堂書目》的順序著錄，但序列號依《內閣藏書目錄》排列，未標序號的條目各本《千頃堂書目》皆收，最後統計時計算在內。

〔註3〕關，各本皆爲「閻」，是。

〔註4〕6～9條，四庫本《千頃堂書目》（各家《千頃堂書目》同）順序爲6、8、7、9。

11	壽陽縣志二冊全，萬曆辛巳教諭侯封等修。	侯封等壽陽縣志，萬曆間修。	侯封等壽陽縣志，萬曆間修。	侯封等壽陽縣志，萬曆辛巳修，教諭。	侯封等壽陽縣志【萬曆辛巳修，教諭。】
12	盂縣志四冊全，嘉靖辛亥邑人張叔譽修。	張叔譽盂縣志，嘉靖間修。	張叔譽盂縣志，嘉靖間修。	張叔譽盂縣志，嘉靖辛亥修，邑人。	張叔譽盂縣志【嘉靖辛亥修，邑人。】
13	靜樂縣志一冊全，莫詳編纂姓氏。	□□□靜樂縣志	□□□靜樂縣志	□□□靜樂縣志	□□□靜樂縣志
14	河曲縣志二冊，嘉靖戊子邑人王礦修。	王礦河曲縣志，嘉靖間修。	王礦河曲縣志，嘉靖間修。	王礦河曲縣志，嘉靖戊子修，邑人。	王礦河曲縣志【嘉靖戊子修，邑人。】
15	平定州事蹟要略一冊，萬曆甲午訓導周繼志〔註5〕編。	周繼平定州事蹟，萬曆間修。	周繼平定州事蹟，萬曆間修。	周繼平定州事蹟，萬曆丙子修，訓導。	周繼平定州事蹟【萬曆丙子修，訓導。】
16	樂平縣志二冊全，嘉靖戊申邑人喬永固修。	喬永固樂平縣志，嘉靖間修。	喬永固樂平縣志，嘉靖間修。	喬永固樂平縣志，嘉靖戊申修，邑人。	喬永固樂平縣志【嘉靖戊申修，邑人。】
17	忻州志二冊全，嘉靖丙辰邑人黨承志修。	黨承志忻州志，嘉靖間修。	黨承志忻州志，嘉靖間修。	黨承志忻州志，嘉靖丙辰修，郡人。	黨承志忻州志【嘉靖丙辰修，郡人。】
18	定襄縣志二冊全，萬曆乙卯邑人傅納誨修。	傅納誨定襄縣志，萬曆間修。	傅納誨定襄縣志，萬曆間修。	傅納誨定襄縣志，萬曆乙卯修。	傅納誨定襄縣志【萬曆乙卯修。】
19	代州志二冊全，萬曆乙酉州判官周弘禴修。	周弘禴代州志二卷，萬曆乙酉修。	周弘禴代州志二卷，萬曆乙酉修。	周弘禴代州志二卷，萬曆乙酉修州，判官。	周弘禴代州志二卷【萬曆乙酉修，州判官。】
20	五臺縣事蹟紀略一冊全，萬曆甲午教諭盛名楊編〔註6〕。	盛名揚五臺縣事蹟紀略，萬曆間修。	盛名揚五臺縣事蹟紀略，萬曆間修。	盛名揚五臺縣事蹟紀略，萬曆甲午修，教諭。	盛名揚五臺縣事蹟紀略【萬曆甲午修，教諭。】
21	繁峙縣志二冊全，萬曆丁亥邑令高文登修。	高文登繁峙縣志，萬曆間修。	高文登繁峙縣志，萬曆間修。	高文登繁峙縣志，萬曆丁亥修，令。	高文登繁峙縣志【萬曆丁亥修，令。】
22	崞縣志二冊全，嘉靖丙寅邑令尹際可修。	尹際可崞縣志，嘉靖間修。	尹際可崞縣志，嘉靖間修。	尹際可崞縣志，嘉靖丙寅修，令。	尹際可崞縣志【嘉靖丙寅修，令。】

〔註5〕周繼志，四庫本《千頃堂書目》作「周繼」，誤，各本沿誤。《（光緒）平定州志》卷六「職官志‧訓導」：周繼志，絳州人，萬曆十九年任」，則修志當在1591年後的萬曆甲午。

〔註6〕此條下為「五台山志一冊，萬曆丁巳喬世寧修」，《千頃堂書目》列在卷八「山水志」中。

序					
23	岢嵐州志二冊全，萬曆辛卯郡人宋柱石等修。	宋柱石等岢嵐州志，萬曆間修。	宋柱石等岢嵐州志，萬曆間修。	宋柱石等岢嵐州志，萬曆辛卯修，郡人。	宋柱石等岢嵐州志【萬曆辛卯修，郡人。】
24	嵐縣志一冊全，萬曆丁亥修，莫詳姓氏。	□□□嵐縣志，萬曆間修。	□□□嵐縣志，萬曆間修。	□□□嵐縣志，萬曆丁亥修。	□□□嵐縣志【萬曆丁亥修。】
25	興縣志一冊全，萬曆丁丑訓導侯純修。	侯純興縣志，萬曆間修。	侯純興縣志，萬曆間修。	侯純興縣志萬曆丁丑修，訓導。	侯純興縣志【萬曆丁丑修，訓導。】
26	保德州志三冊，正德丙寅州守周山修。	周山保德州志，正德間修。	周山保德州志，正德間修。	周山保德州志，正德丙寅修，守。	周山保德州志【正德丙寅修，守。】
27	平陽府志十四冊全，正德己卯郡守閔槐〔註7〕修。	閔懷平陽府志，正德間修。	閔懷平陽府志，正德間修。	閔懷平陽府志，正德乙卯修，守。	閔懷平陽府志【正德乙卯修，守。】
28	臨汾縣志一冊全，萬曆辛卯縣令邢雲路修。	邢雲路臨汾縣志，萬曆辛卯修。	邢雲路臨汾縣志，萬曆辛卯修。	邢雲路臨汾縣志萬曆辛卯修，令。	邢雲路臨汾縣志【萬曆辛卯修，令。】
29	襄陵縣志四冊全，隆慶戊辰教諭呂調元修。	呂調元襄陵縣志，隆慶間修。	呂調元襄陵縣志，隆慶間修。	呂調元襄陵縣志，隆慶戊辰修，教諭。	呂調元襄陵縣志【隆慶戊辰修，教諭。】
		李諮襄陵縣志十九卷			
30	洪洞縣志三冊全，萬曆辛卯邑人晉朝臣修。	晉朝臣洪洞縣志，萬曆間修。	晉朝臣洪洞縣志，萬曆間修。	晉朝臣洪洞縣志，萬曆辛卯修，邑人。	晉朝臣洪洞縣志【萬曆辛卯修，邑人。】
		韓廷偉洪洞縣志八卷			
31	浮山縣志二冊全，嘉靖壬辰誨導杜綬修〔註8〕。	杜綬浮山縣志，嘉靖間修。	杜綬浮山縣志，嘉靖間修。	杜綬浮山縣志，嘉靖壬辰修，訓導。	杜綬浮山縣志【嘉靖壬辰修，訓導。】
32	岳陽縣志二冊全，萬曆辛巳邑令王協夢修。	王協夢岳陽縣志，萬曆間修。	王協夢岳陽縣志，萬曆間修。	王協夢岳陽縣志，萬曆辛巳修，令。	王協夢岳陽縣志【萬曆辛巳修，令。】
33	趙城縣志四冊全，嘉靖丙寅教諭竇經修。	竇經趙城縣志，嘉靖間修。	竇經趙城縣志，嘉靖間修。	竇經趙城縣志，嘉靖丙寅修，教諭。	竇經趙城縣志【嘉靖丙寅修，教諭。】

〔註7〕 明樊深《（嘉靖）河間府志》卷二十三人物志「閔槐小傳」：「字公甫，號南洲。其先上海人，永樂初徙居任丘。槐登進士，授刑部主事，仕至山西副使。」四庫本誤作「懷」，各本又沿誤，應予改正。

〔註8〕 31～35條，《千頃堂書目》的順序為31、33、34、32、35。

34	太平縣志二冊全，嘉靖丙寅邑人李養恕修。	李養恕太平縣志，嘉靖間修。	李養恕太平縣志，嘉靖間修。	李養恕太平縣志，嘉靖丙寅修，邑人。	李養恕太平縣志【嘉靖丙寅修，邑人。】
35	曲沃縣志四冊全，嘉靖辛亥縣令劉魯生修。	劉魯生曲沃縣志，嘉靖間修。	劉魯生曲沃縣志，嘉靖間修。	劉魯生曲沃縣志，嘉靖辛亥修，令。	劉魯生曲沃縣志【嘉靖辛亥修，令。】
36	翼城縣志二冊全，嘉靖戊申教諭劉岸修。	劉岸翼城縣志，嘉靖間修。	劉岸翼城縣志，嘉靖間修。	劉岸翼城縣志，嘉靖戊申修，教諭。	劉岸翼城縣志【嘉靖戊申修，教諭。】
37	蒲縣志二冊全，嘉靖己酉學博高相等修。			高相等蒲縣志二冊，嘉靖己酉修學博（吳補）	高相等蒲縣志二冊【嘉靖己酉修，學博。】（吳補）
		楊汝江翼城縣志六卷			
38	汾西縣志一冊全，嘉靖乙酉學博王鼐編抄。	王鼐汾西縣志，嘉靖間修。	王鼐汾西縣志，嘉靖間修。	王鼐汾西縣志，嘉靖乙酉修，學博。	王鼐汾西縣志【嘉靖乙酉修，學博。】
		韓竹蒲縣志十卷			
39	蒲州志三冊全，嘉靖乙卯州守邊象修。	邊象蒲州志，嘉靖間修。	邊象蒲州志，嘉靖間修。	邊象蒲州志，嘉靖乙卯修，守。	邊象蒲州志【嘉靖乙卯修，守。】
40	臨晉縣志一冊全，萬曆甲午教諭董邦輔編。	董邦輔臨晉縣志，萬曆間修。	董邦輔臨晉縣志，萬曆間修。	董邦輔臨晉縣志，萬曆甲午修，教諭。	董邦輔臨晉縣志【萬曆甲午修，教諭。】
41	榮河縣志二冊全，嘉靖戊戌猗氏諭宋綱修。	宋綱榮河縣志，嘉靖間修。	宋綱榮河縣志，嘉靖間修。	宋綱榮河縣志，嘉靖戊戌修，猗氏諭。	宋綱榮河縣志【嘉靖戊戌修，猗氏諭。】
42	萬泉縣志二冊全，萬曆丙戌記導吳汝蘭修。	吳汝蘭萬泉縣志，萬曆間修。	吳汝蘭萬泉縣志，萬曆間修。	吳汝蘭萬泉縣志萬曆丙戌修，訓導。	吳汝蘭萬泉縣志【萬曆丙戌修，訓導。】
43	河津縣志二冊全，嘉靖癸酉邑令張汝乾修〔註9〕	張汝乾河津縣志，嘉靖間修。	張汝乾河津縣志，嘉靖間修。	張汝乾河津縣志，嘉靖癸酉修，令。	張汝乾河津縣志【嘉靖癸酉修，令。】
44	解州志四冊全，嘉靖乙酉修撰謫判解州呂柟修。	呂柟解州志，嘉靖間修。	呂柟解州志，嘉靖間修。	呂柟解州志四卷嘉靖乙酉修，以修撰謫判〔註10〕。	呂柟解州志四卷【嘉靖乙酉修。】

〔註 9〕 此條下爲「龍門志二冊，河津縣郡守修」，《千頃堂書目》未收。
〔註10〕 「以修撰謫判」五字乃吳校補。

45	安邑縣志略一冊，莫詳姓氏。	□□□安邑縣志略	□□□安邑縣志略	□□□安邑縣志略	□□□安邑縣志略
		馬巒夏縣志二卷			
46	聞喜縣志三冊全，萬曆初邑人李汝寬修。	李汝寬聞喜縣志，萬曆間修。	李汝寬聞喜縣志，萬曆間修。	李汝寬聞喜縣志，萬曆初修〔註11〕，邑人。	李汝寬聞喜縣志【萬曆間修。】
47	平陸縣志二冊，隆慶丁卯邑人崔汝孝修。	崔汝孝平陸縣志，隆慶間修。	崔汝孝平陸縣志，隆慶間修。	崔汝孝平陵〔註12〕縣志，隆慶丁卯修。	崔汝孝平陵縣志【隆慶丁卯修。】
48	芮城縣志一冊全，隆慶辛未邑人劉良臣修。	劉良臣芮城縣志，隆慶間修。	劉良臣芮城縣志，隆慶間修。	劉良臣芮城縣志，隆慶辛未修，邑人。	劉良臣芮城縣志【隆慶辛未修。】
49	絳州志二冊全，正德辛巳蒲人王文鳴修。	王文鳴絳州志，正德間修。	王文鳴絳州志正德間修。	王文鳴絳州志，正德辛巳修，蒲人。	王文鳴絳州志【正德辛巳修，蒲人。】
50	絳州志二冊，萬曆庚辰郡人趙相修。	趙相絳州志，萬曆間修。	趙相絳州志，萬曆間修。	趙相絳州志，萬曆庚辰修，郡人。	趙相絳州志【萬曆庚辰修，郡人。】
51	稷山縣志二冊全，正德甲戌邑人梁弘濟修。	梁文濟稷山縣志，正德間修。	梁文濟稷山縣志，正德間修。	梁弘濟稷山縣志，正德甲戌修，邑人。	梁弘濟稷山縣志【正德甲戌修，邑人。】
52	絳縣志二冊全，嘉靖乙未邑人吉大來修。	吉大來絳縣志，嘉靖間修。	吉大來絳縣志，嘉靖間修。	吉大來絳縣志，嘉靖乙未修，邑人。	吉大來絳縣志【嘉靖乙未修，邑人。】
53	垣曲縣志二冊全，嘉靖丙申邑令李袞修。	朱袞垣曲縣志，嘉靖間修。	朱袞垣曲縣志，嘉靖間修。	李〔註13〕袞垣曲縣志，嘉靖丙申修，令。	李袞垣曲縣志【嘉靖丙申修，令。】
54	霍州志二冊全，嘉靖戊午邑人劉煦修。	劉煦霍州志，嘉靖間修。	劉煦霍州志，嘉靖間修。	劉煦霍州志，嘉靖戊午修，邑人。	劉煦霍州志【嘉靖戊午修，邑人。】
55	吉州志二冊，萬曆乙酉郡人丁汝謙修。	丁汝謙吉州志，萬曆間修。	丁汝謙吉州志，萬曆間修。	丁汝謙吉州志，萬曆乙酉修，郡人。	丁汝謙吉州志【萬曆乙酉修，郡人。】
56	鄉寧縣志二冊全，萬曆壬辰邑令焦守己修。	焦守己鄉寧縣志，萬曆間修。	焦守己鄉寧縣志，萬曆間修。	焦守己鄉寧縣志，萬曆壬辰修，令。	焦守己鄉寧縣志【萬曆壬辰修，令。】

〔註11〕原注為「萬曆間修」，吳校為此。
〔註12〕平陵，《內閣藏書目錄》作平陸，是，字形相近而訛。
〔註13〕原書為朱，吳校改為李。

57	大寧記一冊全，萬曆癸酉吳應臺編，即大寧縣志之權輿也。	呂應臺大寧記，萬曆間修。	呂應臺大寧記，萬曆間修。	吳應臺大寧記，萬曆癸酉，即《大寧縣志》之權輿。	吳應臺大寧記【萬曆癸酉修，即大寧縣志之權輿。】
58	永和縣志二冊全，隆慶戊辰邑令張守禮修〔註14〕。	張守禮永和縣志，隆慶間修。	張守禮永和縣志，隆慶間修。	張守禮永和縣志，隆慶戊辰修，令。	張守禮永和縣志【隆慶戊辰修，令。】
		張欽大同府志十八卷			
		汪承爵大同府志二十二卷			
		侯樹屏朔州志六卷			
59	潞安府志十二冊全，嘉靖甲子郡人栗應麟修。	栗應麟潞安府志十二卷，嘉靖間修。	栗應麟潞安府志十二卷，嘉靖間修。	栗應麟潞安府志十二冊〔註15〕，嘉靖甲子修，郡人。	栗應麟潞安府志十二卷【嘉靖甲子修，郡人。】
60	長治縣志二冊全，萬曆戊子邑令張主敬修。	張主敬長治縣志，萬曆間修。	張主敬長治縣志，萬曆間修。	張主敬長治縣志，萬曆戊子修，令。	張主敬長治縣志【萬曆戊子修，令。】
61	長子縣志二冊全，萬曆丙戌邑令何出圖修。	何出圖長子縣志，萬曆間修。	何出圖長子縣志，萬曆間修。	何出圖長子縣志，萬曆丙戌修，令。	何出圖長子縣志【萬曆丙戌修，令。】
62	屯留縣志二冊全，嘉靖己未教諭任世華修。	任世華屯留縣志六卷，嘉靖間修。	任世華屯留縣志六卷，嘉靖間修。	任世華屯留縣志六卷，嘉靖己未修，教諭。	任世華屯留縣志六卷【嘉靖己未修，教諭。】
63	襄垣縣志二冊全，隆慶戊辰邑令姚九功重修。	姚九功襄垣縣志，隆慶間修。	姚九功襄垣縣志，隆慶間修。	姚九功襄垣縣志，隆慶戊辰修，令。	姚九功襄垣縣志【隆慶戊辰修，令。】
64	潞城縣志三冊全，萬曆辛卯邑令馮惟賢修。	馮惟賢潞城縣志，萬曆間修。	馮惟賢潞城縣志，萬曆間修。	馮惟賢潞城縣志，萬曆辛卯修，令。	馮惟賢潞城縣志【萬曆辛卯修，令。】
65	黎城縣志二冊全，隆慶辛未邑人靳惟精修。	靳惟精黎城縣志，隆慶間修。	靳惟精黎城縣志，隆慶間修。	靳惟精黎城縣志，隆慶辛未修，邑人。	靳惟精黎城縣志【隆慶辛未修，邑人。】
		孔天胤汾州志八卷			

〔註14〕 此條下為「河東運司志五冊，萬曆壬辰鹽臺蔣春芳修」，《千頃堂書目》列在卷九「食貨類」中。
〔註15〕 冊，原書為卷，吳校改。

66	汾州志三冊全，萬曆乙酉邑人王緝修。	王緝汾州府志，萬曆間修。	王緝汾州府志，萬曆間修。	王緝汾州府志，萬曆乙未修，郡人。	王緝汾州府志【萬曆乙未修，郡人。】
67	孝義縣志三冊全，嘉靖甲寅邑人張晃修。	張晃孝義縣志，嘉靖間修。	張晃孝義縣志，嘉靖間修。	張晃孝義縣志，嘉靖甲寅修，邑人。	張晃〔註16〕孝義縣志【嘉靖甲寅修，邑人。】
		楊廷謨平遙縣志十二卷			
68	平遙縣志二冊全，萬曆乙卯邑人冀管等修。	冀管等平遙縣志，萬曆乙卯修〔註17〕。	冀管等平遙縣志，萬曆乙卯修。	冀管等平遙縣志，萬曆乙卯修，邑人〔註18〕。	冀管等平遙縣志【萬曆乙卯修。】
69	介休縣志二冊全，隆慶己巳教諭李斗修。	李斗介休縣志，隆慶間修。	李斗介休縣志，隆慶間修。	李斗介休縣志，隆慶己巳修，教諭。	李斗介休縣志【隆慶己巳修，教諭。】
70	靈石縣志二冊全，萬曆丁丑縣令白夏修。	白夏靈石縣志，萬曆間修。	白夏靈石縣志，萬曆間修。	白夏靈石縣志，萬曆丁丑修，令。	白夏靈石縣志【萬曆丁丑修，令。】
71	臨縣志二冊全，嘉靖癸丑邑人武思仁修	武思仁臨縣志，嘉靖間修。	武思仁臨縣志，嘉靖間修。	武思仁臨縣志，嘉靖癸丑修，邑人。	武思仁臨縣志【嘉靖癸丑修，邑人。】
72	寧鄉縣志二冊全，萬曆己丑邑令王文煒修。	王文煒寧鄉縣志，萬曆間修。	王文煒寧鄉縣志，萬曆間修。	王文煒寧鄉縣志，萬曆己丑修，令。	王文煒寧鄉縣志【萬曆己丑修，令。】
73	永寧州志一冊全，萬曆丙戌郡人梁天敘編。	梁天敘永寧縣志〔註19〕，萬曆間修。	梁天敘永寧縣志，萬曆間修。	梁天敘永寧縣志，萬曆間修。	梁天敘永寧縣志【萬曆修。】
74	武鄉縣志二冊全，萬曆癸巳縣令黃元會修。	黃元會武鄉縣志，萬曆間修。	黃元會武鄉縣志，萬曆間修。	黃元會武鄉縣志，萬曆癸巳修，令。	黃元會武鄉縣志【萬曆癸巳修，令。】
75	沁州志三冊全，萬曆戊子郡人楊可大修。	楊可大沁州志，萬曆間修。	楊可大沁州志，萬曆間修。	楊可大沁州志，萬曆戊子修，郡人。	楊可大沁州志【萬曆戊子修，郡人。】
76	澤州志四冊全，隆慶辛未郡人裴宇修。	裴宇澤州志，隆慶間修。	裴宇澤州志，隆慶間修。	裴宇澤州志，隆慶辛未修，郡人。	裴宇澤州志【隆慶辛未修，郡人。】

〔註16〕 晃，吳校云「內閣書目作晁」，並改正，是。

〔註17〕 69～76 條，《千頃堂書目》順序為 69、72、70、73、71、75、74、76。

〔註18〕 「邑人」二字為吳校補。

〔註19〕 佚名《六壬大全》卷十二「山西省‧永寧州」下屬有「寧鄉縣」，而永寧縣在當時隸屬河南省，二者為不同的地名。此當為「永寧州志」，非「永寧縣志」。

77	高平縣志二冊全，嘉靖乙未邑人郭鋆修。	郭鋆高平縣志，嘉靖間修。	郭鋆高平縣志，嘉靖間修，郡人。	郭鋆高平縣志，嘉靖乙未修，邑人〔註20〕。	郭鋆高平縣志【嘉靖乙未修，郡人。】
		劉應臺高平縣志十五卷			
78	陽城縣志三冊全，萬曆庚辰邑人栗魁周修。	栗魁周陽城縣志，萬曆間修。	栗魁周陽城縣志，萬曆間修。	栗魁周陽城縣志，萬曆庚辰修，邑人。	栗魁周陽城縣志【萬曆庚辰修，邑人。】
79	沁水縣志三冊全，萬曆戊寅教諭陳嘉猷修。	陳嘉猷沁水縣志，萬曆間修。	陳嘉猷沁水縣志，萬曆間修。	陳嘉猷沁水縣志，萬曆戊寅修，教諭。	陳嘉猷沁水縣志【萬曆戊寅修，教諭。】
80	陵川縣志二冊全，嘉靖壬子邑人趙孟乾修。	趙孟乾陵川縣志，嘉靖間修。	趙孟乾陵川縣志，嘉靖間修。	趙孟乾陵川縣志，嘉靖壬子修，邑人。	趙孟乾陵川縣志【嘉靖壬子修，邑人。】
81	遼州志四冊全，正德丁卯州守楊惠編。	楊惠遼州志，正德間修。	楊惠遼州志，正德間修。	楊惠遼州志，正德丁卯修，守。	楊惠遼州志【正德丁卯修，守。】
82	和順縣志二冊全，萬曆乙酉縣令李繼元修。	李繼元和順縣志，萬曆間修。	李繼元和順縣志，萬曆間修。	李繼元和順縣志，萬曆乙酉修，令。	李繼元和順縣志【萬曆乙酉修，令。】

　　如上表所示，《內閣藏書目錄》收錄「山西省志」82種，全部在《千頃堂書目》所著錄的95種「山西省志」之內，除了第6～9條、31～35條、69～76條順序與《千頃堂書目》稍異，其餘的條目、注釋幾乎完全相同。再如「北直隸志」，《千頃堂書目》共著錄182條，145條出自《內閣藏書目錄》，「四川省志」90條，66條（68種，其中郭棐夔州府志、夔傳、夔紀三種，原書分列三條，《千頃堂書目》中合而為一。）出自《內閣藏書目錄》。可見，杭世駿確實利用了《內閣藏書目錄》，他按照原書順序抄錄了條目，但省略了注釋，具體的年份多以「間」字替代（如上表中的「趙孟乾《陵川縣志》，嘉靖間修」、「楊惠《遼州志》，正德間修」、「李繼元《和順縣志》，萬曆間修」等等），並且由於杭氏不是在其《黃氏書目》上直接進行增補，而是於增補後重新謄錄了一本（南京圖書館所藏膠片即是證明），吳騫所見到的就是杭世駿利用《內閣藏書目錄》增補後的新本子，因為從本子上看不出增補的痕跡，所以他發出了「別有一本」的疑問。吳騫在得到杭本後，重新利用《內閣藏書目錄》對這些條目進行校補，明確了修志時間及修志者籍貫爵里。以上三條目，吳騫依次增改為「嘉靖壬子修，邑人；正德丁卯修，守；萬曆乙酉修，令」，與

〔註20〕原書為「郡人」，吳校改。

《內閣藏書目錄》的著錄完全相同。據筆者統計，吳騫利用《內閣藏書目錄》進行二次校勘的條目有 504 條（筆者以南京圖書館所藏膠片為底本加以校勘）。另外有 54 條，在《內閣藏書目錄》中即屬於作者、年代不詳者，吳騫未加校正，保持了杭本原貌。這樣兩種情況合起來，基本上與《千頃堂書目》中引用《內閣藏書目錄》的 580 餘條相吻合。

通過《千頃堂書目》與《內閣藏書目錄》兩種書目以及《千頃堂書目》四個版本的條目比勘，我們發現《四庫全書》本和杭本、吳騫本與上古本《千頃堂書目》相似，上古本《千頃堂書目》與《內閣藏書目錄》基本上完全吻合。但因為缺少了兩個中間環節：1、《千頃堂書目》中杭氏所補的條目沒有明確標注 2、上古本中吳騫的校記未體現出來，才給讀者造成《千頃堂書目》本來就是如此的假象。

據張明華統計，《千頃堂書目》中有杭世駿所補 293 個條目（條目下明確標注「杭補」）〔註21〕，涵蓋經史子集各部，惟獨無「地理類」條目，可他確實利用過《內閣藏書目錄》對「地理類」進行增補，為什麼不像其他條目一樣明確標示出來呢？乾隆 13 年，杭世駿又寫下《千頃堂書目跋》一文，這是「千頃堂書目」第一次完整的出現在文獻中。杭世駿前後兩次的序言，第一次稱作《黃氏書錄》，第二次則叫《千頃堂書目》，由於寫作先後時間不同，同一書的書名也發生了改變，他的這種行是否有意而為之呢？

〔註21〕 張明華：《黃虞稷和〈千頃堂書目〉》，國際文化出版社，1994 年，第 153～161 頁。

第六章 《千頃堂書目‧地理類》與 《(雍正)浙江通志》的關係 探析

第一節 《千頃堂書目》著錄明代浙江方志與《(雍正) 浙江通志‧浙江志乘》著錄「郡邑類」條目 之比勘

　　《(雍正)浙江通志》二百八十卷，是現存浙江省志中篇幅最大、體例比較完備的一部地方志，《四庫全書》著錄該書，並給予了較高評價，《總目提要》云：「所引諸書皆具列原文，標列出典，其近事未有記載者，亦具列其案牘，視他志體例特善。其有見聞異辭者，則附加考證於下方，雖過求賅備，或不無繁複叢冗，然信而有徵之目，差爲不愧矣。」

　　這部通志從雍正九年起開局編纂，到雍正十三年完成。總編纂是會稽傅王露。全書分五十四門，卷二百四十一至二百五十四爲《經籍門》，「依隋書經籍之例，各分部錄，探微證墜」，記載尤詳。《經籍門》有「兩浙志乘」兩卷（卷二五二‧二五四），記載浙江歷代府縣志的纂修源流。這是該志的獨創，是很有價值的文獻數據。「兩浙志乘」下又分郡邑、山川、古蹟、學校、兵制、海防、海塘、水利、賦役、鹽法、積貯、物產、祠廟、寺觀、雜記、題詠、藝文、宦跡、傳記、家傳、家譜、年譜、釋道等二十三類，「郡邑類」由「分吳會丹陽三郡記二卷」始，至「雍正景寧縣志九卷」終，依次著錄歷代浙江

省通志、杭州、嘉興、湖州、寧波、紹興、金華、台州、衢州、嚴州、溫州、處州府縣志，約四百八十餘種，所佔比例最大，其記載賅備，本末粲然，於歷代府縣志纂修源流，最爲詳晰。該志著錄明代方志多達二百四十五種，除去五種作者不詳者〔註1〕，及「萬曆壬子邑令萬廷謙修訓導錢塘鍾相業校龍遊縣志十卷」〔註2〕及「萬曆丙午邑令蘇珵補修邑人徐公敬補輯開化縣志十卷」〔註3〕兩條《千頃堂書目》不收、漏收者，剩餘爲二百三十八種。《千頃堂書目》卷七「地理類中」著錄明代浙江方志二百七十種，除去盧文弨及吳騫所補的五種〔註4〕及在《（雍正）浙江通志》中列入「傳記」、「雜記」類的二十四種〔註5〕，剩餘的亦爲二百三十八種〔註6〕。兩者相較，除了徐一夔《杭州

〔註1〕 杭州府志仁和縣志永樂間撰亡名氏、杭州府志仁和縣志景泰間撰亡名氏、仁和縣舊志按文淵閣書目有之當是永樂間人撰仁和縣志云亡名氏、餘杭縣志成化間撰散軼不全、東陽志趙祖朝東陽縣志序永樂間修惜刊本漫漶憲實缺遺。

〔註2〕 萬曆四十年刊本，四冊，附圖。國圖、浙圖收藏。通行本有民國十二年龍遊余紹宋重鉛印萬曆本。余紹宋云：「向例修志，必縣人主裁，知縣尸其名耳。今讀鍾、曹兩跋，是志固萬知縣所親撰者，鍾、曹僅司校訂，亦難能而可貴矣。雖（余）雲岫先生謂其書成於倉卒，不無舛漏。然其體例較丙子《志》（即萬曆四年涂傑修《龍遊縣志》）爲謹嚴，而記裁亦簡當有法，固明代方志中之佳構也。卷首載弘治戊午、萬曆丙子兩《志》舊序，賴此得以略知前志源流。又載鄉先達徐可求及知縣萬廷謙兩序，末有鍾相業及曹肖蒙先生兩跋。」（民國《龍遊縣志》卷末）。

〔註3〕 明知縣東蕪蘇珵等修，開化徐公敬等纂。萬曆二十九年（1601）創修，三十四年（1606）繼修，未見刊本流傳。本志蘇珵序載光緒《開化縣志》卷首。

〔註4〕 李日華橋李叢談四卷、唐之淳會稽懷古詩二卷、楊家相山陰縣志、吳安國永康縣志、鄭伯興衢州府志。

〔註5〕 鄭振先《嘉禾事紀》、王樵《橋李記》、浦端模《嘉善人文紀略》、王文祿《海鹽文獻志》、徐獻忠《吳興掌故集》、宋雷《西吳里語》、謝肇淛《西吳支乘》、董斯張閔元衢《吳興備志》、鄭眞《四明文獻錄》、黃潤玉《四明文獻錄》、李孝謙《四明文獻錄》、李堂《四明文獻志》、李埈《甬東軼事》、陸夢斗《紹興紀略》、南逢吉《注釋會稽三賦》、范理《天台要略》、鄭東白《金華雜記》、楊德周《金華雜識》、李有則《東陽聞記》、童品《金華文獻錄》、項喬《甌東私錄》、鮑武《瑞安文獻拾存》、陳孝積《栝蒼景物志》、李漸《三臺文獻志》。

〔註6〕 兩者相減爲二四一種，但因爲《（雍正）浙江通志》中的「湯溪縣志 成化十年邑令宋約修、四明豐慶序，內閣藏書目錄開化儒士金弘訓修」分化爲「宋約湯溪縣志」及「金弘訓湯溪縣志」二種，「天台縣志 趙予祿續修天台縣志序『國初有曹宜約縣志，宣德間有杜寧志稿』」分化爲「曹宜約天台縣志」及「杜寧天台縣志」二種，「臨海縣志 分省人物考金賁亨著，內閣藏書目錄嘉靖己亥邑人余寬等修」分化爲「金賁亨臨海縣志」及「余寬臨海縣志」二種，再減去三種，所以也是二三八種。

府志》、夏時正《杭州府志》、陳善《杭州府志》、吳瓚《武林紀事》、孫景時
《武林文獻錄》、張時徹《寧波府志》、鄭眞《四明文獻錄》、李垹《甬東軼事》
等八條書名、卷數、注釋有差異〔註7〕，來士英、劉吳、袁鋒、汪慶伯、張國
震五條屬字形相近而訛，剩餘的二百二十五條，兩書幾乎完全相同〔註8〕，甚
至先後次序都一模一樣（見下表）。

	《(雍正)浙江通志‧兩浙志乘‧郡邑》	《千頃堂書目》卷七	備 註
1	浙江通志七十二卷，《內閣藏書目錄》「嘉靖辛酉學憲薛應旂修」。	薛應旂浙江通志七十二卷【嘉靖辛酉提學浙江時修。】	同。
2	杭州府志，《西湖遊覽志》「洪武初徐一夔著，頗稱簡明，今不傳矣」。	徐一夔杭州府志九冊【洪武中修。】	
3	杭州府志六十三卷，《西湖遊覽志》「成化十年夏時正重修，紀事多缺略」。	夏時正杭州府志六十四卷【成化十一年修，仁和人，大理寺卿。】	注釋異。
4	杭州府志一百卷，《內閣藏書目錄》「萬曆己卯郡人布政陳善修」。	陳善杭州府志一百卷【萬曆己卯修。】又外志一卷【聯合合郡導山導川之源委，使昭然在目，附全志末。】又武林風俗略一卷【郡人。】	注釋異。
5	武林紀事八卷，《分省人物考》「吳瓚著」。	吳瓚武林紀事八卷【字器之，仁和人，弘治庚戌進士，南通州知州。】	注釋異。
6	武林文獻錄，《分省人物考》「孫景時作」。〔註9〕	孫景時武林文獻錄【正德丙午舉人，長洲縣教諭。】	注釋異。
7	武林近事雜記，《杭州府志》「馮廷槐著」。〔註10〕	馮廷槐武林近事雜記	同。
8	武林內外志，《靈隱寺志》「邵重生著」。	邵重生武林內外志	同。
9	錢塘縣志十卷，萬曆己酉邑令聶心湯修。	聶心湯錢塘縣志十卷【萬曆己酉修，縣令，字純中。】	同。
10	仁和縣志十四卷，嘉靖己酉邑人沈朝宣三吾撰，盛端明序。	沈朝宣仁和縣志十四卷【字三吾，邑人，嘉靖己酉修。】	同。
11	海寧縣志六卷，蔡完《海寧縣志序》「永樂戊戌前訓導曾昶修」。	曾昶海寧縣志六卷【永樂戊戌修，訓導。】	同。
12	海寧縣志九卷，《內閣藏書目錄》「嘉靖丁巳邑令蔡完修」。	蔡完海寧縣志九卷【嘉靖丁巳修，邑令。】	同。

〔註 7〕這種差異是因為《千頃堂書目》在著錄時，所用底本為《明史‧藝文志稿》（見附表）。
〔註 8〕《(雍正) 浙江通志》引文有出典，有考證，較為詳盡，《千頃堂書目》著錄則比較簡單，但兩者著錄的書名、卷數、撰人、年代、籍貫、仕履都是完全相同的。
〔註 9〕在卷二百五十四《經籍‧兩浙志乘下‧雜記》中。
〔註 10〕在卷二百五十四《經籍‧兩浙志乘下‧傳記》中。

13	海寧縣志九卷，《黃氏書目》「董穀著」。	董穀海寧縣志九卷	同。
14	海寧志補四卷，《（萬曆）杭州府志》「朱迪撰」。	朱迪海寧志補四卷	同。
15	寧邑備考十卷，《海寧縣志》「教諭趙惟寰著」。	趙惟寰寧邑備考十卷【教諭。】	同。
16	海昌外志八卷，《海寧縣志》「談遷著」。	談遷海昌外志八卷【字孺木，邑人。】	前者無注釋。
17	海寧衛乘十卷，《海鹽縣圖經》「宋士英茂合撰」。	來士英海寧衛乘十卷【字茂合。】	同。
18	海寧衛志，《海鹽縣圖經》「王文祿撰」。	王文祿海寧衛志	同。
19	富春志六卷，《內閣藏書目錄》「正統五年邑令吳堂允升修，聶大年序」。	吳堂富春志六卷【字允升，知縣，樂平人，永樂辛丑進士，正統五年修。】	同。
20	重修富春志十二卷，《富陽縣志》「王之獻著」。	王之獻重修富春志十二卷	同。
21	餘杭縣志十卷，嘉靖間邑令王確修。	王確餘杭縣志十卷【嘉靖間修，邑令。】	同。
22	餘杭縣志，萬曆間邑令戴日強修。	戴日強餘杭縣志【萬曆間修。】	同。
23	臨安縣志八卷，《內閣藏書目錄》「嘉靖丙戌邑令廖瑜修」。	廖瑜臨安縣志八卷【嘉靖丙戌修，邑令。】	同。
24	臨安縣志四卷，萬曆辛亥邑令黃鼎象修。	黃鼎象臨安縣志四卷【萬曆辛亥修，邑令。】	同。
25	於潛縣志五卷，嘉靖庚子邑令汪奕修。	汪奕於潛縣志五卷【嘉靖庚子修，邑令。】	同。
26	新城縣志，景泰間邑人淩志、文琬修。	淩志新城縣志【景泰間修，邑人。】	同。
27	新城縣志，嘉靖己丑邑令袁澤修。	袁澤新城縣志【嘉靖己丑重修，邑令。】	同。
28	新城縣志，嘉靖壬辰邑令聶瑩重修。	聶瑩新城縣志【嘉靖壬寅重修，邑令。】	同。
29	新城縣志四卷，萬曆乙亥邑令溫朝祚聘吳中周天球修，方廉序。	周天球新城縣志四卷【萬曆乙亥修，吳人。】	同。
30	昌化縣志九卷，嘉靖間邑令馬逢伯聘邑人汪子卿修。	汪子卿昌化縣志九卷【嘉靖間修，邑人。】	同。
31	昌化縣志，嘉靖間邑令華文甫命庠生戴儀校，馬志修。	戴儀昌化縣志【嘉靖間修，庠生。】	同。
32	昌化縣志十卷，萬曆壬辰邑令周洛都修，許三省序。	周洛都昌化縣志十卷【萬曆壬辰修，邑令。】	同。
33	嘉興府志三十二卷，弘治壬子郡守柳琰主修，平湖教諭林光校正。	柳琰嘉興府志三十二卷【弘治壬子修，郡守。】	同。

34	嘉興府志補三卷，正德壬申郡守于鳳喈修郡人鄒衡編集。	鄒衡嘉興府志補三卷【正德壬申修，郡人。】	同。
35	嘉興府圖記二十卷，嘉靖丁未郡守趙瀛聘慈谿趙文華修。《嘉禾徵獻錄》「文華在事時聘名士爲《嘉興府圖記》，載郡中事甚詳，知府趙瀛梓之因以爲志」。	趙文華嘉興府圖記二十卷【嘉靖丁未修，郡守趙瀛梓。瀛，三原人。】	同。
36	嘉興府志遺稿，萬曆間郡守龔勉聘郡人嚴從簡修，未脫稿，後郡守曹代蕭聘郡人黃洪憲修。	嘉興府志遺稿【萬曆間郡守龔勉聘郡人嚴從簡修，未竣稿，後郡守曹代蕭復聘郡人黃洪憲補修。】	同。
37	嘉興府志三十二卷，萬曆庚戌，郡守劉應鈳主修，郡人沈堯中編纂。	沈堯中嘉興府志三十二卷【萬曆庚戌修，郡人。】	同。
38	嘉禾事紀二卷，《尤氏藝文志》「鄭振先撰」。〔註11〕	鄭振先嘉禾事紀二卷	同。
39	檇李記一卷，《鹽邑志林》「王樵著」。	王樵檇李記一卷	同。
		李日華檇李叢談四卷（盧補）	
40	三縣經界錯壤圖說，《秀水縣志》「岳元聲撰」。	岳元聲三縣經界錯壤圖說	同
41	嘉興縣志，天啓甲子邑令湯齊聘邑人李日華、沈德符、屠中孚等修，未成。崇禎丁丑，邑令羅炌聘邑人黃承昊續修。	黃承昊嘉興縣志【崇禎丁丑修，邑人。】	同。
42	秀水縣志，戴經撰，莫詳年代。《(萬曆)嘉興府志》「秀水前未有志，志自經始」。	戴經秀水縣志	同。
43	秀水縣志，莫詳年代。《(萬曆)嘉興府志》「周顯宗撰」	周顯宗秀水縣志	同。
44	秀水縣志十卷，萬曆丙申，邑令李培聘邑人黃洪憲修。	黃洪憲秀水縣志【萬曆丙申修，邑人。】	同。
45	嘉善縣志六卷，正德丁丑，邑丞倪璣偕邑人沈概、高廩、郁衮、蔣岳修，王鏊、都穆序。	倪璣嘉善縣志六卷【正德丁丑修，縣丞。】	同。
46	嘉善縣志，嘉靖庚戌邑令于業聘邑人郁天民修。	郁天民嘉善縣志【嘉靖庚戌修，邑人。】	同。
47	嘉善縣志十二卷，萬曆丙申邑令章士雅聘邑人盛唐、袁黃修。	盛唐袁黃嘉善縣志十二卷【萬曆丙申修，邑人。】	同。
48	嘉善人文紀略十二卷，《(萬曆)嘉善縣志》「浦端模撰」。〔註12〕	浦端模嘉善人文紀略十二卷	同。
49	海鹽縣志四卷，弘治庚戌教諭莆田陳暹纂修，邑令龍泉譚秀校刊。	陳暹海鹽縣志四卷【弘治庚戌修，教諭。】	同。

〔註11〕 此條及下一條在卷二百五十四《經籍・兩浙志乘下・雜記》中。
〔註12〕 此條在卷二百五十四《經籍・兩浙志乘下・傳記》中。

50	海鹽縣志,《海鹽縣圖經》「朱祚著」。	朱祚海鹽縣志	同。
51	海鹽縣五志六卷,嘉靖庚寅邑令夏濬聘邑人徐泰修。	徐泰海鹽縣五志【嘉靖庚寅修,邑人。】	同。
52	海鹽縣近志,《(萬曆)嘉興府志》「署縣事推官張瑀修,仇俊卿纂」。	仇俊卿海鹽縣近志	同。
53	海鹽縣圖經十六卷,天啓壬戌邑令樊維城聘邑人胡震亨、姚士粦等修。	樊維城海鹽縣圖經十六卷【天啓壬戌修,邑令。】	同。
54	海鹽文獻志二十卷,《海鹽縣圖經》「王文祿著」。〔註13〕	王文祿海鹽文獻志二十卷	同。
55	崇德志五卷,正德丁丑邑令洪異聘蘭溪董遵修。	董遵崇德志五卷【蘭溪人,正德丁丑修。】	同。
56	崇德志,隆慶間邑令朱潤修。	朱潤崇德志【隆慶間修,邑令。】	同。
57	崇德志,萬曆辛巳邑令陳履聘邑人胡其久修。	胡其久崇德志【萬曆辛巳修,邑人。】	同。
58	崇德志十二卷,萬曆辛亥邑令靳一派修。	靳一派崇德志【萬曆辛亥修,邑令。】	同。
59	平湖縣志九卷,嘉靖癸亥邑令顧廷對、教諭法鐙修。	顧廷對平湖縣志九卷【嘉靖癸亥修,邑令。】	同。
60	平湖縣志十九卷,天啓丁卯邑令程楷屬邑博楊拙修。	楊拙修平湖縣志十九卷【天啓丁卯修,教諭。】	同。
61	桐鄉縣志七卷,《續見聞雜記》「天順五年教諭危山纂修」。	危山桐鄉縣志七卷【天順五年修,教諭。】	同。
62	桐鄉縣續志十四卷,《續見聞雜紀》「弘治十五年鄉進士錢榮纂修」。	錢榮桐鄉縣續志十四卷【弘治十五年修,邑人。】	同。
63	桐鄉縣志十卷,《內閣藏書目錄》「正德甲戌邑令任洛修」。	任洛桐鄉縣志十卷【正德甲戌修,邑令。】	同。
64	湖州府志二十二卷,彭華《序》:「景泰間司訓姑蘇陳頎取談志正訛補缺,續以成編。僅藏學官,成化甲午太守九江勞鉞命郡士張淵增所未備。」	陳頎湖州府志二十二卷【姑蘇人,司訓,景泰間修。】	同。
		勞鉞湖州府志二十二卷【九江人,郡守,成化甲午命郡士張淵增陳志所未備。】	
65	湖州府志二十四卷,弘治辛亥郡守王珣屬郡人江翁儀、唐應徵、陳遠重修,比舊加二卷。	王珣湖州府志二十四卷【弘治辛亥修,郡守。】	同。
66	湖州府志十六卷,嘉靖壬寅郡守張鐸聘司教浦南金重修。	浦南金湖州府志十六卷【嘉靖壬寅修,教諭。】	同。

〔註13〕 此條在卷二百五十四《經籍·兩浙志乘下·傳記》中。

67	湖州府志十四卷,隆慶末郡守栗祁聘郡人唐樞修。樞歿,郡推官張應雷續成,董份序。《石柱記箋釋》假託爲唐一庵作。	栗祁湖州府志十四卷【隆慶末聘郡人唐樞修,樞歿,郡推官張應雷續成,董份序。】	同。
68	吳興掌故集十七卷,嘉靖間華亭徐獻忠寓吳興時作,茅瑞徵序。〔註14〕	徐獻忠吳興掌故集十七卷【華亭人,知縣。】	同。
69	西吳里語四卷,《(崇禎)烏程縣志》「宋鑑字子明著,讓名於其父雷」。〔註15〕	宋雷西吳里語四卷	同。
70	西吳枝乘二卷,《尤氏藝文志》「謝肇淛撰」。	謝肇淛西吳支乘二卷	同。
71	吳興備志,《(崇禎)烏程縣志》「董斯張與閔元衢輯」。	董斯張閔元衢吳興備志	同。
72	烏程縣志二卷,《內閣藏書目錄》「嘉靖間邑人唐樞修」。	唐樞烏程縣志二卷【嘉靖間修,邑人。】	同。
73	烏程縣志十二卷,崇禎丁丑邑令劉沂春迂修,邑人潘士遴、徐守綱編輯。	劉沂春烏程縣志十二卷【崇禎丁丑修,邑令。】	同。
74	歸安縣志,《內閣藏書目錄》「邑人劉塾修」。	劉塾歸安縣志【邑人。】	同。
75	長興志,洪武初邑人劉巽修。	劉吳長興志【洪武初修,邑人。】	同。
76	長興志,永樂中周鎬夫修。	周鎬夫長興縣志【永樂中修。】	同。
77	長興縣志六卷,弘治二年邑人臧衍修。	臧衍長興縣志六卷【弘治二年修,邑人。】	同。
78	長興縣志二卷,嘉靖初年邑令黃光升修。	黃光升長興縣志二卷【嘉靖初修,邑令。】	同。
79	長興縣志十二卷,嘉靖己未邑令黃辰聘邑人顧應祥修。	顧應祥長興縣志十二卷【嘉靖己未修,邑人,大司寇。】	同。
80	長興縣志十二卷,崇禎十一年邑令吳鍾巒屬文學姚光祐修,草未就而鍾巒去任,光祐亦旋卒,事遂湮廢,有遺稿。	姚光祐長興縣志十二卷【崇禎十一年修,邑人。】	同。
81	德清縣志十卷,嘉靖乙酉邑令方日乾修。《內閣藏書目錄》「邑人陳實修」。	陳實德清縣志十卷【嘉靖乙酉修,邑人。】	同。
82	重修德清縣志,天啓間邑令敖榮繼聘邑人蔡奕琛等修。	蔡奕琛德清縣志【天啓間修,邑人。】	同。
83	武康縣志,弘治辛酉邑令易綱修,陳琳序。	易綱武康縣志【弘治辛酉修,邑令。】	同。
84	武康縣志八卷,嘉靖庚戌邑令程嗣功聘邑人駱文盛修。	駱文盛武康縣志八卷【嘉靖庚戌修,邑人。】	同。

〔註14〕原書在「陳碩湖州府志」上。
〔註15〕此條及下謝、董二條,原書在卷二百五十四「雜記」中,三目相連,順序同此。

85	安吉州志十六卷，嘉靖甲午邑令伍余福纂，湛若水序。	伍余福安吉州志十六卷【嘉靖甲午修，州守。】	同。
86	安吉州志八卷，陳良謨《序》、《內閣藏書目錄》「州守江一麟修」。	江一麟安吉州志八卷【嘉靖丁巳修，州守。】	同。
87	孝豐縣志六卷，《尤氏藝文志》「唐樞撰」。	唐樞孝豐縣志六卷	同。
88	孝豐縣志，嘉靖丁亥邑令郭治屬學諭陳表修，陸昆序。	陳表孝豐縣志【嘉靖丁亥修，教諭。】	同。
89	孝豐縣志二卷，萬曆壬寅，邑令黃朝選修。	黃朝選孝豐縣志二卷【萬曆壬寅修，邑令。】	同。
90	四明郡志十卷，《鄞縣志》「天順間，孝感張瓚守郡延楊寔修，成於成化四年」。	楊寔四明郡志十卷【成化四年修。】	同。
91	寧波簡要志七卷，《續文獻通考》「黃潤玉撰」。	黃潤玉寧波簡要志	後者無卷數。
92	寧波府志四十二卷，嘉靖庚申，郡守周希哲聘郡人張時徹修。	張時徹寧波府志四十二卷【嘉靖庚申修，鄞縣人，南大司馬。】	後者注釋稍詳。
93	四明志徵，《甬上耆舊詩》「戴鯨著」。	戴鯨四明志徵	同。
94	四明文獻，《（成化）四明郡志》「鄭真採摭鄉先生言行文辭萃為一編」。〔註16〕	鄭真四明文獻錄【字千之，別號滎陽外史，鄞縣人。】	注釋異。
95	四明文獻錄，《甬上耆舊詩》「黃潤玉著」。	黃潤玉四明文獻錄	同。
96	四明名賢記又四明文獻錄，《（嘉靖）寧波府志》「李孝謙著」。	李孝謙四明文獻錄	同。
97	四明文獻志，《兩浙名賢錄》「李堂著」。	李堂四明文獻志十卷	同。
98	甬東軼事，《甬上耆舊詩》「李埈著」。〔註17〕	李埈甬東軼事【字子起，鄞人，生而聾，十餘歲父卒，哭五日夜，水漿不入口，咽枯而啞，博通多識，陳繼儒與華亭瞽人唐汝詢稱為兩異人，並為之傳。】	注釋異。
99	鄞縣志，永樂間修，未刊。	鄞縣志【永樂間修，未刊。】	同。
100	慈谿志草 嘉靖間邑人周旋撰	周旋慈谿志【嘉靖間修，邑人。】	同。
101	慈谿縣志十六卷，天啓甲子，邑令李逢申延邑人姚宗文纂修。	姚宗文慈谿縣志十六卷【天啓甲子修，邑人。】	同。
102	奉化志，永樂庚子修，莫詳作者。	奉化志【永樂庚子修，莫詳作者。】	同。
103	奉化志，景泰甲戌，邑令陳闕聘邑人汪綸修。	汪綸奉化志【景泰甲戌修，邑人。】	同。

〔註16〕 此及下黃、李、李四條，原書在卷二百五十四「傳記」中。

〔註17〕 此條，原書在卷二百五十四「雜記」中。

104	奉化縣志十卷,弘治壬子,邑令徐紹先修。	徐紹先奉化志十卷【弘治壬子修,邑令。】	同。
105	奉化縣志,嘉靖壬辰,邑令錢璠聘邑人謝濰修。	謝濰奉化縣志【嘉靖壬辰修,邑人。】	著者名異。
106	奉化縣志十二卷,《聚樂堂藝文志》「倪復撰」。	倪復奉化縣志十二卷	同。
107	定海縣志十三卷,嘉靖癸亥,鄞人張時徹修,邑令何愈訂正。	張時徹定海縣志十二卷【嘉靖癸亥修,鄞人。】	同。
108	象山縣志,嘉靖丙辰,邑令毛德京聘布衣周茂伯修。	周茂伯象山縣志【嘉靖丙辰修,布衣。】	同。
109	象山縣志十五卷,《尤氏藝文志》「邵景堯撰」。	邵景堯象山縣志十五卷	同。
110	象山縣志十六卷,萬曆丙午,邑令吳學周聘雲間陸應暘修。	陸應暘象山縣志十六卷【萬曆丙午修。】	同。
111	昌國縣志五卷,正德改元,邑人陶恭遺稿。隆慶三年恭孫積纂附。	陶恭昌國縣志五卷【邑人,正德元年修,隆慶三年恭孫積纂附成書。】	同。
112	紹興府志四十二卷,弘治庚申,府訓導長洲戴冠著,未及刊。	戴冠紹興府志四十二卷【長洲人,府訓導,弘治庚申修。】	同。
113	紹興府志,《(萬曆)紹興府志》「嘉靖初年,知府南大吉修刻,止十二卷,未竟。首卷圖數十葉,凡境內勝蹟及水利險要皆具,或但以其圖行曰《紹興府縣圖》」。	南大吉紹興府志十二卷【嘉靖元年修。】	同。
114	越郡志略十卷,《(萬曆)紹興府志》「司馬相撰,未行。相,會稽人」。	司馬相越郡志略十卷【會稽人。】	同。
115	紹興府志五十卷,《內閣藏書目錄》「萬曆丙戌郡人張元忭、孫礦同修」。	張元忭孫礦紹興府志六十卷【萬曆丙戌修,郡人。】	同。
116	於越新編四十五卷,萬曆戊午,山陰諸萬里編。	諸萬里於越新編四十五卷【萬曆戊午修。】	同。
117	紹興紀略四卷,《(萬曆)紹興府志》「山陰陸夢斗撰。其書用韻語分門,紀事微似賦而文稍近俚,其自敘亦稱附於王龜齡之三賦,自為注甚詳博」。〔註18〕	陸夢斗紹興紀略四卷【山陰舉人,建寧府通判。】〔註19〕	注釋同《明史·藝文志稿》。
		唐之淳會稽懷古詩二卷(盧補)	
118	會稽三賦注三卷,明渭南南逢吉注,上虞尹壇補注。	南逢吉注釋會稽三賦三卷	同。
119	山陰縣志十二卷,《(萬曆)紹興府志》「向有修者未成。嘉靖十七年,許東望除山陰知縣,踰三年乃輯邑志。時張天復、	張天復柳文山陰志十二卷	同。

〔註18〕 此條及下條在卷二百五十四《經籍·兩浙志乘下·雜記》中。
〔註19〕 《明史·藝文志稿》著錄「陸夢斗紹興紀略四卷,山陰舉人,建寧府通判」。

－133－

	柳文方有名於諸生間，許即以志屬之，而聘耆儒傅易參校焉。隆慶改元，天復以江西左參政家居。值楊令君家相續縣志，公再執筆，增入近事甚多，獨列傳循故俟論定也。時傳已久歿，柳方仕於外，公專其事然，今刻本猶稱張天復、柳文纂，傅易校，以二公昔日嘗同事也」。		
		楊家相山陰縣志【嘉靖癸卯修，令。】（吳補）	
120	會稽志十六卷，《（萬曆）紹興府志》「嘉靖中無錫華舜欽為知縣，嘗屬金階、馬堯相輯之，未成。後南充張鎰來，屬餘姚岑原道為之，又未成。隆慶初，祥符楊節復經紀其事，會以召行，而丹徒楊維新繼之。時張元忭子蓋適請告家居，遂以志屬子蓋。子蓋又薦徐渭，使專編摩，而子蓋相釐焉。時岑稿已不復存，惟求得馬氏本，加之十七潤色。其山川大約本郡舊志，文辭爾雅可觀，而戶書徭役特詳覈，為邑志最。人物傳獨出子蓋乎，人服其公」。	張元忭會稽志十六卷【隆慶乙亥修，邑人，狀元。】	前者注釋詳。
121	蕭山縣志，永樂壬寅，邑令張崇與訓導祝以中，邑人樓觀、戴汝東、張子俊修。	張崇蕭山縣志【永樂壬寅修，邑令。】	同。
122	蕭山縣志，宣德丁未，邑令吳汝方與教諭陳顏仍重修。	吳汝方蕭山縣志【宣德丁未修，邑令。】	同。
123	蕭山縣志，弘治戊申，邑丞何銀聘邑人黃萃、朱珙修。	何銀蕭山縣志【弘治戊申修，邑丞。】	同。
124	蕭山縣志，正德丁卯，邑令朱居正與邑人黃懿、丁洪、朱孔毓編集是書，屬田公惟祜訂本，分屬張燭、錢穀纂成。田公領鄉薦時即有郡志，私本弘治間志取裁焉。後三十餘年，惟祜致仕家居，復出訂本乃成。	田惟祜蕭山縣志	同。
125	蕭山縣志六卷，《（萬曆）紹興府志》「嘉靖二十二年，漳南林策為知縣時，張刑部燭所撰。三十六年，襄陽魏堂續增之。不知出何人筆，而藩相黃九皋為之序」。	魏堂續蕭山縣志六卷【嘉靖丁巳修。】	同。
126	蕭山縣志六卷，萬曆己丑，邑令劉會聘邑人戴文明、蔡大績、張諒修，羅萬化序。	劉會蕭山縣志六卷【萬曆己丑修，邑令。】	同。
127	蕭山縣志補遺，邑人翁文本道著。	翁文蕭山縣志補遺【字本道，邑人。】	同。
128	蕭山縣志，萬曆時教諭王學孝著。天啓時教諭張汝醇修，邑人何汝尹梓。	王學孝蕭山縣志【萬曆間修，教諭。】	同。

		張汝醇蕭山縣志【天啓間修，教諭。】	同。
129	諸暨縣志，景泰癸酉，邑人駱象賢修。	駱象賢諸暨縣志【景泰癸酉修，邑人。】	同。
130	諸暨縣志，正德庚辰，邑令彭瑩修。	彭瑩諸暨縣志【正德庚辰修，邑令。】	同。
131	諸暨縣志，嘉靖甲申，邑令朱廷立修。	朱廷立諸暨縣志【嘉靖甲申修，邑令。】	同。
132	諸暨縣志八卷，嘉靖乙巳，邑令徐履祥修。	徐履祥諸暨縣志八卷【嘉靖乙巳修，邑令。】	同。
133	諸暨縣志二十卷，《(萬曆)紹興府志》「隆慶六年，邑人駱問禮撰」。	駱問禮諸暨縣志二十卷【隆慶壬申修，邑人。】	同。
134	餘姚志十七卷，《(萬曆)紹興府志》「邑人楊撫、岑原道、胡膏纂。三公雖同領邑志，然多出原道之手。今志中稱余者，多原道語。而楊《序》亦云考索編纂之功，岑居多焉。其爲志頗有史法，能茇刈蕪穢。中獨缺田賦額數，蓋俟核正後填入，竟因循也。顧邑人多不滿之，咸謂其多誣，云志事起於知縣顧存仁，成於通判葉金，嘉靖二十一年知縣阮朝策至刻之」。	楊撫岑原道胡膏餘姚志十七卷【嘉靖乙未修，邑人。】	同。
135	上虞志十二卷，郭南《上虞縣志序》「永樂戊戌，邑民袁鏵編稿，其兄鉉匯成」。	袁鋒上虞志十二卷【永樂戊戌修，兄鉉匯成。】	同。
136	上虞縣志十二卷，徐待聘《上虞縣志序》「正統辛酉，郭南私纂」。	郭南上虞縣志十二卷【正統辛酉私纂修。】	同。
137	上虞縣志十二卷，萬曆癸未，貳守樂頌聘陳絳及葛楠纂修。	陳絳葛楠上虞縣志十二卷【萬曆癸未修。】	同。
138	上虞縣志二十卷，萬曆丙午，邑令徐待聘當湖馬明瑞，邑人葛曉、車任遠修。	徐待聘上虞縣志二十卷【萬曆丙午修，邑令。】	同。
139	嵊縣志，成化甲午，縣令許岳英聘邑人錢悌修。	錢悌嵊縣志【成化甲午修，邑人。】	同。
140	嵊縣志十卷，弘治辛酉，縣令陳恂屬邑人周山、夏雷等修。	周山夏雷嵊縣志十卷【弘治辛酉修，邑人。】	同。
141	嵊縣志十三卷，《內閣藏書目錄》「萬曆戊子邑人周汝登纂修」。	周汝登嵊縣志十三卷【萬曆戊子修，邑人。】	同。
142	新昌志十六卷，成化丁酉，邑令李楫屬訓導莫旦纂。	莫旦新昌縣志十六卷【成化丁酉修，訓導。】	同。
143	新昌縣志十三卷，《(萬曆)紹興府志》「萬曆七年知縣田管重修，諸生探訪者三十六人，而張元益、呂繼儒相詮次焉。呂尙書爲總裁，人物傳大抵出呂手，蔚然成一家言」。	呂光洵新昌縣志十三卷【萬曆己卯修，邑人。】	呂尙書即呂光洵，同。

144	赤城會通紀二十卷，《兩浙名賢錄》「王啓著」。	王啓赤城會通記二十卷	同。
145	三台文獻志二十三卷，《黃氏書目》「李漸著」。〔註20〕	李漸三台文獻志二十三卷	同。
146	赤城新志二十三卷，弘治丁巳，郡守陳相聘郡人謝鐸修，	謝鐸赤城新志二十三卷【弘治丁巳修，郡人，國子祭酒。】	同。
147	臨海縣志，《分省人物考》「金賁亨著」，《內閣藏書目錄》「嘉靖己亥邑人余寬等修」。	金賁亨臨海縣志	同。
		余寬臨海縣志【嘉靖己亥修，邑人。】	同。
148	臨海縣志二十六卷，《尤氏藝文志》「應大猷著」。	應大猷臨海縣志二十六卷	同。
149	黃岩縣志七卷，《內閣藏書目錄》「萬曆己卯，邑令袁應祺修」。	袁應祺黃岩縣志七卷【萬曆己卯修，邑令。】	同。
150	天台縣志，趙予祿《續修天台縣志序》「國初有曹宜約《縣志》，宣德間有杜寧《志稿》」。	曹宜約天台縣志【洪武間修。】	同。
		杜寧天台縣志【宣德間修。】	同。
151	天台縣志，正德辛巳，邑令劉俸延諸生陳紱、陳壽嵩、陳木修，范吉序。	劉俸天台縣志【正德辛巳修，邑令。】	同。
152	天台要略八卷，《分省人物考》「范理著」。〔註21〕	范理天台要略八卷	同。
153	天台縣志十二卷，萬曆庚子，邑令張弘代同教諭趙予祿，邑人俞謫等修，兵備彭夢祖序。	張弘代天台縣志十二卷【萬曆庚子修，邑令。】	同。
154	天台縣志，萬曆乙卯邑令胡來聘續修。	胡來聘天台縣志十二卷【萬曆乙卯修，邑令。】	同。
155	寧海縣志，《（萬曆）寧海縣志》「張輔編，未及脫稿」。	張輔寧海縣志【未脫稿。】	同。
156	寧海縣志，秦鳴雷《寧海縣志序》「正德初邑令戴顯修，本張輔所刪定。地輿、風俗、人才、土產、紀載粗具」。	戴顯寧海縣志【正德初修，邑令。】	同。
157	寧海縣志十卷，《內閣藏書目錄》「萬曆壬辰邑令曹學程修」。	曹學程寧海縣志十卷【萬曆壬辰修，邑令。】	同。
158	寧海縣志十二卷，崇禎壬申邑令宋奎光續修。	宋奎光寧海縣志十二卷【崇禎壬辰修，邑令。】	同。
159	土風志，《赤城新志》「寧海胡融著」。	胡融土風志【寧海人。】	同。
160	仙居縣志十六卷，萬曆己酉邑令顧震宇修，邑人應存卓序。	顧震宇仙居縣志十六卷【萬曆己酉修，邑令。】	同。

〔註20〕此條在卷二百五十四《經籍・兩浙志乘下・傳記》中。

〔註21〕此條在卷二百五十四《經籍・兩浙志乘下・雜記》中。

161	仙居縣志，崇禎四年邑令蕭鳴盛修，未梓。	蕭鳴盛仙居縣志【崇禎四年修，邑令。】	同。
162	太平縣草志，葉良佩《太平縣志序》「前博士黃縉輯，文義蕪莠而事可採」。	黃縉太平縣草志	同。
163	太平縣志，嘉靖庚子邑令曾才漢聘邑人葉良佩修。	葉良佩太平縣志【嘉靖庚子修，邑人。】	同。
164	金華府志二十卷，成化庚子郡守周宗智修，淳安商輅序。	周宗智金華府志二十卷【成化庚子修，郡守。】	同。
165	金華府志三十卷，萬曆戊寅郡守王懋德聘郡人陸鳳儀修，王世貞序。	陸鳳儀金華府志三十卷【萬曆戊寅修，郡人。】	同。
166	金華雜記一卷，明鄭東白著。〔註22〕	鄭東白金華雜記一卷	同。
167	金華雜識四卷，《尤氏藝文志》「楊德周著」。	楊德周金華雜識四卷【鄞縣人，知州。】	同。
168	金華縣志四卷，《內閣藏書目錄》「嘉靖庚子邑人戚雄修」。	戚雄金華縣志四卷【嘉靖庚子修，邑人。】	同。
169	金華縣新志十卷，萬曆戊戌邑人胡頌修。	胡頌金華縣新志十卷【萬曆戊戌修，邑人。】	同。
170	蘭溪縣志五卷，弘治癸丑邑令王倬延邑人章懋、鄭錡同修，正德戊辰邑令許完重訂。	章懋鄭錡蘭溪縣志五卷【弘治癸丑修，邑人。】	同。
171	蘭溪縣志九卷，萬曆乙巳邑令程子鏊修。	程子鏊蘭溪縣志九卷【萬曆乙巳修，邑令。】	同。
172	東陽縣志九卷，成化癸卯邑令繆樗修。	繆樗東陽縣志九卷【成化癸卯修，邑令。】	同。
173	東陽縣志九卷，隆慶壬申邑令鄭準修。	鄭準東陽縣志九卷【隆慶壬申修，邑令。】	同。
174	東陽私志，《黃氏書目》「金華錢奎撰，趙寬序」。	錢奎東陽私志【金華人，趙寬為序。】	同。
175	東陽聞記，明李有則撰。〔註23〕	李有則東陽聞記	同。
176	義烏縣志十四卷，正統乙丑邑令劉伯詢續修，邑人朱肇序。	劉伯詢義烏縣志十四卷【正統乙丑修，邑令。】	同。
177	義烏縣志，《內閣藏書目錄》「隆慶壬申教諭鄭茂林等修」。	鄭茂林義烏縣志【隆慶壬申修，教諭。】	同。
178	義烏縣志二十卷，萬曆丙申邑令周士英修。	周士英義烏縣志二十卷【萬曆丙申修，邑令。】	同。
179	義烏縣志二十卷，崇禎庚辰邑令熊人霖修。	熊人霖義烏縣志二十卷【崇禎庚辰修，邑令。】	同。

〔註22〕 此條及下一條皆在卷二百五十四《經籍・兩浙志乘下・雜記》中。
〔註23〕 此條在卷二百五十四《經籍・兩浙志乘下・雜記》中，上接「楊德周」。

180	永康縣志，成化間訓導分宜歐陽汶泰和尹士達修。	歐陽汶尹士達永康縣志【成化間修。】	同。
181	永康縣志八卷，正德甲戌邑令吳宣濟屬邑人陳泗等修。越七年，邑令胡楷鋟梓，永嘉葉式序。	陳泗永康縣志八卷【正德甲戌修，邑人。】	同。
182	永康縣志，嘉靖間邑令洪垣修。	洪垣永康縣志【嘉靖間修。】	同。
		吳安國永康縣志【萬曆辛巳修，令。】（吳補）	
183	永康縣志十卷，邑人應廷育撰，萬曆辛巳邑令吳安國校閱。	應廷育永康縣志十卷	同。
184	武義縣志五卷，正德庚辰縣丞林有年延蘭溪董遵修，上虞潘府序。	董遵武義縣志五卷【正德庚辰修，蘭溪人。】	同。
185	武義縣志，嘉靖癸未邑令黃春修。	黃春武義縣志【嘉靖癸未修，邑令。】	同。
186	武義縣志，嘉靖甲申邑令熊秋芳重修。	熊秋芳武義縣志【嘉靖甲申修，邑令。】	同。
187	武義縣志八卷，萬曆庚寅邑令陳大烈屬教諭陳堯言修，鄭汝璧序。	陳堯言武義縣志八卷【萬曆庚寅修，教諭。】	同。
188	武義縣志十卷，萬曆己酉邑令張國棠修。	張國震武義縣志十卷【萬曆己酉修，邑令。】	同。
189	浦江志略八卷，嘉靖丙戌邑令毛鳳韶修，二尹王庭蘭刊。	毛鳳韶浦江志略八卷【嘉靖丙戌修，邑令，麻城人。】	同。
190	浦江縣志十卷，萬曆庚寅貳府攝縣事周尚禮修，遂安司訓蔣大祿校編，庚戌邑令吳良悌刻，邑人倪尚忠序。	周尚禮浦江縣志十卷【萬曆庚寅修，二府攝縣事。】	同。
191	浦江縣志，萬曆戊午邑令黎弘道重修，李長庚序。	黎弘道浦江縣志【萬曆戊午修，邑令。】	同。
192	浦江縣志，崇禎丁丑邑令吳應臺重修，黃景昉序。	吳應臺浦江縣志【崇禎丁丑修，邑令。】	同。
193	湯溪縣志，成化十年邑令宋約修，四明豐慶序。《內閣藏書目錄》「開化儒士金弘訓修」。	宋約湯溪縣志【成化十年修，邑令。】	同。
		金弘訓湯溪縣志【開化儒士，成化間修。】	同。
194	湯溪縣志八卷，萬曆癸卯邑令汪文璧修，溫陵洪啓睿序。	汪文璧湯溪縣志八卷【萬曆癸卯修，邑令。】	同。
195	金華文獻錄，《分省人物考》章品著。〔註24〕	童品金華文獻錄	同。
196	衢州府志十五卷，弘治癸亥郡守沈傑屬教諭開化吾㫮、西安吳夔修，吳寬序。	吾㝷吳夔衢州府志十四卷【弘治癸亥修。】	同。

〔註24〕此條在卷二百五十四《經籍‧兩浙志乘下‧傳記》中。

197	衢州府志，嘉靖間郡守楊準聘邑人趙鎧修。	趙鎧衢州府志【嘉靖間修。】	同。
		鄭伯興衢州府志【嘉靖間修，令。】（吳補）	
198	衢州府志十六卷，天啓壬戌郡守林應期聘郡人葉秉敬修，崇禎癸酉復修。	葉秉敬衢州府志十六卷【天啓壬戌修，郡人。】	同。
199	龍游縣志十卷，天順間邑令王瓚修。	王瓚龍游縣志十卷【天順間修，邑令。】	同。
200	龍游縣志十四卷，弘治戊午邑令袁文紀修。	袁文紀龍游縣志十四卷【弘治戊午修，邑令。】	同。
201	龍游縣志十卷，萬曆丙子邑令涂傑延邑人余湘、童佩修。	余湘、童佩龍游縣志十卷【萬曆丙子修，邑人。】	同。
202	常山縣志，成化丁亥邑令李溥聘邑人樊瑩修。	樊瑩常山縣志【成化丁亥修，邑人。】	同。
203	常山縣志十五卷，萬曆乙酉邑令傅良言聘邑人詹萊修。	詹萊常山縣志十五卷【萬曆乙酉修，邑人。】	同。
204	江山縣志十卷，正德庚辰邑令吳仲聘邑人徐文溥修。	徐文溥江山縣志十卷【正德庚辰修，邑人。】	同。
205	江山縣志，嘉靖甲辰邑令黃綸修。	黃綸江山縣志【嘉靖甲辰修，邑令。】	同。
206	江山縣志十卷，天啓癸亥邑令張鳳翼聘邑人徐日葵修，蔣德璟序。	徐日葵江山縣志十卷【天啓癸亥修，邑人。】	同。
207	開化縣志十卷，弘治乙卯邑人方泌編，邑令程倫刊行。	方泌開化縣志十卷【弘治乙卯修，邑人。】	同。
208	開化縣志十卷，萬曆戊子邑令江應望主修，教授余文浙、邑人徐公軾等修。	汪應望開化縣志十卷【萬曆戊子修，邑令。】	同。
209	開化縣志十卷，萬曆辛丑邑令湛士觀補修，邑人徐公敬等輯。	徐公敬開化縣志十卷【萬曆辛丑修，邑人。】	同。
210	開化縣志十卷，崇禎辛未邑令朱朝藩修，邑人汪慶百等輯。	汪慶伯開化縣志十卷【崇禎辛未修，邑人。】	同。
211	嚴州府志，景泰癸酉郡守錢禮修。	錢禮嚴州府志【景泰癸酉修，郡守。】	同。
212	嚴陵志二十二卷，弘治癸丑郡守李德恢修，胡拱辰序。	李德恢嚴州府志二十三卷【弘治癸丑修，郡守。】	同。
213	嚴州府志二十四卷，萬曆戊寅郡守楊守仁主修，郡人徐楚纂輯。	徐楚嚴州府志二十四卷【萬曆戊寅修，郡人。】	同。
214	嚴州府志二十四卷，萬曆癸丑郡守呂昌期續修，建德俞炳然彙集。	俞炳然嚴州府志二十四卷【萬曆癸丑修，建德人。】	同。
215	淳安縣志，成化丙申邑令汪貴延邑人吳福修。	吳福淳安縣志【成化丙申修，邑人。】	同。

216	淳安縣志，嘉靖甲申邑令姚鳴鸞暨教諭余坤、訓導黃講修，王子言序。	姚鳴鸞淳安縣志【嘉靖甲申修，邑令。】	同。
217	淳安縣志，萬曆戊戌邑令吳天洪屬教諭陳三槐等修。	陳三槐淳安縣志【萬曆戊戌修，教諭。】	同。
218	桐廬縣志，萬曆丁丑邑令李紹賢修。	李紹賢桐廬縣志【萬曆丁丑修，邑令。】	同。
219	桐廬縣志四卷，萬曆乙酉邑令楊束延邑人羅昌齡等修。	羅昌齡桐廬縣志【萬曆乙酉修，邑令。】	同。
220	遂安縣志，成化丁酉邑令朱福聘邑人陸希和、俞謐修。	陸希和俞謐遂安縣志【成化丁酉修，邑人。】	同。
221	遂安縣志十卷，嘉靖戊午邑令朱木聘邑人余乾亨、余乾貞修，萬曆丙子邑令吳撝謙續成，詹理序。	俞乾亨俞乾貞遂安縣志十卷【嘉靖戊午修，邑人。】	同。
222	遂安縣志四卷，萬曆壬子邑令韓晟聘邑人毛一鷺纂修，毛一公序。	毛一鷺遂安縣志四卷【萬曆壬子修，邑人。】	同。
223	壽昌縣志十二卷，嘉靖辛酉邑令李思悅延邑人洪一鼇修。	洪一鼇壽昌縣志十二卷【嘉靖辛酉修，邑人。】	同。
224	壽昌縣志十二卷，萬曆甲申教諭李世芳修。	李世芳壽昌縣志十二卷【萬曆甲申修，教諭。】	同。
225	分水縣志十二卷，《內閣藏書目錄》「萬曆丁丑邑令方夢龍修」。	方夢龍分水縣志十二卷【萬曆丁丑修，邑令。】	同。
226	溫州府圖志，洪武十一年郡守任敬屬府學教授徐宗起、永嘉縣學訓導張昇採摭續補。	任敬溫州府圖志【洪武十一年修，郡守。】	同。
227	溫州府志二十二卷，弘治癸亥郡人王瓚修。	王瓚溫州府志二十二卷【弘治癸亥修，永嘉人。】	同。
228	溫州府志十八卷，萬曆乙巳右布政前知府事丹陽湯日昭總修，黃岡陳大奎、吳縣余承蘭、郡人王光蘊、王繼明纂修。	湯日昭溫州府志十八卷【萬曆乙巳修，郡守。】	同。
229	溫州府志八卷，《聚樂堂藝文志》「張孚敬撰」。	張孚敬溫州府志八卷	同。
230	甌東私錄六卷，《尤氏藝文志》「項喬著」〔註25〕。	項喬甌東私錄六卷	同。
231	永嘉縣志十卷，《分省人物考》「王叔果著」。	王叔果永嘉縣志十卷	同。
232	樂清縣志七卷，《內閣藏書目錄》「隆慶壬申邑令胡用賓修」。	胡用賓樂清縣志七卷【隆慶壬申修，邑令。】	同。
233	平陽縣志，弘治間修，不知作者。	平陽縣志【弘治間修，不知作者。】	同。

〔註25〕 此條在卷二百五十四《經籍・兩浙志乘下・雜記》中。

234	平陽縣志八卷，隆慶辛未邑令朱東光聘邑人侯一元修，萬曆庚寅邑令萬民華補。	侯一元平陽縣志八卷【隆慶辛未修，邑人。】	同。
235	瑞安縣志，永樂乙未修，不知作者。	瑞安縣志【永樂乙未修，不知作者。】	同。
236	瑞安縣志，嘉靖乙卯邑令劉畿延邑諸生朱綽等修。	劉畿瑞安縣志【嘉靖乙卯修，邑令。】	同。
237	瑞安縣志備遺上下卷，萬曆乙亥邑令周悠延邑人秦激續修，人物不立傳。	秦激瑞安縣志備遺二卷【萬曆乙亥修，邑人。】	同。
238	泰順縣志八卷，《內閣藏書目錄》「萬曆癸酉邑令王克家延樂清侯一元、侯一麟修」。	侯一元侯一麟泰順縣志八卷【萬曆癸酉修。】	同。
239	泰順縣志八卷，崇禎癸酉邑令涂鼎鼐延邑人包大方、周克俊等修。	包大方周克俊泰順縣志八卷【崇禎癸酉修，邑人。】	同。
240	瑞安文獻拾存，《瑞安縣志》「明鮑武撰」。〔註26〕	鮑武瑞安文獻拾存	同。
241	郡志補遺，《括蒼匯紀》「明鄭宣著」。	鄭宣括蒼郡志補遺	同。
242	括蒼志補遺四卷，《黃氏書目》「樓公璩撰」。	樓公璩括蒼志補遺四卷	同。
243	括蒼景物志，《括蒼匯紀》「明陳孝積著」。〔註27〕	陳孝積括蒼景物志	同。
244	處州志，何鏜《括蒼匯紀序》「成化壬寅郡侯肥鄉郭君令訓導劉宣編探，刊庋郡齋」。	劉宣處州志【成化壬寅修，訓導。】	同。
245	括蒼匯紀十五卷，萬曆己卯郡守熊子臣監修，郡人何鏜總修。	何鏜括蒼匯紀十五卷【萬曆己卯修，郡人。】	同。
246	續處州府志八卷，萬曆癸卯郡守許國忠監修，郡人羅陽、葉志淑總修。	葉志淑續處州府志八卷【萬曆癸卯修，郡人。】	同。
247	處州府志十八卷，崇禎乙亥郡守朱葵聘郡人王一中修。	王一中處州府志十八卷【崇禎乙亥修，郡人。】	同。
248	青田縣志四卷，成化間邑令單瑛聘邑人葉仕寧修。	葉仕寧青田縣志四卷【成化間修，邑人。】	同。
249	青田縣志四卷，嘉靖甲寅邑令李楷聘邑人陳中州修。	陳中州青田縣志【嘉靖甲寅修，邑人。】	同。
250	縉雲縣志，《內閣藏書目錄》「萬曆戊寅邑令黃季茂修」。	黃李茂縉雲縣志【萬曆戊寅修，邑令。】	同。
251	松陽縣志，隆慶間修，不知作者。	松陽縣志【隆慶間修，不知作者。】	同。
252	遂昌縣志，《內閣藏書目錄》「隆慶戊辰邑令池浴德修」。	池浴德遂昌縣志【隆慶戊辰修，邑令。】	同。

〔註26〕 此條在卷二百五十四《經籍・兩浙志乘下・傳記》中。
〔註27〕 此條在卷二百五十四《經籍・兩浙志乘下・雜記》中。

253	遂昌縣續志，邑人丹山翁學淵撰。	翁學淵遂昌縣續志【邑人。】	同。
254	遂昌縣志，崇禎壬午邑令許啓洪延邑人許九綸等修。	許九綸遂昌縣志【崇禎壬午修，邑人。】	同。
255	龍泉縣志二十卷，不詳時代。《尤氏藝文志》「葉溥撰」。	葉溥龍泉縣志二十卷	同。
256	慶元縣志，萬曆丙子邑令沈維龍修。	沈維龍慶元縣志【萬曆丙子修，邑令。】	同。
257	慶元縣志，萬曆戊午邑令汪獻忠修。	汪獻忠慶元縣志【萬曆戊午修，邑令。】	同。
258	慶元縣志，崇禎壬午邑令楊芝瑞修。	楊芝瑞慶元縣志【崇禎壬午修，邑令。】	同。
259	雲和縣志五卷，嘉靖乙酉邑令胡希銓修，教諭汪屺編。	汪屺雲和縣志五卷【嘉靖乙酉修，教諭。】	同。
260	宣平縣志，《內閣藏書目錄》「嘉靖丙午邑人鄭禧修」。	鄭禧宣平縣志【嘉靖丙午修，邑人。】	同。
261	景寧縣志，嘉靖丁亥邑令程達修。	程達景寧縣志【嘉靖丁亥修，邑令。】	同。
262	景寧縣志，萬曆癸未邑令姜師閔主修，《內閣藏書目錄》「教諭賴汝霖修」。	賴汝霖景寧縣志六卷【萬曆癸未修，教諭。】	同。

通過上表中諸條目的比對，我們可以肯定，二書之間的關係非常微妙。由於《（雍正）浙江通志》成於眾人之手，存在著疏略僞舛之處，「兩浙志乘」中著錄的這二百三十八個條目在所難免，爲了明晰《（雍正）浙江通志》與《千頃堂書目》之間的關係，筆者對這些條目加以考訂如下：

第 12、13 條〔註28〕，《（雍正）浙江通志》一據《內閣藏書目錄》著錄，注云：「嘉靖丁巳（1557）邑令蔡完修」；又據《黃氏書目》著錄董穀纂《海寧志》一部。嘉靖《海寧縣志》九卷，又圖一卷，附錄一卷，明刊本今存。又有通行本，爲光緒二十四年（1898）重刊。書首有邑令麻城蔡完自序，末有教渝東吳張志序。蔡序中有「移書山中，招碧里子者來與諸賢同事」語。「碧里子」即董穀的別號。董穀字碩商，海寧人，法子，正德十一年（1516）舉人。張序亦云「博雅董公裁定之」。可見嘉靖《海寧縣志》係蔡完修，董穀纂。兩者實爲一書。

第 17 條，《海寧衛乘》十卷，明宋士英纂，《千頃堂書目》誤抄作「來士英」。《海寧衛志》無卷數，明海鹽王文祿纂。《（雍正）浙江通志》著錄此二書，誤列於杭州府海寧縣，未深考明代的海寧衛不屬海寧而在紹興府海鹽縣。

〔註28〕此依原表中的序號進行考訂。

光緒《嘉興府志》卷六《公署門》引萬曆《海鹽縣近志》云：「海鹽縣治在城東北隅，洪武十七年（1384）改爲海寧衛。」又卷三十一《武備門》載云：「明正軍有二：曰嘉興守禦千戶所；曰海寧衛。海寧衛設於海鹽，以海鹽爲海防要地故也。」上列二書，應移列弘治《海鹽縣志》條之前。

第 25 條，汪奕於潛縣志五卷，《(雍正)浙江通志》注爲「嘉靖庚子修」，汪奕字石川，歙縣人。由選貢知於潛縣。《(乾隆)杭州府志》記載汪奕於嘉靖二十五年（1546）到任，修志當在其後，《(雍正)浙江通志》作庚子（1540年）修，誤。

第 28 條，《(雍正)浙江通志》注云：「係嘉靖壬辰邑令聶瑩重修」，末著卷數。嘉靖年間，新城縣修了兩次縣志，一次是嘉靖八年（1529），知縣寧國袁澤修，鄞縣洪貫纂，僅閱月告成，事多簡略。嘉靖二十三年甲辰（1544），知縣聶瑩主持修志，由新城人方樁主纂，凡六卷。萬曆《新城縣志》方廉序和康熙《新城縣志》袁英序，都說聶瑩是在嘉靖甲辰（嘉靖二十三年）重修縣志。《(雍正)浙江通志》作嘉靖壬辰（嘉靖十一年），「壬辰」是「甲辰」之誤。聶瑩是嘉靖十八年署新城縣令，本志吳鼎、徐江山的序文中，都說他到任後五年，重修邑志。

第 29 條，《(雍正)浙江通志》注云：「萬曆乙亥邑令溫朝祚聘吳中周天球修，方廉序。」此書知縣益陽溫朝祚修，新城方廉纂。修志時間爲萬曆三年（1575），四年（1576）刊行，刊本今存。根據溫朝祚《萬曆新城縣志序》：「萬曆甲戌朝祚授令新城，……鄉少司空雙江方公曰：『邑自明興以來凡修志者三矣。然或華而寡，要略而遺實，未可以觀也。』……我司空於暇之日捃摭遺軌，搜漁逸典，閱數月而志草具。又以虛受人商於所知名士周君天球，而後出示余。」此書出方廉手，而受商於周天球者。《(雍正)浙江通志》題「周天球修」，是失實的。

第 34 條，《(雍正)浙江通志》注云：「正德壬申郡守於鳳哨修，郡人鄒衡編集。」本志修於正德元年（1506），原刊本今存。《四庫全書》根據浙江巡撫採進本存目。《四庫全書總目》提要說：「衡取宋、元諸志，增所未備。其已見於柳志（即弘治五年知府儀眞柳琰修的三十二卷本《嘉興府志》）者不錄，故謂之志補。書成於正德元年。」鄒衡自序云：「暇時覽宋、元志及《大明一統志》，於吾郡中七邑有遺失者，倍而補之。若名宦，若貞節，若孝行，論定而後有可爲人師法者；有陵墓、學校、寺觀、橋樑、碑碣、文章所未載

者，仍分上中下三峽，成十二冊」，末署正德元年丙寅。《（雍正）浙江通志》作正德壬申（七年）修，實誤。

第 51 條，《（雍正）浙江通志》注云：「嘉靖庚寅邑令夏濬聘邑人徐泰修。」據光緒《海鹽縣志》職官表及名宦本傳，夏濬於嘉靖九年（1530）到任，越三年乃修是志。徐泰序云：「嘉靖壬辰（1532）秋月，夏侯乃降謀及泰。侯援政三載，百廢具舉。茲復有事，是事機也。顧泰才薄衰病，懼勿卒事，然初志也。乃薈萃歷代地態圖經，並古今諸名家文集，鉅細翻閱，參互考證，越兩月成書。」又錢琦後序云：「吾邑侯夏月川援政逾三載，興起廢墜，萬度惟新，首簡徐豐崖先生作五志：曰地輿、曰職官、曰人物、曰選舉、曰雜志。」夏濬自序亦作於嘉靖壬辰冬十二月。此書當修於嘉靖十一年壬辰，《（雍正）浙江通志》失考，誤作嘉靖九年庚寅。

第 53 條，《（雍正）浙江通志》注為：「天啓壬戌邑令樊維城聘邑人胡震亨、姚士粦等修」，《千頃堂書目》則認為是樊維城所修，著錄為「樊維城海鹽縣圖經十六卷，天啓壬戌修，邑令」。考《四庫全書總目》提要為「明胡震亨撰……蓋與姚士粦參修而成，然不署士粦之名，僅見卷首樊維城序中」，此書實際乃胡震亨與姚士粦同修，僅署胡震亨之名。

第 74 條，歸安縣志，《（雍正）浙江通志》據《內閣藏書目錄》著錄，注云：邑人劉塾修。未著卷數。同治《湖州府志》卷六十三「名宦錄」云，劉塾字汝學，號梧岡，江西鄱陽人，進士，嘉靖十年（1531）知歸安縣。《（雍正）浙江通志》誤作歸安人。

第 75 條，劉巽長興志，《（雍正）浙江通志》注為「洪武初，邑人劉巽修」，《千頃堂書目》誤作劉吳。

第 81 條，陳實德清縣志十卷【嘉靖乙酉修，邑人。】《（雍正）浙江通志》注云：「德清縣志十卷，嘉靖乙酉邑令方日乾修。」又引《內閣藏書目錄》云，邑人陳實修。核《內閣藏書目錄》，原目為「德清縣志三冊，全。嘉靖乙酉邑人陳霆修」，洪煥椿在《（雍正）浙江通志兩浙志乘訂誤》中有考證云：「本志為嘉靖四年（1525）知縣福清方日乾修，邑人陳霆纂。上海市文管會庋藏本志二冊。康熙《德清縣志》蔡啓僔序云：『德清志沿始於宋，散佚有年。迄明嘉靖，方公日乾同里大夫之賢者特勤，編輯則陳水南先生實主之。』水南為陳霆之號，其事蹟略見於同治《湖州府志》卷七十五文學傳。」《（雍正）浙江通志》誤題「陳實」修，《千頃堂書目》沿誤。

第 100 條，周旋慈谿志，《(雍正)浙江通志》注爲「嘉靖間修」，誤。周旋，字克敬，成化丁未進士，歿於正德十四年（1519），張邦奇《張邦奇集‧靡悔軒集》卷八《明故廣東布政司右參議進階朝議大夫周公墓誌銘》云「公生天順庚午秋八月某日，卒正德己卯冬十月某日，享年七十」。其卒在嘉靖之前，則志所注「嘉靖間修」誤。

第 103 條，奉化志，《(雍正)浙江通志》注云：「景泰甲戌邑令陳關聘邑人汪綸修。」此書知縣核州陳關修於景泰六年（1455），奉化汪綸纂稿成未刊，今不傳。《(雍正)寧波府志》卷十六《秩官上》載，陳關於景泰六年到任。則《(雍正)浙江通志》作景泰五年甲戌修，誤。

第 105 條，謝灘應爲謝灘，字禹川，號瑞峰，奉化鄉西溪人。嘉靖十九年領順天鄉薦。二十六年選鳳陽令，三十一年遷鈞州守。有《徵寓錄》暨嘉靖間邑志。《千頃堂書目》著錄作謝灘，亦誤。

第 110 條，象山縣志十六卷，《(雍正)浙江通志》注云：「萬曆丙午邑令吳學哲聘雲間陸應暘修。」本志乃萬曆三十四年丙午（1606）知縣崇仁周學哲修，雲間陸應暘、象山左渝德、邵景堯同纂，國家圖書館殘存原刊本六卷。周學哲於萬曆三十四年任象山知縣，雍正《寧波府志》卷十六官秩上及卷十八名宦傳所載並同。《(雍正)浙江通志》誤作「吳學哲」，《(雍正)浙江通志》除著錄本志外，又著錄邵景堯纂《象山縣志》十五卷。邵纂的《象山縣志》，就是萬曆周學哲主修的縣志，一書誤作兩書。

第 122 條，吳汝方蕭山縣志，《(雍正)浙江通志》注爲「宣德丁未修，邑丞」。知縣樂安吳汝芳修的《蕭山縣志》，修於宣德三年（1428）。吳汝芳自序云：「宰蕭后二年，偕邑庠教諭陳顏仍重加考訂錄梓。」序末署宣德三年戊申。《宣德縣志》是根據永樂張崇修的未刊稿重訂的，《(雍正)浙江通志》作宣德二年丁未修，誤。乾隆《蕭山縣志》卷二十《職官》載：「吳汝芳，撫州樂安人，始刻縣志。有序作汝方，係刻本之誤。宣德元年任。」

第 128 條，《(雍正)浙江通志》注爲「萬曆時教諭王學孝著，天啓時教諭張汝醇修，邑人何汝尹梓」，《千頃堂書目》據此分列爲二條「王學孝蕭山縣志，萬曆間修，教諭」及「張汝醇蕭山縣志，天啓間修，教諭」。該志卷二百五十四又著錄「蕭山學志，蕭山縣志萬曆時教諭王學孝著，天啓時教諭張汝醇修」。兩者僅「縣」和「學」一字之差，則必有一誤。考民國《蕭山縣志稿》卷末有天啓五年（1625）來宗道《蕭山縣儒學志》序。則二人所修當爲《學志》，萬曆間創編，天啓間續編，未見傳本。

第 135 條，上虞志十二卷，《（雍正）浙江通志》注爲「永樂戊戌邑民袁鏵編，稿其兄鈜匯成」，《千頃堂書目》袁鏵誤作袁鋒。

第 147、148 條，臨海縣志，《（雍正）浙江通志》先據《分省人物考》云：金賁亨纂。又據《內閣藏書目錄》注云：嘉靖己亥邑人余寬等修。復別立《臨海縣志》二十六卷一條，據尤侗《明藝文志》，題應大猷纂。

嘉靖《臨海縣志》二十六卷，嘉靖十八年（1539）知縣劉大直修，臨海余寬，金賁亨纂，原刊本今存。劉大直字養浩，康熙《臨海縣志》卷四名宦傳略云：「嘉靖十五年任，……明理致用，與學好士，重名節。念臨邑志書曠缺，延請鄉達余約中、金一所暨文學侯曾唯等同修。」縣人蔡潮，仙居應大猷均有序。應大猷系序書者，並非纂書人。《千頃堂書目》既著錄金賁亨《臨海志》，又著錄余寬《臨海志》，復著錄應大猷《臨海志》二十六卷，誤分一書爲三，黃虞稷未見原書，可以斷言。

第 150 條，《（雍正）浙江通志》注引趙予祿《續修天台縣志序》云「國初有曹宜約縣志」，《千頃堂書目》認爲國初即洪武時，所以注爲洪武間。光緒《台州府志》經籍考卷六記載爲「是書繼宋之瑞《圖經》而作。始嘉泰癸亥，終永樂甲午，有自序」，曹序亦載光緒《台州府志》，末署永樂十二年陽月，則此書爲永樂甲午修。

第 176 條，義烏縣志十四卷，《（雍正）浙江通志》注爲「正統乙丑邑令劉伯詢續修」，本志卷一百五十五《劉同傳》云：「同字伯詢，江西廬陵人。正統中進士。令義烏。」則伯詢爲劉同字。

第 188 條，《（雍正）浙江通志》有武義縣志十卷，注云「萬曆己酉邑令張國棠修」，棠爲裳之訛，張國裳，字乾伯。晉江人，舉人，萬曆三十二年任。《（嘉慶）武義縣志》「序」中有其萬曆己酉所撰舊序。《千頃堂書目》作國震。

第 193 條，湯溪縣志，《（雍正）浙江通志》注「成化十年邑令宋約修，四明豐慶序」，又引《內閣藏書目錄》云「開化儒士金弘訓修」。《千頃堂書目》則分列兩目，一爲宋約湯溪縣志，注成化十年修，一爲金弘訓湯溪縣志，注成化間修。宋約志乃湯溪胡祚、胡暹纂。金弘訓或同於斯役。

第 198 條，天啓《衢州府志》，國家圖書館殘藏本志崇禎五年（1632）補修本，有葉秉敬序云：「天啓三年夏，郡伯林公應翔蒞郡，欲續六十年之傳記，而屬余董其役。余取舊志，稍爲詮次，以六十年之人之事續焉。總而爲綱者十，分而爲目者七十有八。起於十月初六日，成於十一月初六日。」係天啓三年癸亥（1623）修，《（雍正）浙江通志》作「天啓壬戌」（1622），誤。

　　第 210 條，《(雍正)浙江通志》注云「崇禎辛未，邑令朱朝藩修，邑人汪慶百等輯」，《千頃堂書目》抄作慶伯，誤。汪慶百字符履，開化人。萬曆庚戌進士，授禮科給事中。天啟中魏忠賢專政，堅臥不出。崇禎辛未起為太常寺卿，歷任南京工部尚書。予告歸。國初屢徵不出，年七十以疾卒於家。

　　第 221 條，遂安縣志十卷，注云「嘉靖戊午邑令朱木聘邑人余乾亨、余乾貞修，萬曆丙子邑令吳攄謙續成，詹理序」，《千頃堂書目》抄作「俞乾亨俞乾貞遂安縣志十卷，嘉靖戊午修，邑人」。《浙江方志考》著錄嘉靖遂安縣志四卷，注知縣常熟朱木修，遂安余乾亨等纂，嘉靖戊午修；又著錄萬曆遂安縣志十卷，注知縣吳攄謙修，遂安余乾亨、余乾貞同纂，萬曆四年（1576）修。民國遂安縣志卷末有《前志源流及修志始末》云：「嘉靖戊午重修縣志，知縣朱木主其事，鄉進士余乾亨亨、庠生余東、黃應初與焉。志成，計卷四、目三十有六，庚戌進士詹理為之序。萬曆丙子，知縣吳攄謙又延余乾亨及其弟戌辰進士乾貞兩先生纂修縣志，而以蔣時慶、胡漢、汪時和余一龍諸先達為之佐。稿成，復經兩先生專訂之，為卷十，類亦如之。有吳邑侯及乾亨先生序各一首。」則朱木、乾亨所修為嘉靖志，乾亨、乾貞兩兄弟所修為萬曆志，非同一書也，《千頃堂書目》誤。

　　第 226 條，《溫州府圖志》注云「洪武十‧年郡守任敬屬府學教授徐宗起、永嘉縣學訓導張昇採摭續補」，《(弘治)溫州府志》卷二十有任敬《溫州府圖志序》：「洪武十一年夏會省部以修圖志，責成郡縣，於是屬府學教授徐宗起、永嘉縣學訓導張昇，集四邑之耆年宿學，相與採摭討論，考究延祐東甌志而續補其所未備者。」《千頃堂書目》則抄作「任敬溫州府圖志，洪武十一年修，郡守」。孫詒讓云：「《千頃堂書目》七載此書，題任敬名，誤也」，實際纂修人應是徐興祖與張昇。

　　第 233 條，注云「弘治間修，不知作者」，《千頃堂書目》亦不著撰人、卷數。《(乾隆)溫州府志》卷三十七《經籍》著錄「平陽縣志，弘治壬子令王約延包瑜孔彥雍同修」，此志乃知縣臨川王約修，平陽孔彥雍、青田包瑜纂。

　　第 234 條，《平陽縣志》八卷，注云「隆慶辛未邑令朱東光聘邑人侯一元修」，一元字舜舉，樂清人。嘉靖戊戌進士，官至江西布政使。著有二谷讀書紀、少谷集。《千頃堂書目》作「邑人」，俱誤。

　　第 238 條，《泰順縣志》八卷，注引《內閣藏書目錄》云：「萬曆癸酉，邑令王克家延樂清侯一元侯一麟修」，此志乃明知縣漳浦王克家修，泰順張慶

陽等纂，樂清侯一元侯一麟訂正。萬曆元年（1573）修。本志王克家序載雍正《泰順縣志》卷首，略云：「政暇則舉邑之故屬鄉大夫士張君慶陽、毛子一蘭、胡子良工，釐輯成帙，曰輿地，曰廟學、曰賦役、曰祀典、曰官師、曰人物、曰雜誌、曰藝文，凡八卷若干言。既成，以請於方伯二谷侯先生暨其季舜昭氏訂正刪削。甫逾月而吾泰之志亦遂斌斌乎其告成矣。」則二侯為校訂者，非主纂人。《千頃堂書目》著錄為「侯一元侯一麟修」。

第 239 條，泰順縣志八卷，注云：「崇禎癸酉邑令涂鼎鼐延邑人包大方、周克俊等修。」刊本今存。《千頃堂書目》抄作「包大方周克俊泰順縣志八卷，崇禎癸酉修，邑人」。周克俊，乃周家俊之訛。周家俊，乾隆《溫州府志》仕績、雍正《泰順縣志》宦業並有傳。泰順人，字秀夫，登天啟丁卯科，任青田教諭，巡按廉其賢，特疏題薦升江西袁州府同知。居官廉正不阿，教養兼至，尋以內艱歸里，遂不復出。

第 248 條，青田縣志四卷，《（雍正）浙江通志》注為「成化間邑令單瑛聘邑人葉仕寧修」，光緒《處州府志》卷十三職官載，單瑛於正統末任青田知縣。同書卷二十六著錄葉仕寧景泰《青田縣志》。則此書當修於景泰初年，作成化間修，誤。

第 250 條，黃季茂縉雲縣志，《（雍正）浙江通志》引《內閣藏書目錄》云「萬曆戊寅修，邑令」，《千頃堂書目》誤抄作「黃李茂」，《江西通志》卷五十四「選舉」「嘉靖四十年辛酉鄉試」載「黃季茂，南城人，知縣」。

第 251 條，隆慶松陽縣志，無纂人。《千頃堂書目》同。考《（光緒）松陽縣志》卷九「人物本傳」云：「潘伯廣字子居，……隆慶間纂修縣志，傳記多所裁定。癸巳舉鄉貢，授福建政和訓，卒於官。」

第 255 條，龍泉縣志二十卷，《（雍正）浙江通志》注云不詳時代，又引《尤氏藝文志》曰葉溥撰。《千頃堂書目》則錄作葉溥龍泉縣志二十卷。《（光緒）龍泉縣志·例》言：「嘉靖乙酉，邑人葉溥槎溪、李溥雪松輯。」

通過以上的三十六條考訂，尤其是《千頃堂書目》誤把袁鏷作袁鋒、汪慶百作汪慶伯、黃季茂作黃李茂、謝瀍作謝澶，這些極其明顯的訛誤，證明其抄錄《（雍正）浙江通志》。再如第 81 條，《（雍正）浙江通志》注引《內閣藏書目錄》云，邑人陳實修。核《內閣藏書目錄》，原目為「德清縣志三冊全，嘉靖乙酉邑人陳霆修」，本志為嘉靖四年（1525）知縣福清方日乾修，邑人陳霆纂。《（雍正）浙江通志》誤錄作「陳實」，《千頃堂書目》亦作「陳實」，很

明顯是由此而來。第 238 條，《(雍正)浙江通志》注引《內閣藏書目錄》云：
「萬曆癸酉，邑令王克家延樂清侯一元侯一麟修」，經核《內閣藏書目錄》著
錄爲「泰順縣志二冊全，萬曆癸酉邑令王克家修」，無「侯一元侯一麟修」七
字，《千頃堂書目》認爲是侯一元、侯一麟修，亦是被《(雍正)浙江通志》
注釋所誤導。

第二節　《千頃堂書目》著錄明代浙江方志與《(雍正)浙江通志》「兩浙志乘」中的其他類條目之比勘

　　《千頃堂書目‧地理類》不僅抄錄《(雍正)浙江通志‧兩浙志乘》中
的「郡邑」類，還大量抄錄山川、題詠、學校、海防、水利、海塘、古蹟、
祠廟、寺觀等類中的條目。通過下表可以看出，同「郡邑類」一樣，兩書著
錄的書名、卷數、作者、修纂年代、爵里籍貫，還有先後次序幾乎都是相同
的。通過這一百七十餘條目及下面的十餘條考證，更加明確地證實，《千頃
堂書目‧地理類》在編排時，大量抄襲《(雍正)浙江通志‧兩浙志乘》中
的條目。

	《雍正浙江通志‧兩浙志乘‧山川》	《千頃堂書目》卷八	備　註
1	武林山七志，《兩浙名賢錄》「邵穆生著」。	邵穆生武林山七志	同。
2	徑山集三卷，黃汝亨《徑山志序》「萬曆初年僧宗淨刻，載諸祖事十之二三僅存其名，與示寂日月詩文亦寥寥」。	釋宗淨徑山集三卷【萬曆初刻。】	同。
3	徑山志十四卷，天啓甲子餘杭教諭宋奎光輯。	宋奎光徑山志十四卷【天啓甲子修，餘杭教諭，常熟人。】	同。
4	天目山志八卷，《尤氏藝文志》「釋廣賓輯」。	釋廣賓天目山志八卷	同。
5	東西天目山志各四卷，明章之采輯。	章之采東天目山志四卷西天目山志四卷	同。
6	東天目志四卷，明李曄然輯。	李曄然東天目山志四卷	同。
7	西天目志四卷，明孫昌裔輯。	孫昌裔西天目山志四卷	同。
8	西天目山志四卷，萬曆甲寅於潛令徐嘉泰道亨輯，按察王在晉序。	徐嘉泰西天目山志四卷【字道亨，循州人，於潛令，萬曆甲寅修。】	同。
9	闞天目山志四卷，萬曆辛巳於潛令譚廷輔纂修，邑人阮子厚彙集。	譚廷輔西天目山志四卷【於潛令，萬曆辛巳修。】	同。
10	□□一卷，武林黃汝亨撰。	黃汝亨天目遊記一卷	同。

11	五大遊記，《歸安縣志》「張睿卿著」；吳興峴山志六卷，《歸安縣志》「張睿卿撰」。	張睿卿五大遊記，又吳興峴山志六卷	同。
12	道場山志四卷，《尤氏藝文志》「釋明岑撰」。	釋明岑道場山志四卷【烏程。】	同。
13	道場山集，歸雲庵僧某輯，王叔承序。	道場山集【歸雲庵僧某集，王叔承序。】	同。
14	碧巖志，吳興張稚通輯，鄭明選序。	張稚通碧巖志	同。
15	仙潭志，《（嘉靖）德清縣志》「陳霆撰」。〔註29〕	陳霆仙潭志	同。
16	普陀山志六卷，萬曆丁未東海周應賓輯。	周應賓普陀山志五卷【萬曆丁未修。】又遊山志	條目稍異，注釋同。
17	阿育王山志十卷，萬曆壬子泰和郭子章相奎輯。	郭子章阿育王山志十卷【萬曆壬子修。】	同。
18	舟山志四卷，邵輔忠編輯。	邵輔忠舟山志四卷	同。
19	遊舟山籍二卷，《尤氏藝文志》「屠光畯撰」。	屠本畯遊舟山籍二卷	同。
20	雲門志略五卷，《黃氏書目》「張元忭撰」。	張元忭雲門志略五卷	同。
21	遊雲門記一卷，武林黃汝亨撰。	黃汝亨遊雲門記一卷	同。
22	南明山志四卷，《尤氏藝文志》「鄭奎光撰」。	鄭奎光南明山志四卷	同。
23	天台山志不分卷，明徐表然著。	徐表然天台山志	同。
24	天台勝蹟，《內閣書目》「邑人潘珹編」。	潘珹天台勝蹟【邑人。】	同。
25	天台勝記，《天台山方外志》「邑令李素輯」。	李素天台勝記【邑人。】	同。
26	天台勝記，《青田縣志》「陳偕著」。	陳偕天台勝記【青田人。】	同。
27	遊天台山志，《天台山方外志》「王士性著」。	王士性遊天台山志	同。
28	遊天台山記，《天台山方外志》「王亮撰」。	王亮遊天台山記	同。
29	台山靈異錄一卷，《讀書敏求記》「瓊台山人龐櫟輯古今靈異圖志二十餘事，編成此書」。	龐櫟台山靈異錄一卷【號瓊台山人。】	同。
30	天台山方外志三十卷，萬曆辛丑太末釋無盡傳燈輯，邑令王孫熙序。	釋無盡天台山方外志二十九卷	同。
31	瑞巖志一卷，《尤氏藝文志》「歐應昌撰」。	歐應昌瑞巖志一卷	同。

〔註29〕 此條列在《雜記》下。

32	委羽山志六卷，《黃岩縣志》「胡昌賢伯舉修，知黃岩縣張仲孝刻」。	胡昌賢委羽山志六卷【字伯舉，黃岩人。】	同。
33	北山志十卷，《黃氏書目》「金華北山錢奎撰，趙寬有序」。	錢奎北山志十卷【金華北山，奎成化時人，趙寬有序。】	同。
34	白原山志一卷，《金華縣新志》「商大輅撰」。	商大輅白原山志一卷	同。
35	爛柯山洞志上下卷，西安徐日炅闇仲纂。	徐日炅爛柯山洞志二卷【字闇仲，西安人。】	同。
36	嚴陵八景一卷，《聚樂堂藝文志》「李叔恢撰」。	李叔恢嚴陵八景一卷	同。
37	雁山志一卷，《(萬曆)溫州府志》「國初僧永升編次」。	釋永升雁山志一卷【明初僧。】	同。
38	雁山志四卷，嘉靖己亥樂清朱諫輯，潘潢序。	朱諫雁山志四卷【嘉靖己亥修。】	同。
39	雁山志續集二卷，《尤氏藝文志》「吳元梅輯」。	吳元梅雁山志續集二卷	同。
40	重修雁山志，《(萬曆)溫州府志》「蔣國輔輯」。	蔣國輔重修雁山志	同。
41	雁蕩山志四卷，徐時聘輯。	徐時聘雁蕩山志四卷	
42	南雁蕩志上下卷，嘉靖丙辰邑人陳玭重修，陳文源會輯。	陳玭南雁蕩志二卷【嘉靖丙辰修，邑人。】	同。
43	平陽前倉鳳山志一卷，按《太和堂藏書目》不著名氏。	平陽前倉鳳山志一卷【不著名氏。】	同。
44	瑞安仙巖志四卷，《尤氏藝文志》「王應辰撰」。	王應辰瑞安仙巖志四卷	同。
45	仙巖志，《(萬曆)溫州府志》「釋道瑞集」。	釋道瑞仙巖志	同。
46	仙都志一卷，《道藏目錄》「玉虛佳山陳性定編集」。	陳性定仙都志一卷【道士。】	同。
47	仙都志，《縉雲縣志》「李永明著」。	李永明仙都志【縉雲人。】	同。
48	仙都山志五卷，《尤氏藝文志》「李時孚撰」。	李時孚仙都山志五卷	同。
49	西湖遊覽志二十四卷志餘二十六卷，《焦氏經籍志》「田汝成撰」。	田藝衡西湖遊覽志二十四卷，又志餘二十六卷	同。
50	西湖志類鈔三卷，錢塘俞思沖似宗纂。	俞思沖西湖志類鈔三卷【字似宗，錢唐人。】	同。
51	西湖圖說，《分省人物考》「何琮著」。	何琮西湖圖說	同。
52	西湖便覽，《尤氏藝文志》「高應科撰」。	高應科西湖便覽	同。
53	湖山一覽錄二卷，不知作者。	湖山一覽錄二卷【不著撰人。】	同。

54	南湖志考一卷,萬曆己酉陳幼學著。	陳幼學南湖志考一卷【萬曆己酉修。】	同。
55	澉水志十卷,萬曆間海鹽董穀撰。	董穀澉水志十卷	同。
56	四明龍薈一卷,崇禎間慈谿聞性道輯。	聞性道四明龍薈一卷【崇禎間,慈谿人。】	同。
57	平陽縣鳳浦埭志一卷,按《太和堂藏書目》不著名氏。	平陽縣鳳浦埭志一卷【不著撰人。】	同。
	《(雍正)浙江通志·兩浙志乘·題詠》	**《千頃堂書目》卷八**	**備 註**
1	和董嗣杲西湖百詠,《(嘉靖)寧波府志》「陳贄著」。	陳贄和董嗣杲西湖百詠一卷	同。
2		夏時湖山百詠一卷【字以正,錢唐人,永樂戊戌進士,廣西左布政使。】	
3	湖山遊詠錄,《(成化)杭州府志》「南海鄧林,富陽姚肇、夏誠諸人宴遊湖山所賦詩文,仁和張震編集」。	湖山遊詠錄【南海鄧林,富陽姚肇,夏誠諸人宴遊湖山所賦詩文,仁和張震編集。】	同。
4	西湖遊詠二卷,《焦氏經籍志》「黃省曾撰」。	黃省曾西湖遊詠二卷	同。
5	西湖竹枝詞一卷,馮夢禎輯。	馮夢禎西湖竹枝詞一卷	同。
6	湖山詩選六卷,萬曆間錢塘徐懋升元舉選。	徐懋升湖山詩選六卷【字符舉,萬曆間錢塘人。】	同。
7		楊維楨錢塘百詠詩	
8	西溪百詠上下卷,崇禎間釋大善撰。	釋大善西溪百詠二卷	同。
9	不繫園集一卷隨喜庵集一卷湖山韻事一卷,錢塘汪汝謙然明輯。	汪汝謙不繫園集一卷【湖船名。】,又隨喜庵集一卷,又湖山韻事	同。
10	秀州百詠一卷,《秀水縣志》「許恂如撰」。	許恂如秀州百詠一卷	同。
11	武塘勝覽,《黃氏書目》「孫詢撰,字廷言,嘉善人。採嘉善邑中山水人物,每事各題一詩而敘其事於後」。	孫詢武塘勝覽【字廷吉,嘉善人,宣德中官分宜丞,採邑山水人物每事各為一詩,而敘其事於後。】	同。
12	東湖十詠,《兩浙名賢錄》「周旋著」。	周旋東湖十詠	同。
13	會稽百詠,《(嘉靖)山陰縣志》「羅紘著」。	羅紘會稽百詠【山陰人。】	同。
14	會稽懷古集,《山陰縣志》「高璩撰,二百八十首」。	高璩會稽懷古集二百八十首【山陰人。】	同。
15	會稽懷古詩一卷,《百川書志》「明山陰唐澤著」。	唐澤會稽懷古詩一卷	同。
16	和會稽懷古詩一卷,《黃氏書目》「紹興府學訓導戴冠撰」。	戴冠和會稽懷古詩一卷【紹興府學訓導。】	同。

17	越詠十二卷,《(萬曆)紹興府志》「詠越中山川古蹟,山陰王壄輯晉唐以來名人作,張太僕天復增輯」。	王壄越詠十二卷【輯晉唐以來名人詠越中山川古蹟,張天復增輯。】	同。
18	東泉百詠,《(萬曆)上虞縣志》「張文淵著」。	張文淵東泉百詠【上虞人。】	同。
19	四山敘詠,《金華縣志》「王壄著。自敘云,敘四山之景而詠歌之也。四山者,何山、橋山、墅城山、屏山是也」。	王壄四山敘詠【金華人,自敘云,敘四山之景而詠歌之也,四山者,何山,橋山,墅城山,屏山。】	同。
20	永嘉百題詩集,《(萬曆)溫州府志》「仰忻著」。	仰忻永嘉百題詩集	同。

《(雍正)浙江通志‧兩浙志乘‧祠廟》	《千頃堂書目》卷八	備　註
1	武林旌德全志上下峽,邑人李唐裒次,萬曆戊午陳禹謨序。	李唐武林旌德觀全志二卷	同。
2	平湖陸氏景賢祠志四卷,《(天啟)平湖縣志》「陸基忠著」。	陸基忠景賢祠志【宣公後裔,萬曆己巳馮夢禎序。】	同。
3	勳賢祠志一卷,《王文成祠志》「豫章喻均撰,錢塘陳善校」。	喻均勳賢祠志一卷	同。
4	清風祠錄,明徐恂輯。	徐恂清風祠錄	同。
5	清風祠錄,《聚樂堂藝文志》「戴冠輯」。	戴冠清風祠錄	同。
6	方祠錄,《海寧縣志》「明熊秀輯」。	熊秀方祠錄	同。
7	金華正祠錄,《分省人物考》「凌瀚著」。	凌瀚金華正祠錄	同。
8	金華鄉賢祠志,明薛敬之著。	薛敬之金華鄉賢祠志	同。
9	玉樹芳聲上下卷,錢塘謝君錫允忠輯金龍事蹟。	謝君錫玉樹芳聲二卷【字允忠,錢塘人,輯金龍事蹟。】	同。
10	吳山城隍廟志一卷,崇禎戊寅道士錢斯馨輯,巡撫喻思恂序。	錢斯馨吳山城隍廟志一卷【道士,崇禎戊寅輯。】	同。
11	靈衛廟志一卷,隆慶庚午海昌沈友儒梓,萬曆丁未郡人楊廷筠重輯,郡人夏賓纂修。	沈友儒靈衛廟志一卷	同。
12	曹孝娥名賢題詠一卷,江西左參政邑人張翰英裒集,正統四年王鈺序。	張翰英曹娥名賢題詠一卷	同。
13	靈孝錄上下卷,崇禎內子郡守許捷雲賓著。	許捷靈孝錄二卷【字雲賓,郡守,崇禎丙子著。】	同。
14	曹江孝女廟志十卷,萬曆己未山陰諸萬里編,末附孝女朱娥、諸娥。	諸萬里曹江孝女廟志十卷【山陰人,萬曆己未編,末附孝女朱娥,諸娥。】	同。

	《（雍正）浙江通志·兩浙志乘·學校》	《千頃堂書目》卷八	備　註
1	西湖書院志，《（嘉靖）仁和縣志》「仁和徐奇編」。	徐奇西湖書院志【仁和人。】	同。
2	虎林書院志一卷，《錢塘縣志》「聶心湯撰」。	聶心湯虎林書院志一卷	同。
3	崇正書院志十一卷，《金華縣新志》「胡僖輯」。	胡僖崇正書院志十一卷	同。
4	石鼓書院志五卷，《內閣書目》「李安仁著」。	李安仁石鼓書院志五卷	同。
5	鹿城書院集，《（萬曆）溫州府志》「郡守鄧淮編」。	鄧淮鹿城書院集【知府。】	同。
6	瀛山書院志，《（萬曆）嚴州府志》「方應時著」。	方應時瀛山書院志	同。
7	貞義書院集，《（萬曆）溫州府志》「張孚敬撰」。	張孚敬貞義書院集	同。
8	安定書院集，《吳興藝文補》「沈桐序」。	沈桐安定書院集	同。
9	語溪宗輔錄四卷，《（萬曆）崇德縣志》「胡其久字懋敬，傳貽書院址廢，力請復之。輯宗輔錄行世」。	胡其久語溪宗輔錄四卷【字懋敬，崇德人。】	同。
	《（雍正）浙江通志·兩浙志乘·寺觀》	《千頃堂書目》卷八	備　註
1	武林梵志十二卷，萬曆壬子渤海吳之鯨采輯，吳用先序。	吳之鯨武林梵志十二卷	同。
2	靈隱寺志八卷，萬曆壬辰昌黎白珩子佩修。	白珩靈隱寺志八卷【字子佩，昌黎人。】	同。
3	南屏淨慈寺志十卷，《錢塘縣志》「明釋大壑撰」。	釋大壑南屏淨慈寺志十卷	同。
4	雲棲志，《錢塘縣志》「明釋祩宏撰」。	釋祩宏雲棲紀事一卷	條目稍異。
5	慧因高麗寺志十二卷，天啓丁卯陽羨李翥飛侯輯。	李翥慧因高麗寺志十二卷【字飛侯，宜興人，天啓丁卯序。】	同。
6	妙行流芳集一卷，住持慧定、德濟、仕良同集，正德紀元徐奇序。	妙行流芳集一卷【住持慧定，德濟，仕良同集，正德紀元徐奇序。】	同。
7	佛日山淨慧寺志一卷，古杭沙門大掄輯。	釋大掄佛日山淨慧寺志一卷	同。
8	古杭崇聖院紀事一卷，崇禎己卯寺僧行素輯。	釋行素古杭崇聖院紀事一卷	同。
9	天龍寺志上下卷，杭釋廣賓輯。	釋廣賓天龍寺志二卷	同。

10	理安寺紀四卷，佛石巖沙門仲光輯。	釋仲光理安寺紀四卷	同。
11	安國寺志二卷，明董志稷輯。	董志稷安國寺志二卷	同。
12	聖僧庵集一卷，明吳應賓輯。	吳應賓聖僧庵集一卷	同。
13	潛陽梵剎志一卷，三學院釋海濱輯，天啓甲子劉志斌序。	釋海濱潛陽梵剎考一卷	同。
14	長水塔院記六卷，《澹生堂書目》「俞汝爲輯」。	俞汝爲長水塔院記六卷	同。
15	吳興東林志四卷，《聚樂堂藝文志》「黃維用輯」。	黃維用吳興東林志四卷	同。
16	弁山龍華寺志二卷，明釋智聆輯。	釋智聆弁山龍華寺志二卷	同。
17	弁山法華寺紀略七卷，不知作者。	弁山法華寺紀略七卷【不知撰人。】	同。
18	天童寺志六卷，崇禎癸酉寺釋通布輯。	釋通布天童寺志六卷【崇禎癸酉輯。】	同。
19	天童寺集七卷，嘉靖己未四明楊明纂修，沙門無憂萬懷編次。	楊明天童寺志七卷【嘉靖己未修。】	同。
20	延慶寺紀略一卷，萬曆丁巳楊德周孚先撰。	楊德周延慶寺紀略一卷【字孚先，萬曆丁巳修。】	同。
21	雪竇寺志略一卷，寺釋履平輯，牧雲道者序。	釋履平雪竇寺志略一卷	同。
22	天台護國禪寺略志一卷，不知作者。	天台護國禪寺志略一卷【不知撰人。】	同。
23		幽溪別志十六卷【天台高明寺，本幽溪道場。】（吳補）	
24	天台護國集三卷，明僧寂蘊撰。	釋寂蘊天台護國集三卷	同。
25	江心志，王叔杲《序》「成化初寺僧弘斌輯」。	釋弘斌江心寺志【成化初間修。】	同。
26	江心志六卷，《(萬曆)溫州府志》「萬曆庚寅王蘊季宣輯」。	王蘊江心寺志六卷【字季宣，萬曆庚寅修。】	同。
27	遊江心寺詩一卷，《聚樂堂藝文志》「王瓚著」。	王瓚遊江心寺詩一卷	同。
28	通元觀志上下卷，嘉靖甲午仁和姜南輯。	姜南通元觀志二卷	同。
29	重陽庵集一卷，成化間住山梅古春輯，嘉靖時住山俞大彰用昭增。	重陽庵集一卷【成化間住山梅古春輯，嘉靖時住山俞大彰用昭增。】	同。
30	瑞石山紫陽集二卷，《聚樂堂藝文志》「范棲雲輯」。	范棲雲瑞石山紫陽集二卷	同。
《(雍正)浙江通志・兩浙志乘・海防》		**《千頃堂書目》卷八**	**備　註**
1	海防考一卷，《(萬曆)杭州府志》「巡撫都御史劉畿撰」。	劉畿海防考一卷，又江防考一卷【浙江巡撫都御史。】	同。

2	兩浙海防類考四卷，《內閣書目》「萬曆間都御史謝廷傑纂」。	謝廷傑兩浙海防類考四卷	同。
3	兩浙海防類考續編十卷，萬曆壬寅巡撫劉元霖令右布政范淶輯，左布政史繼辰爲序。	范淶兩浙海防類考續編十卷【新安人，浙江右布政，萬曆壬寅序。】	同。
4		李如華溫處海防圖略二卷（《明史·藝文志稿》）	
5	溫處海防圖略二卷，萬曆丙申兵備副使宛陵蔡逢時應期纂。	蔡逢時溫處海防圖略二卷【字應期，萬曆丙申兵備副使。】	同。
6	兩浙海防考上下卷，隆慶元年勅修。	兩浙海防考二卷【隆慶元年敕修。】	同。
7	兩浙海邊圖，《籌海圖編》「兵部郎郭仁撰」。	郭仁兩浙海邊圖【兵部郎。】	同。
8	浙東海邊圖，《籌海圖編》「都御史周倫撰」。	周倫浙東海邊圖【都御史。】	同。
9	浙東海邊圖，《籌海圖編》「太守秦汴撰」。	秦忭浙東海邊圖【太守。】	同。
10	浙海圖，《籌海圖編》「總兵俞大猷撰」。	俞大猷浙海圖【總兵。】	同。
11	浙海圖，《籌海圖編》「總兵盧鏜撰」。	盧鏜浙海圖【總兵。】，又浙洋哨守冊	與下一條並。
12	浙洋哨守冊，《籌海圖編》「總兵盧鏜撰」。		
13	浙海圖，《籌海圖編》「都御史黎秀撰」。	黎秀浙海圖【都御史。】	同。
14	定海備倭紀略，《海防纂要》「游擊梁文撰」。	梁文定海備倭紀略【游擊。】	同。
15	海寇前後議二卷，《焦氏經籍志》「萬表撰」。	萬表海寇前後議一卷	同。
16	東海籌略，《海防纂要》「參將徐一鳴撰」。	徐一鳴東海籌略【參將。】	同。
17	備倭考，《籌海圖編》「寧波李賢撰」。	李賢備倭考【寧波人。】	同。
18	靖海紀略二卷，《黃氏書目》「嘉靖中海鹽知縣鄭茂著」。	鄭茂靖海紀略二卷【嘉靖中海鹽知縣。】	同。
19	晏海編上下卷，崇禎己巳浙江督撫張延登濟美輯。	張延登晏海編二卷【字濟美，崇禎己巳浙江督撫。】	同。
20	舟師占驗，《海防纂要》「參將沈有容撰」。	沈有容舟師占驗【參將。】	同。
21	兩浙戰船則例，《籌海圖編》「備倭都指揮李釜撰」。	李釜兩浙戰船則例【備倭都指揮。】	同。

	《(雍正)浙江通志·兩浙志乘·水利》	《千頃堂書目》卷八	備　註
1	浙西水利書一卷，萬曆間人輯，不著名氏。分宋書、元書、今書，凡四十七篇。	浙西水利書一卷	同。
2	杭州府水利圖說，《杭州府志》「知府劉伯縉纂」。	劉伯縉杭州府水利圖說【杭州知府。】	同。
3	濬復西湖錄一卷，《百川書志》「杭州知府西蜀楊孟瑛溫甫著」。	楊孟瑛濬復西湖錄一卷【字溫甫，鄙都人，成化丁未進士，弘治末知杭州府，濬復西湖，俾水有蓄泄，利益下塘諸田有功，後遷順天府丞，以人言再出知府。】	條目同，後者注釋詳。
4	濬湖議，《甬上耆舊詩》「倪復著」。	倪復濬湖議	同。
5	海寧水利圖志，《海寧縣志》「知縣嚴寬著」。	嚴寬海寧水利圖志	同。
6	嘉興七縣塘圩水利圖七卷，見《嘉興府志》，不知何人作。	嘉興七縣塘圩水利圖七卷	同。
7	秀水縣水利考，萬曆秀水縣志林應亮著。	林應亮秀水縣水利考	同。
8	東湖水利，明金澄著。	金澄東湖水利	同。
9	四明水利圖說，明游應乾著。	游應乾四明水利圖說	同。
10	湘湖水利圖，《蕭山縣志》「張懋著。懋以明洪武初宰蕭山，繪圖刻石，又作《湘湖志略》，具載顧、郭、楊、趙四公創建始末」。	張懋湘湖水利圖【洪武初蕭山知縣。】	同。
11	蕭山水利事述，《蕭山縣志》「本邑魏驥著」。	魏驥蕭山水利事蹟	同。
12	紹興水利圖說二卷，《黃氏書目》「賈應壁撰」。	賈應壁紹興水利圖說二卷	同。
13	溫州水利四卷，不知作者。	溫州水利四卷	同。

　　「山川」、「學校」中的條目亦有訛誤，如：1、《雁蕩山志》四卷，《(雍正)浙江通志》注云：徐時聘輯。此書係樂清知縣常熟徐待聘纂於萬曆二十九年（1601），書名爲《雁山志勝》，《四庫全書》館據兩淮鹽政採進本存目。《四庫全書總目提要》云：「待聘字廷珍，常熟人，萬曆辛丑（1601）進十。是編乃其官樂清知縣時所撰。卷一爲山之名勝及人物，土產、雜事，二卷、三卷皆佛刹，四卷則所自作詩文也。其凡例有曰：『舊志凡詩賦題雁蕩山者，或以臨涖，或以要津，皆旁搜而詮之，而文之微占於山者亦聚焉。又有欲世識其名者，賂剞劂氏私刻攙入，眞贗並收，薰蕕莫辨。山靈有知，定當作嘔，今皆刪去云云。』

其言可渭深中地志之陋習。然舊作雖已汰除，而反獨錄己作一卷，其亦尤而傚之矣。」《（雍正）浙江通志》著錄未注年代，書名、撰人均誤。

2、《重修雁山志》，《（雍正）浙江通志》據萬曆《溫州府志》著錄，云蔣國輔輯，未著卷數。此書係樂清知縣南昌胡汝寧重編，請蔣國輔，林有鳳參校，刊於萬曆九年辛巳（1581）。《四庫全書》據浙江汪啓淑家藏明刊本存目。瑞安孫氏玉海樓有影鈔明刊本，凡四卷。胡汝寧自序稱：「博稽精覈，蔣生國輔、林生有鳳與有勞焉。」

3、僧永升編《雁山志》一卷，朱諫纂《雁山集》有潘璜所祚序，略云：「《雁山集》一卷，國初僧永升編次，詳略無法，猥雜僞作不足證。」孫詒讓《溫州經籍志》云：「永升《雁山志》，潘璜《（雁山）志序》作《（雁山）集》，施元孚《（雁山）志》自序亦云：『茲山之志，始於永升之《集》，然山之景物未之志也。』似永升書專載詩文，與山志體異。然今未見其書，姑依黃《目》入地理類，以俟博考。」據明人潘璜、清人施元孚兩序，書名應作《雁山集》爲是，雖載詩文，亦與地志相關。

4、章之采《東西天目山志》各四卷，又著錄孫昌裔《西天目山志》四卷，章書纂於天啓元年，四年刊本，《四庫全書》據兩淮馬裕家藏本存目。《四庫總目提要》云：「之采字去浮，仁和人。是書作於天啓中，以天目山東西二峰輯爲二志，各分四卷。起引述、圖考，迄詩賦、記跋，杭州守李煜然合而刻之。」周中孚云：「至天啓中，杭州守孫昌裔因屬去浮次第增輯，綜覈異同，東、西天目各自爲志。繪圖列說，體例相同。卷一爲序引例目，卷二爲圖考、仙釋、巒泉、寺刹、物產、遊履，卷三爲古今詩，卷四爲雜文。敘述頗爲井井。其多載藝文，則山志之積習也。書成於天啓辛酉。越四年甲子，嗣守李然爲刊之。前又有昌裔總序。《東志》後有臨安令姚俊跋。」（《鄭堂讀書記補逸》卷十六）孫昌裔西天目山志四卷，即章之采所作。

5、張稚通《碧巖志》，稚通爲睿卿別字。睿卿字稚通，號心岳，歸安人。博雅豪邁，遊歷山川，以著書爲樂。所撰述有《經鑒正宗》、《唐五家詩》、《峴山、長超山志》、《易說》、《五大遊記》、《吳興風雅》、《茗記》等書。

6、陳性定《仙都志》一卷。此志爲元道士陳性定纂，番陽吳明義校正。編於至正八年（1348），原刊本已不得見。現國圖藏有鐵琴銅劍樓鈔本。通行本爲涵芬樓影印正統《道藏》本。陳性定既然是元人，則不宜著錄於此。《（雍正）浙江通志》未加考訂，《千頃堂書目》沿誤。

7、陳幼學《南湖志考》一卷，陳幼學所撰爲《南湖考》，存萬曆三十七年刊本，南京圖書館收藏。

8、西湖書院志，《(雍正)浙江通志》據嘉靖《仁和縣志》題仁和徐奇編。此書見民國《杭州府志》卷八十七「藝文」著錄，注云「南京兵部尚書仁和徐琦良玉」撰。明田汝成《西湖遊覽志》云：「徐琦字良玉，錢塘人，宣德初以左通政使安南黎利，盡卻，所饋還，進南兵部尚書。」《(雍正)浙江通志》誤作「徐奇」。

9、《石鼓書院志》五卷，《(雍正)浙江通志》據《內閣藏書目錄》著錄，題李安仁著。考石鼓書院在湖南衡州府治北石鼓山，宋景祐間允集賢校理劉沆之請，賜額置田，與睢陽、嶽麓、白鹿號爲四大書院。嘉靖十二年（1533），富順周詔官衡州府知府，因襲取舊志稍稍增損之，成《石鼓書院志》四卷。萬曆中，知府遷安李安仁復因周詔舊志重修，分上下二部，上部記地理、室宇，人物，名宦；下部載藝文，採據較周詔所纂爲詳。《(雍正)浙江通志》著錄卷數既誤，而以此書入「兩浙志乘」篇，則尤謬矣。

（附表）

《千頃堂書目》	《明史稿‧藝文志》
徐一夔杭州府志九冊【洪武中修。】	徐一夔杭州府志九冊，洪武中修。
陳善杭州府志一百卷【萬曆己卯修。】，又外志一卷【聯合合郡導山導川之源委，使昭然在目，附全志末。】，又武林風俗略一卷【郡人。】	陳善杭州府志一百卷，萬曆初修。又外志一卷，聯合仝郡導山導川之源委，使昭然在目，附府志末。又武林風俗略一卷
吳瓚武林紀事八卷【字器之，仁和人，弘治庚戌進士，南通州知州。】	吳瓚武林紀事八卷，字器之，仁和人。弘治庚戌進士，南直隸通州知州。
孫景時武林文獻錄【正德丙午舉人，長洲縣教諭。】	孫景時武林文獻錄，正德丙午舉人，長洲縣教諭。
鄭眞四明文獻錄【字千之，別號滎陽外史，鄞縣人。】	鄭眞四明文獻錄，字千之，別號滎陽外史，鄞人。
李埈甬東軼事【字子起，鄞人，生而聾，十餘歲父卒，哭五日夜，水漿不入口，咽枯而啞，博通多識，陳繼儒與華亭瞽人唐汝詢稱爲兩異人，並爲之傳。】	李埈甬東逸事，字子起，鄞人。生而聾，十餘歲父卒，哭五日夜，水漿不入口，咽枯而啞。博通多識，陳繼儒與華亭瞽人唐汝詢稱爲兩異人，並爲之傳。

第七章 《千頃堂書目·別集類》與《(雍正)浙江通志》的關係探析

第一節 《千頃堂書目》「別集類·洪武時」著錄條目與《(雍正)浙江通志》之比勘

　　筆者已討論過《千頃堂書目》「地理類」與《浙江通志·經籍考》的關係，證明此類中的許多條目直接抄錄自《(雍正)浙江通志》。其實「別集類」也存在著同樣的情況。以卷十七為例，該卷著錄「洪武時人」的作品，從「章正則觀海集」至「錢遜謙齋集二十卷」，共 183 條，這些條目的共同點是：皆為浙江人，且多無注釋，僅有作者、書名，有時連卷數也無。見下表：

	《(雍正)浙江通志》	《明史·藝文志稿》	《千頃堂書目》	備　注
1	觀海集，劉基《觀海集序》「桐江章正則詩文」。		章正則觀海集【桐廬人，劉基序。】	《千頃堂書目》同《(雍正)浙江通志》。
2	尚雅集，陳大倫彥理著，見宋濂《諸暨陳府君墓碣》。		陳大倫尚雅集【字彥理，諸暨人。】	《千頃堂書目》同《(雍正)浙江通志》。
3	訥齋集四卷，宋濂《訥齋集序》「括蒼王毅剛叔著，弟存誠輯」。		王毅訥齋集四卷【字剛叔，括蒼人，弟存誠輯，宋濂序。】	《千頃堂書目》同《(雍正)浙江通志》。

4	應酬稿又濲川集,《金華先民傳》「吳沈著,字濬仲,蘭溪人」。	吳沈濲川集,字濬仲吳師道子。明初召為翰林待制,官至東閣大學士,坐懿文太子故,被讒死。	吳沈應酬稿,又漱川集【字濬仲,蘭溪人,師道子,明初召為翰林待制,官至東閣大學士,坐懿文太子故,被讒死。】	《千頃堂書目》同《明史·藝文志稿》。
5	強學齋文集,《兩浙名賢錄》「徐厚著,字均善,蘭溪人。《(正德)蘭溪縣志》『鄉人有抄錄雜著詩文數十篇,無全集』」。	徐原強學齋文集又崖峰集字均善,蘭溪人,洪武中舉賢良,官翰林院侍詔,兩主福建、江西鄉試。	徐原強學齋文集,又崖峰集【字均善,蘭溪人,洪武中舉賢良,官翰林院侍詔,兩主福建,江西鄉試。】	《千頃堂書目》同《明史·藝文志稿》。
6	靜學齋集又尚綱齋集,《(萬曆)金華縣志》「李唐著,東陽人」。		李唐靜學齋集,又尚綱齋集【東陽人。】	《千頃堂書目》同《(雍正)浙江通志》。
7	畊餘野唱集,《金華先民傳》「呂默著,字審言,東陽人」。		呂默畊餘野唱集【字審言,東陽人。】	《千頃堂書目》同《(雍正)浙江通志》。
8	翠庭集龍沙集,《東陽縣新志》「周如玖著,字仲璋,以字行」。		周如玖翠庭集,又龍沙集【字仲璋,以字行,東陽人。】	《千頃堂書目》同《(雍正)浙江通志》。
9	赴京紀行集,《東陽縣新志》「張文華著,字彥光」。		張文華赴京紀行集【字彥先,東陽人。】	《千頃堂書目》同《(雍正)浙江通志》。
10	醒泉集,《(正德)蘭溪縣志》「鄭與曾沂父著」。		鄭與曾醒泉集【字沂父,蘭溪人。】	《千頃堂書目》同《(雍正)浙江通志》。
11	窢蕘集十五卷,《(正德)蘭溪縣志》「鄭興誠夫著。有《讀史餘論》《獨學稿》《考志集》《窢蕘子集》,子宣孫編」。		鄭興窢蕘集十五卷【字誠夫,蘭溪人,有讀史餘論,獨學稿,考志集,窢蕘子集,子宣孫編。】	《千頃堂書目》同《(雍正)浙江通志》。
12	白雲山房集,《(正德)蘭溪縣志》「趙良恭敬德著,吳濬仲序」。		趙良恭白雲山房集【字敬德,蘭溪人,吳沈序。】	《千頃堂書目》同《(雍正)浙江通志》。
13	栗山吟稿,《(嘉靖)金華縣志》「呂肅著,字伯剛,金華人」。		呂肅栗山吟稿【字伯剛,金華人。】	《千頃堂書目》同《(雍正)浙江通志》。
14	尚拙齋稿,《金華賢達傳》「王杰著,字文英,金華人」。		王杰尚拙齋稿【字文英,金華人。】	《千頃堂書目》同《(雍正)浙江通志》。

15	南陽山房稿二十卷,《金華先民傳》「葉儀著,字景翰,金華人」。	葉儀南陽山房稿二十卷,字景翰,金華人。受學許謙,明師下金筆,召爲五經師,以老疾辭。	葉儀南陽山房稿二十卷【字景翰,金華人,受學許謙,明師下金華,召爲五經師,以老疾辭。】	《千頃堂書目》同《明史·藝文志稿》。
16	柏軒集,《分省人物考》「范祖幹著,字景先,金華人」。	范祖幹柏軒集□卷,字景先,金華人,與葉儀同被召辟爲諮議,以親老辭,學者稱純孝先生。	范祖幹柏軒集四卷【字景先,金華人,與葉儀同被召,辭辟爲諮議,以親老辭,學者稱純孝先生。】	《千頃堂書目》同《明史·藝文志稿》。
17	玉壺詩集,《金華縣新志》「滕浩著,字至剛」。		滕浩玉壺詩集【字至剛,金華人。】	《千頃堂書目》同《(雍正)浙江通志》。
18	雙崖集一卷,《金華縣新志》「邢沂著,字師魯」。	邢沂雙崖集一卷,字師魯,金華人,受經范祖幹,隱於虎崖鶴崖之間,故名其集曰雙崖。	邢沂雙崖集一卷【字師魯,金華人,受經范祖幹之門,以詞翰知名,隱於虎崖、鶴崖之間,故名其集曰雙崖。】	《千頃堂書目》同《明史·藝文志稿》。
19	隸山堂雜稿,《(嘉靖)金華縣志》「邢俛著,字敬之」。		邢俛隸山堂雜稿【字茂之,金華人。】	《千頃堂書目》同《(雍正)浙江通志》。
20	石溪集,《(嘉靖)金華縣志》「成璿著,字茂先」。		成濬石溪集【字茂先,金華人。】	《千頃堂書目》同《(雍正)浙江通志》。
21	存齋稿,《(嘉靖)金華縣志》「汪雨著,字潤之」。		汪雨存齋稿【字潤之,金華人。】	《千頃堂書目》同《(雍正)浙江通志》。
22	樗散雜言,宋濂《序》「金華許存禮詩」。	許孚樗散雜言,字存禮,許謙子。洪武初薦起爲北平教授,坐誣累死。	許孚樗散雜言【字存禮,謙子,洪武初薦起爲北平教授,坐誣累死。】	《千頃堂書目》同《明史·藝文志稿》。
23	中中子集,《(嘉靖)金華縣志》「邵政著,字宗政」。		邢政中中子集【字宗政,金華人,由吏員入仕,至禮部郎中。】	《千頃堂書目》此注《(雍正)浙江通志》爲詳,不知出處。
24	成齋文集,《(嘉靖)金華縣志》「王珹著」。		王珹成齋文集【金華人。】	《千頃堂書目》同《(雍正)浙江通志》。
25	南山集,《(萬曆)金華府志》「韓循仁著,字進之,金華人」。	韓循仁南山集,字進之,永康人,與宋濂、吳履交。	韓循仁南山集【字進之,金華人,居永康,與宋濂吳履交。】	《千頃堂書目》同《明史·藝文志稿》。
26	紀行詩,《(萬曆)義烏縣志》「傅藻著,字伯長」。		傅藻紀行詩【字伯長,義烏人。】	《千頃堂書目》同《(雍正)浙江通志》。

27	松山集,《(萬曆)義烏縣志》「何傳著,字宗文」。		何傳松山集【字宗文,義烏人。】	《千頃堂書目》同《(雍正)浙江通志》。
28	養素齋稿八卷,《金華賢達傳》「俞慶著,字大有,義烏人」。	俞慶養素齋詩八卷,金華人,明初義烏訓導。	俞慶養素齋稿八卷【字大有,義烏人,一作金華人,明初義烏訓導。】	《千頃堂書目》此注綜合《明史·藝文志稿》與《(雍正)浙江通志》而成。
29	尚志齋稿十卷,《金華賢達傳》「慶子恂著,字子嚴」。	俞恂尚志齋稿二十卷,慶子,官本郡訓導。	俞恂尚志齋稿八卷【字子嚴,慶子,官本郡訓導。】	《千頃堂書目》同《明史·藝文志稿》。
30	百字吟半齋稿,《(萬曆)義烏縣志》「虞摶著,字天民」。		虞摶百字吟,又半齋稿【字天民,義烏人。】	《千頃堂書目》同《(雍正)浙江通志》。
31	百一稿無逸齋稿鶴岩集合二十卷,《東陽縣新志》「楊蒂著,字仲彰,義烏人」。	楊蒂百一稿□卷,又無逸齋稿□卷,又鶴崖集二十卷,字仲章,一字質夫。義烏人。從東陽,從黃溍、陳樵學。明初薦舉。	楊蒂百一稿無逸齋稿鶴崖集合二十卷【字仲彰,一字質夫,義烏人,徙東陽,從黃溍、陳樵學,明初薦舉。】	《千頃堂書目》目同《(雍正)浙江通志》,注釋同《明史·藝文志稿》。
32	青村遺稿,《(萬曆)義烏縣志》「金涓著,字德原」。		金涓青付遺稿【字德原,義烏人。】	《千頃堂書目》同《(雍正)浙江通志》。
33	靜軒詩集,《金華賢達傳》「張森著,字餘之,浦江人」。		張森靜軒詩集【字餘之,浦江人。】	《千頃堂書目》同《(雍正)浙江通志》。
34	桂林一枝稿又崑山片玉稿,《(萬曆)義烏縣志》「馮翊著,字原輔」。		馮翊桂林一枝稿,又崑山片玉稿【字原輔,義烏人。】	《千頃堂書目》同《(雍正)浙江通志》。
35	四松軒稿,《金華賢達傳》「馮塤著,字伯茂,義烏人。從弟仲庸有梅溪漁隱集」。		馮塤四松軒稿【字伯茂,義烏人。】	《千頃堂書目》把馮塤、馮仲庸分列兩條。
36			馮仲庸梅溪漁隱集【塤從弟。】	《千頃堂書目》同《(雍正)浙江通志》。
37	蘭渚漁歌,《(正德)蘭溪縣志》「吳奐著,字德章」。		吳奐蘭渚漁歌【字德章,蘭溪人。】	《千頃堂書目》同《(雍正)浙江通志》。
38	義門鄭氏三先生文集,《內閣書目》「元金華鄭濤、鄭泳、鄭淵著」,《金華賢達傳》「濤字仲舒,有《藥房集》泳字仲潛,有	鄭淵逐初齋稿十卷,浦江義門鄭氏有孝行,宋濂謚之貞孝處士。	鄭淵逐初齋稿十卷【浦江義門鄭氏有孝行,宋濂謚之貞孝處士。】	《千頃堂書目》同《明史·藝文志稿》。

	《半軒集》，淵字仲涵，有《遂初齋稿》十卷」。		
39	道山集二十卷，《金華先民傳》「鄭棠著，字叔美，浦江人。弟楷字叔度，有《鳳鳴集》，柏字叔瑞，有《進德齋稿》」。	鄭栢進德齋稿，字叔端，浦江人，蜀王賜號清逸處士。	鄭柏進德齋稿【字叔端，浦江人，蜀王賜號清逸處士。】	《千頃堂書目》同《明史‧藝文志稿》。
40	委順夫集，《兩浙名賢錄》「唐光祖著，字仲暹，武康人」。	唐光祖委順夫集，永康人，隱居教授，為文典實有法。	唐光祖委順夫集【字仲暹，武康人，隱居不仕，為文典實有法。】	《千頃堂書目》同《明史‧藝文志稿》。
41	雙泉集，《金華先民傳》「呂熒著，字愼明，永康人」。	呂熒雙泉文集，字愼明，永康人。從宋濂遊，文有奇氣，以薦官刑部郎中。	呂熒雙泉文集【字愼明，永康人，從宋濂遊，文有奇氣，以薦官刑部郎中。】	《千頃堂書目》同《明史‧藝文志稿》。
42	純樸翁稿，《金華先民傳》「應恂著，字子孚，永康人」。		應恂純樸齋稿【字子孚，永康人。】	《千頃堂書目》同《(雍正)浙江通志》。
43	安素集，《(崇禎)浦江縣志》「傅揚善著，字大有」。		傅揚善安素集【字大有，浦江人。】	《千頃堂書目》同《(雍正)浙江通志》。
44	靜齋稿，《金華先民傳》「汪仲壽著，字仲山，蘭溪人」。		汪仲壽靜齋稿【字仲山，蘭溪人。】	《千頃堂書目》同《(雍正)浙江通志》。
45	石門集，《太平縣志》「陳鏗翁著，字太希」。		陳鏗翁石門集【字太希，太平人。】	《千頃堂書目》同《(雍正)浙江通志》。
46	愼餘稿，《台州府志》「太平邱海朝宗著」。		丘海愼餘稿【字朝宗，太平人。】	《千頃堂書目》同《(雍正)浙江通志》。
47	南齋稿，《赤城新志》「陳德良著，字昌言，臨海人」。		陳德良南齋稿【字昌言，臨海人。】	《千頃堂書目》同《(雍正)浙江通志》。
48	蘭莊集，《兩浙名賢錄》「葉見泰著，字夷仲，臨海人」。	葉見泰蘭莊集，字彝仲，臨海人。洪武中刑部主事。	葉見泰蘭莊集【字彝仲，臨海人，洪武中刑部主事。】	《千頃堂書目》同《明史‧藝文志稿》。
49	瞻雲集，《(萬曆)臨海縣志》「王俊華著，字名仙」。		王俊華瞻雲集【字名仙，臨海人。】	《千頃堂書目》同《(雍正)浙江通志》。
50	汗漫集，臨海方克勤去矜著，見宋濂《方公墓版文》。	方克勤愚庵集二十卷，字去矜，寧海人。方孝孺父。洪武二年以訓導辟知濟南府。	方克勤愚庵集二十卷【字去矜，臨海人，正學之父。洪武二年以訓導辟知濟南府。】	《千頃堂書目》同《明史‧藝文志稿》。

51	靜齋集,《赤城新志》「徐宗實著,黃巖人」。		徐宗實靜齋集【黃巖人。】	《千頃堂書目》同《(雍正)浙江通志》。
52	使西集,《赤城新志》「黃斌著,字憲章,黃巖人」。		黃斌使西集【字憲章,黃岩人。】	《千頃堂書目》同《(雍正)浙江通志》。
53	郭元亮詩文集五卷,《赤城新志》「黃巖人」。		郭元亮詩文集五卷【黃岩人。】	《千頃堂書目》同《(雍正)浙江通志》。
54	暢軒稿,《尊鄉錄詳節》「郭櫃著,字德茂,黃巖人」。	郭櫃暢軒稿□卷,字德茂,台州人,官知縣。	郭櫃暢軒稿【字德茂,黃岩人,官知縣。】	《千頃堂書目》注綜合《明史‧藝文志稿》與《(雍正)浙江通志》而成。
55	蒼山集,《黃巖縣志》「王文啓著,名興,以字行」。		王文啓蒼山集【名興,以字行,黃岩人。】	《千頃堂書目》同《(雍正)浙江通志》。
56	湫西集,《台州府志》「張由益著,名進,以字行,黃巖人」。		張由益湫西集【名進,以字行,黃岩人。】	《千頃堂書目》同《(雍正)浙江通志》。
57		童子倫利故生集□卷,蘭溪人,自名其堂曰「恒德」,吳履爲之記。	童子倫利故生集□卷【蘭溪人,自名其堂曰恒德,吳履爲之記。(盧補)】	《千頃堂書目》此條係盧文弨增補。
58	風瓢遺響,《台州府志》「蔡阡著,號俟軒」。		蔡阡風瓢遺響【號俟軒,台州人。】	《千頃堂書目》同《(雍正)浙江通志》。
59	懷癡子集,《黃巖縣志》「童琫著,號琴堂」。		童琫懷癡子集【號琹堂,黃岩人。】	《千頃堂書目》同《(雍正)浙江通志》。
60	訥齋蛙吟十卷,《黃巖縣志》「余尙則著,名郁,以字行」。		余尙則訥齋蛙吟十卷【名郁,以字行,黃岩人。】	《千頃堂書目》同《(雍正)浙江通志》。
61	采蘭集,《赤城新志》「金礎著,字廷器」。		金礎采蘭集【字廷器,台州人。】	《千頃堂書目》同《(雍正)浙江通志》。
62	澹庵稿,《台州府志》「金茂著,字敬緒,黃巖人」。		金茂澹庵稿【字敬緒,黃岩人。】	《千頃堂書目》同《(雍正)浙江通志》。
63	老圃詩集,《台州府志》「楊偉著,字公俊,天台人」。		楊偉老圃詩集【字公俊,天台人。】	《千頃堂書目》同《(雍正)浙江通志》。
64	觀樂生集五卷附錄一卷,《百川書志》「越南隱君子許繼士修撰,寧海縣志林升編」。	許繼觀樂生詩集五卷,字士修,寧海人。自號觀樂生。方希直稱其善爲詩,有魏晉人格。	許繼觀樂生集五卷附錄一卷【字士修,寧海隱士,集爲林升編。】	《千頃堂書目》同《(雍正)浙江通志》。

65	郭太學遺稿，《(萬曆)寧海縣志》「郭濬著，字士淵。按《赤城新志》作樗園稿」。	郭濬郭太學遺稿，字子淵，寧海人。洪武初取入太學，名重一時，為祭酒所譖，坐法死。	郭濬郭太學遺稿【字子淵，寧海人，洪武初取入太學，名重一時，為祭酒所譖，坐法死，赤城新志作樗園稿。】	《千頃堂書目》綜合《(雍正)浙江通志》與《明史・藝文志稿》而成。
66	武昌集，《(萬曆)寧海縣志》「鄭好仁著，字士元」。		鄭好仁武昌集【字士元，寧海人。】	《千頃堂書目》同《(雍正)浙江通志》。
67	操縵稿，《赤城新志》「王琦著，字修德，寧海人」。	王琦操縵稿，寧海人，與郭濬皆以文名，林右稱其如月墮澄江，上下一色，净絕垢氛，清明之氣可掬。坐事謫滇南。	王琦操縵稿【字修德，寧海人，與郭濬皆以文名，林右稱其如月墮澄江，上下一色，淨絕垢氛，清明之氣可掬，後坐事謫滇南。】	《千頃堂書目》綜合《(雍正)浙江通志》與《明史・藝文志稿》而成。
68	王紀善集，《寧海縣志》「王璞著」。		王璞王紀善集【寧海人。】	《千頃堂書目》同《(雍正)浙江通志》。
69	約軒稿，《寧海縣志》「方湜著」。		方湜約軒稿【寧海人。】	《千頃堂書目》同《(雍正)浙江通志》。
70	四梅集，《台州府志》「葉兌著，字良仲，寧海人」。	葉兌四梅集，字良仲，寧海人。嘗獻武事一綱三目於明太祖。晚植四梅於庭，因以名其集。	葉兌四梅集【字良仲，寧海人，嘗獻武事一綱三目於明太祖，晚植四梅於庭，因以名集。】	《千頃堂書目》同《明史・藝文志稿》。
71	石樓文稿，《赤城新志》「顧碩著，字景蕃，仙居人」。		顧碩石樓文稿【字景蕃，仙居人。】	《千頃堂書目》同《(雍正)浙江通志》。
72	藥所稿，《(嘉靖)太平縣志》「李毓著，字長民」。		李毓藥所稿【字長民，太平人。】	《千頃堂書目》同《(雍正)浙江通志》。
73	翠屏稿又登瀛稿，《太平縣志》「黃友誼著」。		黃友誼翠屏稿，又登瀛稿【太平人。】	《千頃堂書目》同《(雍正)浙江通志》。
74	保光集，《赤城新志》「張挺著，字廷玉」。		張珽保光集【字廷玉，台州人。】	《千頃堂書目》同《(雍正)浙江通志》。
75	書隱西上南遊等集，《(成化)四明郡志》「工賓著，字用賓，鄞縣人」。		王賓書隱西上南遊等集【字用賓，鄞人。】	《千頃堂書目》同《(雍正)浙江通志》。
76	雲屋集，《(成化)四明郡志》「胡庚著，字文剛，鄞縣人」。		胡庚雲屋集【字文剛，鄞人。】	《千頃堂書目》同《(雍正)浙江通志》。

77	芸窗稿,《兩浙名賢錄》「姚伯良著,名驥,以字行,鄞縣人」。		姚伯良芸窗稿【名驥,以字行,鄞人。】	《千頃堂書目》同《(雍正)浙江通志》。
78	安分集,《(嘉靖)寧波府志》「鄭本忠著,字本忠,鄞縣人」。		鄭本忠安分集十卷【字本忠,鄞人,洪武中以薦爲昌國訓導,旋遷泰府教授,永樂初仍故官。】	《千頃堂書目》注較《(雍正)浙江通志》爲詳。
79	溪雲稿,《(嘉靖)慈谿縣志》「錢玨著,號溪雲」。		錢玨溪雲稿【慈谿人。】	《千頃堂書目》同《(雍正)浙江通志》。
80	夢墨稿十卷,《(嘉靖)慈谿縣志》「時銘著,字季照,以字行」。		時銘夢墨稿十卷【字季照,以字行,慈谿人,洪武中官四川按察司僉事。】	《千頃堂書目》注較《(雍正)浙江通志》爲詳。
81	容齋集,《兩浙名賢錄》「桂同德著,慈谿人」。		桂同德容齋集【慈谿人。】	《千頃堂書目》同《(雍正)浙江通志》。
82	明白先生集,《兩浙名賢錄》「王桓著,字彥貞,慈谿人」。	王桓明白先生集,字彥貞,慈谿人。洪武初舉明經,盧氏縣丞。	王桓明白先生集【字彥貞,慈谿人,洪武初,舉明經,官盧氏令。】	《千頃堂書目》同《明史·藝文志稿》。
83	桑榆稿,《(成化)四明郡志》「桂瓌著,字懷英,慈谿人」。		桂瓌桑榆稿【字懷英,慈谿人。】	《千頃堂書目》同《(雍正)浙江通志》。
84	東谷集,《(萬曆)象山縣志》「黃思銘著」。		黃思銘東谷集【象山人。】	《千頃堂書目》同《(雍正)浙江通志》。
85	雲屋集,《(嘉靖)寧波府志》「蔣景高著,字伯尙,象山人」。		蔣景高雲屋集【字伯尙,象山人。】	《千頃堂書目》同《(雍正)浙江通志》。
86	雙桂集,《(成化)四明郡志》「袁塈著,奉化人」。		袁塈雙佳集【奉化人。】	《千頃堂書目》同《(雍正)浙江通志》。
87	南洲集十五卷,《奉化縣志》「徐瑾著,字大章」。		徐瑾南洲集十五卷【字大章,奉化人。】	《千頃堂書目》同《(雍正)浙江通志》。
88	清軒稿,《奉化縣志》「陳協和著,字久恒」。		陳協清軒稿【字久恒,奉化人。】	《千頃堂書目》同《(雍正)浙江通志》。
89	樂良遺稿五十卷,《黃氏書目》「定海人」。	樂良遺稿五十卷,定海人,受學程端禮。洪武中爲本縣教諭。	樂良遺稿五十卷【定海人,受學程端禮,洪武中爲本學教諭。】	《千頃堂書目》同《明史·藝文志稿》。

90	視志稿，《黃氏書目》「傅淳著，字伯厚，慈谿人」。	傅淳視志稿，字伯原，慈谿人，洪武中徵士。	傅淳視志稿【字伯厚，慈谿人，洪武中徵士。】	《(雍正)浙江通志》出自《明史·藝文志稿》，《千頃堂書目》則與二書同。
91		潘若水退庵集，鄞縣人。明初翰林院侍詔，以罪謫陝西行太僕寺吏。	潘若水退庵集【鄞縣人，明初翰林院待詔，以罪謫陝西，行太僕寺吏。】	《千頃堂書目》同《明史·藝文志稿》。
92	守齋類稿三十卷，宋濂《守齋類稿序》「顧德潤著，名輝，鄞人。分前、後、外三集」。	顧輝守齋類稿三十卷，字德潤，鄞人。十歲善屬文，博士俞希魯以神童舉，辭不就。與桂彥良為外兄弟。一名淵，字德輝。	顧輝守齋類稿前後外三集共三十卷【字德潤，鄞人，宋濂序。】	《千頃堂書目》同《(雍正)浙江通志》。
93	慎庵稿，《(弘治)紹興府志》「胡春著，字符伯，山陰人。弟槐字粹中，有南行集西行集思復齋稿」。		胡春慎庵稿【字符伯，山陰人。】	《千頃堂書目》同《(雍正)浙江通志》。
94			胡槐南行集，又西行集，又思復齋稿【字粹中，春弟。】	《千頃堂書目》同《(雍正)浙江通志》。
95	陶鉛集又驢背集又自怡集，《兩浙名賢錄》「朱純著，字克粹，山陰人」。		朱純陶鉛集，又驢背集，又自怡集【字克粹，山陰人。】	《千頃堂書目》同《(雍正)浙江通志》。
96	北郭集，《(弘治)紹興府志》「毛鉉著，字鼎仁，山陰人」。		毛鉉北郭集【字鼎仁，山陰人。】	《千頃堂書目》同《(雍正)浙江通志》。
97	庸庵集，《(弘治)紹興府志》「蔡庸著，字惟中，山陰人」。		蔡庸庸庵集【字惟中，山陰人。】	《千頃堂書目》同《(雍正)浙江通志》。
98	閱耕集二十卷，《(弘治)紹興府志》「李勘著，字文勉，山陰人」。		李勘閱耕集二十卷【字文勉，山陰人。】	《千頃堂書目》同《(雍正)浙江通志》。
99	劉考功集，《(萬曆)紹興府志》「劉眞著，字天錫，山陰人」。		劉直劉考功集【字天錫，山陰人。】	《千頃堂書目》同《(雍正)浙江通志》。
100	雲航集，《(弘治)紹興府志》「張一鳴著，字天民，餘姚人」。	張天民雲航集一卷	張一民雲航集【字天民，餘姚人。】	《千頃堂書目》同《(雍正)浙江通志》。

101	悠然集，《（萬曆）上虞縣志》「葛貞著，字原良。按上虞又有姚輯字孟義，有《守齋詩稿》、范彰字仲彰，有《和陶詩》《守拙稿》《歸田稿》、薛文舉字才用，有《訥齋遺稿》、柳南字南仲，有《南軒稿》、劉鵬字翼南，有《翼南詩稿》、伍建有《未庵稿》、徐顥有《成玩稿》、劉履有《草澤閒吟》」。		葛貞悠然集【字原良，上虞人。】	《千頃堂書目》於各條分別著錄，見下。
102			范彰和陶詩，又守拙稿，又歸田稿【字仲彰，上虞人。】	《千頃堂書目》同《（雍正）浙江通志》。
103			姚輯守齋詩稿【字孟義，上虞人。】	《千頃堂書目》同《（雍正）浙江通志》。
104			夏時守墨稿【字時中，上虞人，葉瑠錄其文行於世。】	《千頃堂書目》同《（雍正）浙江通志》。
105			薛文舉訥齋遺稿【字才用，上虞人。】	《千頃堂書目》同《（雍正）浙江通志》。
106			柳南南軒稿【字南仲，上虞人。】	《千頃堂書目》同《（雍正）浙江通志》。
107			劉鵬劉翼南詩稿【上虞人。】	《千頃堂書目》同《（雍正）浙江通志》。
108			伍建未庵稿【上虞人。】	《千頃堂書目》同《（雍正）浙江通志》。
109			徐顥成玩稿【上虞人。】	《千頃堂書目》同《（雍正）浙江通志》。
110			劉履草澤閒吟【上虞人。】	《千頃堂書目》同《（雍正）浙江通志》。
111	退翁集，《（嘉靖）餘姚縣志》「宋棠著，字思賢」。		宋棠退翁集【字思賢，餘姚人。】	《千頃堂書目》同《（雍正）浙江通志》。
112	仙巖文集四卷，《（弘治）紹興府志》「樓英著，蕭山人。一名公爽，字全善」。		樓英仙巖文集四卷【一名公爽，字全善，蕭山人。】	《千頃堂書目》同《（雍正）浙江通志》。
113	蜩鳴集，《兩浙名賢錄》「楊立著，字大本，諸暨人」。		楊立蜩鳴集【字大本，諸暨人。】	《千頃堂書目》同《（雍正）浙江通志》。

114	星溪集,《諸暨縣志》「郭斯垕著,字伯載」。		郭斯垕星溪集【字伯載,諸暨人。】	《千頃堂書目》同《(雍正)浙江通志》。
115	落軒集,《(弘治)紹興府志》「陳韶著,字伯善,諸暨人」。		陳韶落軒集【字伯善,諸暨人。】	《千頃堂書目》同《(雍正)浙江通志》。
116	翠微漫稿,《(成化)新昌縣志》「董荊著,字宗楚」。		董荊翠微漫稿【字宗楚,新昌人。】	《千頃堂書目》同《(雍正)浙江通志》。
117	介石集,《(成化)新昌縣志》「章衡民著」。		章衡民介石集【新昌人。】	《千頃堂書目》同《(雍正)浙江通志》。
118	南莊詩稿,《(成化)新昌縣志》「隱士章文華著」。		章文華南莊詩稿【新昌隱士。】	《千頃堂書目》同《(雍正)浙江通志》。
119	畊讀稿,《(成化)新昌縣志》「章廷端舊名廷瑞,字信臣」。		章廷端畊讀稿【舊名廷瑞,字信臣,新昌人。】	《千頃堂書目》同《(雍正)浙江通志》。
120	隨寓稿,《(成化)新昌縣志》「俞壽著,字本初」。		俞壽隨寓稿【字本初,新昌人。】	《千頃堂書目》同《(雍正)浙江通志》。
121	康山詩集,《(成化)新昌縣志》「丁義著,字宜民」。		丁義康山詩集【字宜民,新昌人。】	《千頃堂書目》同《(雍正)浙江通志》。
122	東岡集又禮庭遺稿,《(萬曆)紹興府志》「許汝霖著,字時用,嵊人」。	許汝霖東岡集又禮庭遺稿,字時用,嵊人,元國史院編修。明初召至京,乞歸,宋濂有送還家序。	許汝霖東岡集,又禮庭遺稿【字時用,嵊人,元國史院編修,明初召至京,乞歸,宋濂有送還家序。】	《千頃堂書目》同《明史‧藝文志稿》。
123	子轅字公載,有筠谷集。	李轅筠谷集,曄子,亦能詩,為宜倫縣丞。	李轅筠谷集【字公載,錢塘人,曄子,為宜倫縣丞。】	《千頃堂書目》同《明史‧藝文志稿》。
124	陳潛夫集,《錢塘縣志》「字振祖」。		陳潛夫集【字振祖,錢塘人。】	《千頃堂書目》同《(雍正)浙江通志》。
125	廣莫子稿又和陶集,《(成化)杭州府志》「莫維賢著,字景行,錢塘人」。		莫維賢廣莫子稿,又和陶集【字景行,錢塘人。】	《千頃堂書目》同《(雍正)浙江通志》。
126	松雨集,《(成化)杭州府志》「平顯著,字仲微,錢塘人」。		平顯松雨集【字仲微,錢塘人。】	《千頃堂書目》同《(雍正)浙江通志》。

127	希言集一卷,《(弘治)嘉興府志》「陳世昌著,字彥博,錢塘人。按《橋李詩繫》作希賢誤」。	陳世昌希賢集,錢塘人,元至正初由布衣入爲翰林修撰。洪武初征入修禮樂書,授太常博士。	陳世昌希言集【字彥博,錢塘人,至正初由布衣入爲翰林修撰,洪武初征入修禮樂書,授太常博士。】	《千頃堂書目》綜合《明史·藝文志稿》及《(雍正)浙江通志》而成。
128	完軒集二卷,《(成化)杭州府志》「鄭璧著,字伯規,仁和人。孫環編次」。	鄭璧完軒集二卷字伯規,仁和人,張宣爲作《孝子傳》。	鄭璧完軒集二卷【字伯規,仁和人,洪武初孝子,張宣爲傳,孫環編次。】	《千頃堂書目》綜合《明史·藝文志稿》及《(雍正)浙江通志》而成。
129	西崦稿《仁和縣志》「高鋏著,更名來,字良玉」。		高鋏西崦稿【更名來,字良玉,仁和人。】	《千頃堂書目》同《(雍正)浙江通志》。
130	壼父集,《(成化)杭州府志》「王謙著,字自牧,錢塘人」。		王謙壼父集【字自牧,錢塘人。】	《千頃堂書目》同《(雍正)浙江通志》。
131	退庵集,《(成化)杭州府志》「夏節著,字文度,錢塘人」。		夏節退庵集【字文度,錢塘人。】	《千頃堂書目》同《(雍正)浙江通志》。
132	西崦詩集,《(成化)杭州府志》「周昉著,字符亮,錢塘人」。		周昉西崦詩集【字符亮,錢塘人。】	《千頃堂書目》同《(雍正)浙江通志》。
133	孫蔗田集,《兩浙名賢錄》「錢塘隱士,不知何名」。		孫蔗田集【錢塘隱士,不知何名。】	《千頃堂書目》同《(雍正)浙江通志》。
134	雪崖集,《(嘉靖)海寧縣志》「朱祚著,字永年」。		朱祚雪崖集【字永年,海寧人。】	《千頃堂書目》同《(雍正)浙江通志》。
135	半隱集,《嘉興府圖記》「錢鈞著,字志衡,嘉興人」。		錢鈞半隱集【字志衡,嘉興人。】	《千頃堂書目》同《(雍正)浙江通志》。
136	希賢集,《(萬曆)秀水縣志》「沈鉉著」。		沈鉉希賢集【秀水人。】	《千頃堂書目》同《(雍正)浙江通志》。
137	足庵集,《(萬曆)嘉興府志》「徐樞著,海鹽人」。		徐樞足庵集【海鹽人。】	《千頃堂書目》同《(雍正)浙江通志》。
138	韋軒集,《(崇禎)烏程縣志》「陳援著,字以道」。		陳援韋軒集【字以道,烏程人。】	《千頃堂書目》同《(雍正)浙江通志》。
139	潛齋集,《(弘治)湖州府志》「許德彰著,長興人」。		許德彰潛齋集【長興人。】	《千頃堂書目》同《(雍正)浙江通志》。
140	林霖集六卷,《(嘉靖)長興縣志》「吳中著,字宗本」。		吳中林霖集六卷【字宗本,自號青霞處士,長興人。】	《千頃堂書目》較《(雍正)浙江通志》爲詳。

141	約庵詩集三卷,《(嘉靖)長興縣志》「韋齡著」。		韋齡約庵詩集三卷【長興人。】	《千頃堂書目》同《(雍正)浙江通志》。
142	樵樂存稿,《(嘉靖)長興縣志》「吳畸著」。		吳畸樵樂存稿【長興人。】	《千頃堂書目》同《(雍正)浙江通志》。
143	臨清集,《(弘治)湖州府志》「車昭著,字叔明,德清人」。		車昭臨清集【字叔明,德清人。】	《千頃堂書目》同《(雍正)浙江通志》。
144	自鳴稿又鳴陽稿,《(弘治)衢州府志》「徐蘭著,字與善,開化人」。	徐蘭自鳴稿一卷,字與善,開化人。洪武中舉京闈鄉試,拜合陽令,坐事謫戍。後官國子監助教。	徐蘭自鳴稿一卷【字與善,開化人,洪武中舉京闈鄉試,拜合陽令,坐事謫戍,後官國子助教。】	《千頃堂書目》同《明史・藝文志稿》。
145	翠屏集,《(萬曆)壽昌縣志》「徐誼著,字宜叔」。		徐誼翠屏集【字宜叔,壽昌人。】	《千頃堂書目》同《(雍正)浙江通志》。
146	聽松集,《嚴陵志》「俞深著,字景淵,桐廬人。按:《黃氏書目》作『雜詩十卷』」。	俞深雜詩十卷,字魯淵,桐廬人,明初建寧教授。	俞深雜詩十卷【字魯淵,桐廬人,明初建寧教授,嚴陵志作聽松集。】	綜合二者而成。
147	石泉集又二妙集,《(萬曆)遂安縣志》「俞峴著,字石泉」。		俞峴石泉集,又二妙集【字石泉,遂安人。】	《千頃堂書目》同《(雍正)浙江通志》。
148	南楹集,《分水縣志》「王興著,字行之」。		王興南楹集【字行之,分水人。】	《千頃堂書目》同《(雍正)浙江通志》。
149	行吟集,《(萬曆)嚴州府志》「張冠著,字士敬,桐廬人」。	張冠北山樵隱行吟集,字士毅,桐廬人,洪武十四年官蘇州知府。	張冠北山樵隱行吟集【字士毅,桐廬人,洪武十四年官蘇州知府。】	《千頃堂書目》同《明史・藝文志稿》。
150	玉雪臺集,《東甌續集》「王份著,字仲質,永嘉人」。		王份玉雪臺集【字仲質,永嘉。】	《千頃堂書目》同《(雍正)浙江通志》
151	蓮塘稿,《兩浙名賢錄》「王淵著,字如淵,永嘉人」。	王淵蓮塘集,字如淵,永嘉人,洪武初本學訓導。	王淵蓮塘集【字如淵,永嘉人,洪武初本學訓導。】	《千頃堂書目》同《明史・藝文志稿》。
152	蒼巖先生文集,《(萬曆)溫州府志》「蔣允汶著,字彬夫,永嘉人」。	蔣允汶蒼崖文集字彬夫,永嘉人,元進士洪武初薦起爲溫州府學訓導。	蔣允汶蒼崖文集【字彬夫,永嘉人,元進士,洪武初薦,起爲溫州府學訓導。】	《千頃堂書目》同《明史・藝文志稿》。
153	沖虛集二十卷,《(萬曆)溫州府志》「錢朝彥著,字用明,樂清人」。		錢朝彥沖虛集二十卷【字用明,樂清人。】	《千頃堂書目》同《(雍正)浙江通志》。

154	行素稿,《分省人物考》「趙新著,樂清人,字彥銘,按:《東甌詩集》作《止軒集》。」		趙新行素稿【字彥銘,樂清人,《東甌詩集》作止軒集。】	《千頃堂書目》同《(雍正)浙江通志》。
155	梅雪窩集,《東甌續集》「南堯民著,字思尹,樂清人」。		南堯民梅雪窩集【字思尹,樂清人。】	《千頃堂書目》同《(雍正)浙江通志》。
156	冷齋集,《(萬曆)溫州府志》「王宗遠著,名珏,以字行,平陽人」。		王宗遠冷齋集【名珏,以字行,平陽人。】	《千頃堂書目》同《(雍正)浙江通志》。
157	雪舟吟稿,《(隆慶)平陽縣志》「章功懋著,字子勉」。		章功懋雪舟吟稿【字子勉,平陽人。】	《千頃堂書目》同《(雍正)浙江通志》。
158	布鼓集,《(隆慶)平陽縣志》「董瑨著,字仲石」。		董瑨布鼓集【字仲石,平陽人。】	《千頃堂書目》同《(雍正)浙江通志》。
159	扗笏軒集,《(萬曆)溫州府志》「劉覯撰」。		劉覯扗笏軒集【永嘉人。】	《千頃堂書目》同《(雍正)浙江通志》。
160	緄窩集,《(萬曆)溫州府志》「劉觀著,永嘉人」。		劉觀緄窩集【永嘉人。】	《千頃堂書目》同《(雍正)浙江通志》。
161	壺山行雲稿,《(萬曆)溫州府志》「劉南金著」。		劉南金壺山行雲集【永嘉人。】	《千頃堂書目》同《(雍正)浙江通志》。
162	寫懷存稿,《(萬曆)溫州府志》「劉清著」,《東甌詩集》「字惟寅,永嘉人」。		劉清寫懷存稿【字惟寅,永嘉人。】	《千頃堂書目》同《(雍正)浙江通志》。
163	巢雲集三十卷,《栝蒼匯紀》「麗水潘伯濟著」。		潘伯濟巢雲集三十卷【麗水人。】	《千頃堂書目》同《(雍正)浙江通志》。
164	石樓文集,《括蒼匯紀》「麗水黃池著,字伯生」。		黃池石樓文集【字伯生,麗水人。】	《千頃堂書目》同《(雍正)浙江通志》。
165	吟癡集,《括蒼匯紀》「麗水祝金著,字廷心」。		祝金吟癡集【字廷心,麗水人。】	《千頃堂書目》同《(雍正)浙江通志》。
166	泉石稿,《括蒼匯紀》「麗水李參著,字景參」。		李參泉石稿【字景參,麗水人。】	《千頃堂書目》同《(雍正)浙江通志》。

167	交山集，《兩浙名賢錄》「王廉著，字希陽，麗水人」。	王廉交山集又南征錄，出使安南時作。使歸擢工部員外郎，以躓等辭，改澠池丞。	王廉交山集【字希陽，麗水人。】南征錄【出使安南時作，使歸，擢工部員外郎，以躓等辭，改澠池令。】	注合《（雍正）浙江通志》及《明史‧藝文志稿》而成。
168	雉足稿，《括蒼匯紀》「麗水潘初著」。		潘初雉足稿【麗水人。】	《千頃堂書目》同《（雍正）浙江通志》。
169	兩庵集又和陶集又璧水集又海岱集，《括蒼匯紀》「松陽包文舉仕登著」。		包文舉兩庵集，又和陶集，又璧水集，又海岱集【字仕登，青田人。】	《千頃堂書目》同《（雍正）浙江通志》。
170	慰思集，《括蒼匯紀》「青田蔣謐著，字則言」。		蔣謐慰思集【字則言，青田人。】	《千頃堂書目》同《（雍正）浙江通志》。
171	觀光集，《括蒼匯紀》「青田林伯光著」。		林伯光觀光集【青田人。】	《千頃堂書目》同《（雍正）浙江通志》。
172	潛居集二卷，《括蒼匯紀》「青田厲光著，字仲潛」。		厲光潛居集二卷【字仲潛，青田人。】	《千頃堂書目》同《（雍正）浙江通志》。
173	中山吏隱集，《括蒼匯紀》「青田項昌銘著」。		項昌銘中山吏隱集【青田人。】	《千頃堂書目》同《（雍正）浙江通志》。
174	素履集，《括蒼匯紀》「縉雲朱維嘉著」。		朱維嘉素履集【縉雲人。】	《千頃堂書目》同《（雍正）浙江通志》。
175	琴鶴集，《兩浙名賢錄》「趙塤著，字伯和，縉雲人」。		趙塤琴鶴集【字伯和，縉雲人。】	《千頃堂書目》同《（雍正）浙江通志》。
176	倥侗集八卷，《古括遺芳》「松陽練魯希曾著」，按《黃氏書目》又有《外集》四卷。	練魯倥侗集八卷又外集四卷，字希曾，松陽人，元鄉薦，國初征之不出。	練魯倥侗集八卷外集四卷【字希曾，松陽人，元鄉薦，明初征之不出。】	《千頃堂書目》同《明史‧藝文志稿》
177	少微集，《括蒼匯紀》「松陽陳德詢著」。		陳德詢少微集【松陽人。】	《千頃堂書目》同《（雍正）浙江通志》。
178	芸齋集，《括蒼匯紀》「龍泉胡深著，字仲淵」。		胡深芸齋集【字仲淵，龍泉人。】	《千頃堂書目》同《（雍正）浙江通志》。
179	龍淵集，《括蒼匯紀》「章溢著」。		章溢龍淵集	《千頃堂書目》同《（雍正）浙江通志》。
180	百韻梅花詩一卷詠史詩一卷槐溪吟稿一卷，《括蒼匯紀》「宣平吳廷桓著」。		吳廷桓百韻梅花詩一卷詠史詩一卷槐溪吟稿一卷【宣平人。】	《千頃堂書目》同《（雍正）浙江通志》。

181	友梅集又槐屋集,《括蒼匯紀》「宜平王雋著,字叔英」。		王雋友梅集,又槐屋集【字叔英,宜平人。】	《千頃堂書目》同《(雍正)浙江通志》。
182	瑤林集又滄江集,桐廬徐舫方舟著,見宋濂《徐方舟墓銘》。	徐舫瑤林集又滄江集,桐廬人,字方舟,別號滄江散人,死而自題其墓曰「詩人徐方舟之墓」。	徐舫瑤林集,又滄江集【字方舟,桐廬人,別號滄江散人,死而自題其墓曰詩人徐方舟之墓。】	《千頃堂書目》同《明史・藝文志稿》
183	謙齋集二十卷,《(萬曆)紹興府志》「錢遜著,字謙伯,山陰人」。	錢遜謙齋集二十卷,字謙伯,山陰。洪武中以薦官寧夏水利提舉司吏目,升知縣,坐累謫交趾,起文昌縣主簿。	錢遜謙齋集二十卷【字謙伯,山陰人,洪武中以薦官寧夏水利提舉司吏目,升知縣,坐累謫交址,起文昌縣主簿。】	《千頃堂書目》同《明史・藝文志稿》。

上表中的 183 個條目,除了第 57 條及 91 條不見於《(雍正)浙江通志》,其餘的 181 條又分為四種情況:

1、《千頃堂書目》與《(雍正)浙江通志》順序、條目完全相同,如 93～121 條、129～143 條、153～181 條(167、176 兩條稍異)。

2、《明史・藝文志稿》、《(雍正)浙江通志》皆收錄,《千頃堂書目》按照《明史・藝文志稿》著錄。有:第 144、149、151、152、176、182、183、123、122、82、70、67、54、50、48、41、40、39、38、22、18、15、16、5 條(共 24 條)。

3、《明史・藝文志稿》、《(雍正)浙江通志》皆收錄,《千頃堂書目》依照《(雍正)浙江通志》著錄:第 64、92 條。

4、綜合《明史・藝文志稿》及《(雍正)浙江通志》而成的情況:第 146、128、127、65、31、29、28、25、4、167 條。

《(雍正)浙江通志》多引自地方志及地方文獻,大多數條目的著錄項都比較簡單,只有著者、書名、籍貫、字號,第 1 種情況中的條目基本上如此。因為這些條目僅見於《(雍正)浙江通志》,就被《千頃堂書目》的編者原樣據以抄錄;第 2、3、4 三種情況,相較於第 1 種,有所變動,是因為這些作者作品《明史・藝文志稿》已經收錄,如果《(雍正)浙江通志》也收錄了該作者的作品,《千頃堂書目》的編者在經過比勘之後,優先選擇條目完整、注釋詳盡的條目加以著錄,第 2、3 種屬於如此情況;第 4 種是綜合《明史・藝文志稿》及《(雍正)浙江通志》的著錄內容,重新加工過的條目。如第 65 條「郭濬郭太學遺稿」,注云「字子淵,寧海人,洪武初取入太學,名重一時,為祭

酒所譖，坐法死。《赤城新志》作樗園稿」。《明史·藝文志稿》著錄此條爲「郭濬郭太學遺稿，字子淵，寧海人，洪武初取入太學，名重一時，爲祭酒所譖，坐法死」，無末句「《赤城新志》作樗園稿」。《(雍正)浙江通志》著錄爲「郭太學遺稿，《(萬曆)寧海縣志》『郭濬著，字士淵』。按：『《赤城新志》作《樗園稿》』」，可見《千頃堂書目》中的注釋是綜合了《明史·藝文志稿》及《(雍正)浙江通志》而成的。又如第 128 條「鄭璧完軒集二卷」，注云「字伯規，仁和人，洪武初孝子，張宣爲傳，孫環編次」，《明史·藝文志稿》著錄爲「鄭璧完軒集二卷，字伯規，仁和人，張宣爲作《孝子傳》」，《(雍正)浙江通志》著錄爲「完軒集二卷，《(成化)杭州府志》『鄭璧著，字伯規，仁和人。孫環編次』」，注釋也是綜合了《明史·藝文志稿》及《(雍正)浙江通志》而成。

　　類似的條目在別集類中還有許多，卷十八「永樂時人」下著錄「鄒濟頤庵集九卷」，注云「餘杭人，永樂初薦舉，官少詹事，兼翰林院侍讀學士，贈太子少保，諡文敏，《(成化)杭州府志》云『詩文四卷，孫煜編次』」，合《(雍正)浙江通志》「按《(成化)杭州府志》，詩文四卷，孫煜編次」及《明史·藝文志稿》「鄒濟頤庵集九卷，餘杭人，永樂初薦舉，官少詹事兼翰林侍讀學士，贈太子少保，諡文敏」而成。卷二十二著錄「楊言後江集三卷，字惟仁，鄞縣人，戶科給事中，湖廣參議。縣志作《保和堂集》」，《(雍正)浙江通志》據《鄞縣志》著錄「楊言保和堂集」，有按語云：「《黃氏書目》作後江集二卷」，查《明史·藝文志稿》著錄楊言《後江集》三卷，注爲「鄞縣人，正德辛巳進士，戶科給事中，湖廣參議」，《千頃堂書目》把「鄞縣志」三字替換爲「縣志」，合《明史·藝文志稿》及《(雍正)浙江通志》兩者而成一條；《千頃堂書目》卷二十三「嘉靖己丑科」著錄「楊祐興國集二卷，又楊氏四集十六卷」，注云「字汝承，錢塘人，湖廣按察司僉事。《分省人物考》云蘭溪人，所著有端居、興國、西曹、溧城、濟南、江西、湖上、荊南諸集，一作《丹泉集》」，合《明史·藝文志稿》「楊祐興國集二卷又楊氏四集十六卷，字汝成，錢塘人，嘉靖己丑進士，湖廣僉事」及《(雍正)浙江通志》「丹泉集十六卷，《錢塘縣志》『楊祐著，字汝承』，《分省人物考》『蘭溪人，所著有端居、興國、西曹、鄆城、濟南、江西、湖上、荊南諸集」而成。

　　實際上《千頃堂書目》「別集類」的情況不止以上四種，還有目自《明史·藝文志稿》，注同《(雍正)浙江通志》的情況，也有目由《明史·藝文志稿》及《浙江通志》合成的情況。如卷十七「王禕華川前後集二十五卷，又玉堂

雜著二卷，字子充，義烏人，國初征爲中書省掾，詔修元史，與宋濂同爲總裁官。書成，拜翰林待制，奉使招吐蕃，至蘭州召還，改使雲南，抗節死。建文元年贈翰林學士，諡文節，正統中改諡忠文。又王忠文公集二十四卷，永樂五年義烏丞鄱陽劉傑編輯」一條，《明史·藝文志稿》與《明詩綜》都收錄了王禕，《明史·藝文志稿》著錄爲「王禕忠文集二十四卷」，《明詩綜》爲「禕字子充，義烏人，國初征爲中書省掾，詔修元史，與宋濂同爲總裁官。書成，拜翰林待制，奉使招吐蕃，至蘭州召還，改使雲南，抗節死。建文元年贈翰林學士，諡文節，正統中改諡忠文。有華川、玉堂二集」，該條的書名項即自《（雍正）浙江通志》「華川前後集二十五卷，玉堂雜著二卷，《金華先民傳》『王禕著，字子充，義烏人』，按，永樂五年，義烏丞鄱陽劉傑編輯《忠文公集》，凡二十四卷」，注同《明詩綜》。

　　《千頃堂書目》的編者不再僅僅按照原書抄錄，而是在原條目的基礎上進行了補充豐富，使著錄內容更加豐富充實。但同時也給後世學者、研究者帶來了極大的困惑。因爲學人皆認爲《（雍正）浙江通志》成書在《千頃堂書目》之後，《千頃堂書目》中的這些條目本來如此，根本不會想到，後者有不少的條目是從前者中抄錄而來的。

第二節　《千頃堂書目》「別集類」以科舉中試前後爲序排列的方式肇始於《（雍正）浙江通志·經籍》

　　《千頃堂書目》「別集類」以科舉中試前後爲序排列，無科分者則酌附於各朝之末，頗便檢索，且於作者、書名下附錄字號、籍貫、官籍、諡號爲考訂明人生平之重要根據，這種做法最爲四庫館臣所贊許「視唐宋二志之糅亂特爲清晰，體例可云最善」〔註 1〕。《明史·藝文志稿》的別集類也是按照年代先後排列的，但是劃分比較粗略，分「洪武、建文、永樂、洪熙宣德、正統、景泰、天順、成化、弘治、正德、嘉靖、隆慶、萬曆初、萬曆中、萬曆末、啓禎」各時期，並且在編排時，通常把同一家族的作者，如父子、兄弟的作品，列在一起。《明史·藝文志》就沿襲了這種體例。雖然是按照年代來劃分，但由於係抄本流傳，僅「洪武時」著錄比較規範，以下的年代多錯亂混淆，如天順時混入永樂、正統作者作品，成化時混入景泰、天順作者作品。

〔註 1〕《四庫全書總目》卷「《千頃堂書目》提要」。

《明史‧藝文志稿》的別集類劃分遠不如《千頃堂書目》細緻和精準。實際上，《千頃堂書目》是沿習了《（雍正）浙江通志》「經籍」的編排方法。理由如下：

一、《浙江通志‧經籍》共十五卷，其中集部八卷（卷 248～255），收錄歷代浙江人著述，按照年代編排。每個朝代又按照時間先後進行劃分，如宋朝，就分了建隆至天禧時、天聖至嘉祐時、治平至元豐時等 12 個時期，末附婦人、道士、釋子類。卷 249 始收明代著述，先收「明初不由科舉及元末遺老入仕者」，自宋濂始，以「繆珊、繆璉著塌篴集」結束。下接「包葦蛟川集」、「葉砥坦齋集又退朝稿又芝山稿又鑾坡稿又溪居稿又南行稿經進稿」、「胡澄鵑突稿」，胡目下注「以上辛亥進士」，下接王景玉堂稿又南詔稿、馮忠漱芳齋稿，注「癸丑進士」，下接陳敏雪溪集、宋原用鄱陽集，注「丁卯鄉貢」，下接卓敬卓忠貞公遺書，注「戊辰進士」，下面還有姚肇蒙齋稿、石允常遇安軒集等，至「宋思平孝思集，又玉堂吟」止，各條目下分別有注釋標明科舉年代，此條後又標明「右洪武時人」，緊接著有編者按語云：「明人文集繁富，特以科目定其世次，其有歷仕數朝者，一以登科記爲斷。凡布衣及諸生，附見於後。」下一條目爲「朱肇撫安泮池稿」，注「己卯鄉貢」，已是建文元年。再往下依次按照科舉年份逐一著錄。由於明人著述豐富，詩文集頗多，《（雍正）浙江通志》的編者就想出了按照科舉中試先後爲序來排列的方法，布衣和諸生等無科分的附酌在各朝之末，這種做法與《千頃堂書目》的著錄方式是完全相同的。二者是不謀而合還是有先後關係？至此，我們還無法判斷。

二、《千頃堂書目》卷十八「洪武癸丑科」下著錄「馮忠漱芳齋稿」，注云「字存誠，義烏人」。《（雍正）浙江通志》卷二百四十九亦著錄「漱芳齋稿，《（萬曆）義烏縣志》『馮忠著，字存誠，癸丑進士』」，除了《千頃堂書目》未標明出處，兩個條目的著錄項是完全相同的。癸丑即洪武六年，這本來是個很普通的條目，但考《明史》卷七十一載洪武六年「是年遂罷科舉者十年，至十七年始復行科舉」，《太祖本紀》「六年」亦云，「二月乙未，諭罷科舉」，如此則洪武六年始罷科舉，至十七年方行恢復。且罷科舉事在年初，何以會有此年馮忠中舉耶？復考貝瓊《清江文集》卷十九有《歐陽先生文衡序》一文，云：「金華馮忠者，學精而志堅，洪武五年薦於春官，以少不更事，俾居成均，卒學。而余亦被召爲助教，遂從余學古文……忠肄業之暇，錄其文之粹者凡一百七十二篇，類爲六卷，題曰《文衡》，謂法之所在也。」《明史‧

藝文志稿》「總集類」亦著錄「馮忠歐陽先生文衡六卷」，注曰「金華人，洪武五年進士，輯歐文一百七十二首」〔註2〕，與貝瓊所記相吻合。此馮忠應該就是《（雍正）浙江通志》所記載的馮忠，《（雍正）浙江通志》據《（萬曆）義烏縣志》誤其為洪武六年進士，實際上馮忠是洪武五年登科的，這一年還未罷行科舉。《千頃堂書目》之誤同《（雍正）浙江通志》，可見就是抄錄了該書。又如《千頃堂書目》「景泰庚午科」下著錄「張昺《歸田稿》，又《棟莊集》，又《寓鳴集》，又《經子訓戒》共一百二十卷」，注云「字仲明，鄞人」，出自《（雍正）浙江通志》卷二百四十九「景泰庚午鄉貢」著錄張昺「歸田稿又棟莊稿又寓鳴集又經史訓戒，共百二十卷」，引自《（嘉靖）寧波府志》，注云「字仲明，鄞人」。《明史・藝文志稿》著錄為「張昺《歸田集》又《棟莊集》又《寓鳴集》，慈谿人，成化壬辰進士，四川副使」，盧文弨校云此條應移「成化壬辰科項旻」後，《（雍正）浙江通志》卷一百五十九「張昺小傳」曰「昺字仲明，慈谿人，成化壬辰進士」，這也是《千頃堂書目》沿襲《（雍正）浙江通志》的例子。

第三節　《千頃堂書目》沿襲《（雍正）浙江通志》的佐證

一、「永樂、宣德、正統」三朝的中舉人數及分佈地的統計分析

　　筆者在對永樂、宣德、正統三朝的中舉人數及分佈地加以統計分析後，更加肯定了《千頃堂書目》與《（雍正）浙江通志》之間的沿襲關係。

　　「永樂朝」共十五科，《千頃堂書目》收錄137人的著述，其中67人出自《（雍正）浙江通志》；《（雍正）浙江通志》「宣德朝」收錄26人，《千頃堂書目》中則有27人，「潘文奎愚莊集一卷」，《（雍正）浙江通志》列在「建文庚辰科」下，著錄為「愚莊集一卷，《（萬曆）溫州府志》『潘文奎著』，《東甌詩集》『字景昭，永嘉人』」。《千頃堂書目》則重出，一在卷十八「建文庚辰科」，為「潘文奎愚莊集一卷，字景昭，永嘉人」，一在卷十九「宣德時人」下，著錄為「潘文奎愚莊集一卷，字景明，永嘉人，宣德初官春坊司直郎，預修太宗，仁宗實錄，後官福建參議」。卷十八文字同《（雍正）浙江通志》，卷十九著錄同《明史・藝文志稿》，因為二書都收有「潘奎」條，且分列了不

〔註2〕《千頃堂書目》此條則在卷三十二。

同朝科。《明史·藝文志稿》中未標明科考年份，僅列其官仕履歷，有「宣德初」三字，《千頃堂書目》編者就把他歸入了「宣德時人」。考潘文奎實爲「建文二年庚辰科胡廣榜」進士也。

　　《(雍正)浙江通志》「正統朝」有 61 人，《千頃堂書目》有 54 人，二者之間 7 條的差異爲，《千頃堂書目》中的「羅周、羅頎、羅新」三條，《(雍正)浙江通志》列爲「洪武時人」、「劉紹師邵和唐音，又半齋集，又盧胡稿，又紀遊稿」，《(雍正)浙江通志》列爲「永樂時人」、「馬洪《續遊仙詩百首》」《(雍正)浙江通志》不見著錄、「徐履誠城南集二卷」《(雍正)浙江通志》列入「宣德時人」；《(雍正)浙江通志》中的「何熙、俞膺、姚綸、懷悅、馮奎、周寅、楊述、章珍、陸珪、朱訓、徐光大、求澧、范升」十三人，《千頃堂書目》誤入「景泰辛未科」。所以統計下來，二者的條目是一致的。在此要指出的是，正統乙丑科下著錄「陳叔紹毅齋集一卷」，注曰「名振，以字行，閩縣人，叔剛弟，監察御史，出爲湖廣按察副使」，則陳叔紹應是閩縣人。可《(雍正)浙江通志》卷二百四十九「正德乙丑科」卻收錄此條，著錄爲「毅齋集，《黃氏書目》陳叔紹著，名振，以字行，叔剛弟」，列在夏時正「瀛嶼稿一卷」下。考《(雍正)浙江通志》卷二百四十九「永樂時人」下著錄「陳叔剛陳吏部集，引自《(嘉靖)餘姚縣志》」，該書卷一百九十一有「陳叔剛小傳」，曰：「初爲縣從事，永樂初舉賢良，起爲吏部主事，歷郎中。性廉潔，在官三十餘年，居處服御如寒士，上方屬意大用，叔剛屢乞休勉，從之。宣德中再被召，不起。有《啓蒙故事》、《陳吏部集》行世。」《千頃堂書目》卷十八「永樂時人」亦收錄陳叔剛《陳吏部集》，同《(雍正)浙江通志》。《(雍正)浙江通志》編者把閩縣陳叔剛與嘉興陳叔剛混淆，看到《明史·藝文志稿》注釋陳叔紹爲叔剛弟，就當做同一人抄錄下來。實際上注釋中已經很明確的說明其爲閩縣人，稍加注意，就會把此條摒棄在外的，可見編者當時也是匆匆抄撮，絲毫未加考訂。二陳條在《明史·藝文志稿》的順序及條目著錄爲：「陳叔剛綱齋集十卷，名根，以字行。閩縣人，永樂辛丑進士，以監察御史預修永樂洪熙實錄，改翰林修撰，後纂修宣宗實錄，升侍讀，遭父喪卒；陳叔紹毅齋集一卷，名振，以字行，叔剛弟。正統乙丑進士，選監察御史，出爲湖廣按察副使。」

　　通過具體條目的比勘，可以肯定的是，《(雍正)浙江通志》卷二百四十九至二百五十一這三卷中（即明代浙江著述的集部部份）98%以上的條目，都在《千頃堂書目》中。除了極少數因爲年代的劃分同《千頃堂書目》不一致，

其他標明科第及年代的與《千頃堂書目》相同，這也幾乎是《千頃堂書目》中全部浙江作家的數目。

二、二者之間沿襲關係的進一步探析

（一）著錄年代、作者、書名訛誤的條目

另外，我們從《千頃堂書目·集部》的其他條目中也可以找到佐證，卷十七著錄「錢朝彥沖虛集二十卷，字用明，樂清人」，作明初人。考錢朝彥乃宋人，周必大《平園續稿》卷三十八有《沖虛居士錢君墓碣》云「朝彥晚喜道家說，自號沖虛居士，作詩不求工，而語有塵外趣，有沖虛集二十卷」。《千頃堂書目》之所以出現著錄年代的錯誤，是因為《雍正志》卷二百四十九「經籍二·明」中著錄「錢朝彥沖虛集二十卷」，引自《（萬曆）溫州府志》云「朝彥字用明，樂清人」，列在洪武時期。孫詒讓在《溫州經籍志》卷二十「錢氏朝彥沖虛集」按語中也指出了《千頃堂書目》與《（雍正）浙江通志》的錯誤，謂：「《千頃堂書目》作明初人，非，《（雍正）浙江通志》『經籍門』亦沿其誤。」但孫詒讓認為《千頃堂書目》著錄在先，《雍正志》轉錄於後，則有待商榷。又如該卷的「張森靜軒詩集」，注曰「字餘之，浦江人」，據《宋詩紀事補遺》卷八十記載，張森字餘之，義烏人。宋季以明經補太學生，授潭州儒學教授。著有《靜軒詩集》，見《義烏志》。《（雍正）浙江通志》引《金華賢達傳》，把張森列在卷二百四十九「洪武時人」中，此條與錢朝彥條同樣是沿襲了《（雍正）浙江通志》的錯誤。

《明史·藝文志稿》著錄有「周南知白齋稿，又盤錯集，又和許郢州詩集，字文化，縉雲人，成化戊戌進士，提督兩廣右都御史，贈太子少保」，《千頃堂書目》卷二十「成化戊戌科」著錄「周南白齋稿，又盤錯集，又和許郢州詩，字文化，浙江縉雲人，提督兩廣，右都御史，贈太子少保」，與《（雍正）浙江通志》的著錄「周南白齋稿又盤錯集又和許郢州詩」相同。《國朝列卿紀》及《本朝分省人物考》皆載周南著《知白齋稿》，《（雍正）浙江通志》漏了「知」字，《千頃堂書目》轉抄時同誤。再如徐夢吉《琴餘雜言》，《（雍正）浙江通志》一在卷二百四十八，歸為元無時代可考者；一在卷二百四十九，作成化時人。《千頃堂書目》亦重收，一作元人，一列在成化時人。據《御選元詩》載，徐夢吉乃元人，字德符，杭州，於潛人，舉茂才異等，歷官常熟教授，有《琴餘雜言》。

（二）著錄重複的條目

　　《千頃堂書目》的編者在抄錄文獻來源不止一家的條目時，往往有重複抄錄的情況，如卷二十六「萬曆癸卯科」下著錄「楊德周六鶴齋詩選六卷，又銅馬編二卷，又武夷綴稿四卷」，注云「字南仲，一字孚先，別字齊莊，古田知縣」，同卷「萬曆壬子科」下又著錄「楊德周六鶴齋集六卷，又銅馬編」，注云「號南仲，鄞縣人」，第一條出自《明史‧藝文志稿》，原文爲「楊德周六鶴齋詩選六卷又銅馬編二卷又武彝綴稿四卷，字南仲，一字孚先，別字齊莊，萬曆癸卯舉人，古田知縣」，第二條出自《(雍正)浙江通志》卷二百五十一「萬曆壬子鄉貢」著錄「六鶴齋集六卷，《鄞縣志》『楊德周著，號南仲』」。《千頃堂書目》卷二十「成化時人」中著錄「袁仁一螺集」，注曰「字良貴，吳縣人」，其上接「胡尙志海陽集、謝復西山類稿」，同《明詩綜》卷三十的排序、著錄相同；卷二十四「嘉靖時人」中又著錄「袁仁一螺集一卷」，注曰「字良貴，嘉興人」，上接「郁敦易鬥野山人言志錄、朱愚東齋遺稿」，同《(雍正)浙江通志》卷二百五十「嘉靖時人」所著錄「郁敦易、朱愚、袁仁」三人的排序序完全相同。〔註3〕同一人在同一書中先後著錄，一曰吳縣人，一曰嘉興人，孰是孰非？《橋李詩繫》中有考訂云：「仁字良貴，號參坡，嘉善人，或云蘇州人誤。有《一螺集》。」則是《明詩綜》誤，《千頃堂書目》沿誤。《千頃堂書目》中重複抄錄的情況並不止此，卷十七著錄「平顯松雨集」，注曰「字仲微，錢塘人」，出自《(雍正)浙江通志》卷二百四十九，引《(成化)杭州府志》云「松雨集，平顯著，字仲微，錢塘人」；《千頃堂書目》卷十八作「永樂時人」，又著錄「平顯《松雨集》」，注云：「字仲徽，錢塘人。以薦授廣西藤縣知縣，謫戍雲南，沅黔國延爲西席。」此條往上五條分別爲「瞿祐、偶桓、謝縉、趙集、郭厓」。查《明詩綜》卷二十二依次著錄「瞿祐、偶桓、謝縉、趙迪、郭厓、鄧林、平顯」等人，鄧林洪武丙子以明經中鄉舉，官南昌教授，擢吏部驗封主事，《千頃堂書目》列在卷十八「洪武丙子科」下，剩餘的「瞿祐、偶桓、謝縉、趙集、郭厓」五人與《千頃堂書目》的順序是相同的。《明詩綜》「平顯」條的記載爲：「顯字仲徽，錢塘人。以薦授廣西藤縣知縣，謫戍雲南，沅黔國延爲西席，有《松雨集》。」與《千頃堂書目》也是相同的，這又是同一人分著兩處。皆屬於編纂時校勘不精，前後重出的情況。

〔註 3〕 《(雍正)浙江通志》「袁仁」上一條是「朱愚東齋遺稿」，朱愚上一條爲「郁
　　　　敦易鬥野山人言志錄」。

第八章 《千頃堂書目‧別集類》與 《明詩綜》的關係探析

第一節 《千頃堂書目》與《明詩綜》的關係

一、《千頃堂書目》「別集類‧外國」與《明詩綜》之間的關係

盧文弨曾云：「（《千頃堂書目》）別集各就其科第之年以爲先後，取便於檢尋耳。宗藩與宗室離而爲二，俱失體裁。而小注又爲鈔胥任意刪減，益失黃志之舊。但此《志稿》「別集類」於羽流、外國亦俱缺如，篇第亦間或顛倒，恐此尚有脫簡。」盧文弨所見到的《明史‧藝文志稿》「別集類」未按照科第先後編排、宗藩與宗室並未分離，且未著錄羽流及外國，篇第間有顛倒。除了「別集類」收錄有羽流作品，其他的三種情況都與《明史‧藝文志稿》相符。《明史‧藝文志稿》亦收錄了宗藩、中官、婦女、道士、釋子的作品，與《千頃堂書目》相較僅缺少「外國」一類。但筆者發現《千頃堂書目》中的「外國類」與《明詩綜》有極爲密切的關係。如下表所示：

	《明詩綜》卷九十四、九十五	《千頃堂書目》卷二十八	備 注
1	偰遜，回鶻人，初名百遼，世居偰輦河，因以爲氏，家世仕元，順帝時中進士，歷翰林應奉文字，宣政院斷事官，選爲端本堂正字。恭愍王七年，避兵東來，賜第封高昌伯，改封富原侯。有《近思齋逸稿》。	偰遜近思齋逸稿【回鶻人，初名百遼，世居偰輦河，因以爲氏，家世仕元，順帝時中進士，歷翰林應奉文字，宣政院斷事官，選爲端本堂正字，恭愍王七年，避兵東來，賜第封高昌伯，改封富原侯。】	二者相同。

2	鄭夢周字達可，高麗迎日縣人，初名夢蘭，又名夢龍，既長改今名。恭愍王九年，應舉擢第一人，累官政堂文學，進三司左使，改進賢館大提學，知經筵春秋館事，兼成均大司成，領書雲觀事，初封永原君，加封益陽郡忠義君，為李成桂所殺，梟其首於市，籍其家。後贈大匡輔國崇祿大夫，領議政府事，修文殿大提學兼藝文春秋館事，益陽府院君，謚文忠。有《圃隱集》。	鄭夢周圃隱集【字達可，高麗迎日縣人，初名夢蘭，又名夢龍，既長改今名，恭愍王九年，應舉擢第一人，累官政堂文學，進三司左使，改進賢館大提舉，知經筵春秋館事，兼成均大司成，領書雲館事，初封永原君，加封益陽郡忠義君，為李成桂所毅，梟其首於市，籍其家，後贈大匡輔國崇祿大夫，領議政府事，修文殿大提舉，兼藝文春秋館事，益陽府院君，謚文忠。】	二者相同。
3	李穡穡字穎叔，中征東省鄉試第一，明年赴元廷試，擢二甲進士，授應奉翰林文字，累官政堂文學，封韓山府院君，進位門下侍中，與鄭夢周同謀去李成桂，放於韓州，再放衿州，徙驪興，尋封韓山伯，卒謚文靖。有《牧隱集》。	李穡牧隱集【字穎叔，中征東省鄉試第一，明年赴元廷試，擢二甲進士，授應奉翰林文字，累官政堂文學，封韓山府院君，進位門下侍中，與鄭夢周同謀去李成桂，放於韓州，再放衿州，徙驪興，尋封韓山伯，卒謚文靖。】	二者相同。
4	李崇仁崇仁字子安，京山府人，恭愍王時登第，官至簽一首書密直司事，同知春秋館事，李成桂纂立，以鄭夢周黨削職遠流。有《陶隱集》。	李崇仁陶隱集【字子安，京山府人，恭愍王時登第，官至簽書密直司事，同知春秋館事，李成桂纂立，以鄭夢周黨削職遠流。】	二者相同。
5	李詹詹洪州人，恭愍王時及第，授藝文簡閱，三轉為正言，歷知申事。		《千頃堂書目》不收。
6	權近近初名晉，字可遠，一字思叔，號陽村，高麗秀才。有《應制集》。 《詩話》：建文四年春，朝鮮恭定王李芳遠令知申事朴錫下議政府鏤板以行。於是嘉靖大夫藝文館提學、國人李詹，暨奉使翰林史官、兵部主事金陵端木孝思均為作序。	權近應制集【初名晉，字可遠，一字思叔，號揚邨，高麗秀才。建文四年，朝鮮恭定王李芳遠令知申事朴錫下議政府鏤板以行，嘉靖大夫藝文館提舉，國人李詹暨奉使翰林史官兵部主事金陵端木孝思作序。】	二者相同。
7	權遇遇爵里未詳		《千頃堂書目》不收。
8	金九容九容初名齊閔，字敬之，安東人，中進士，拜三司左尹，與李崇仁權近等上書都堂，阻迎北元使。竄竹州，召為左司議大夫，終成均大司成，尋流大理衛，有《惕若齋集》。	金九容惕若齋集【初名齊閔，字敬之，安東人，中進士，拜三司左尹，與李崇仁權近等上書都堂，阻迎北元使，使竄竹州，召為左司議大夫，終成均大司成，尋流大理衛。】	二者相同。

9	趙雲仡雲仡高麗豐壤縣人，恭愍王六年登第，調安東書記，累轉合門舍人，以刑部員外郎從王南幸，遷國子直講，歷全羅西海楊廣三道按廉使。辛禑三年起授左諫議大夫，辛昌立召拜僉書密直司事升同知。恭讓王二年出爲雞林府尹，李芳遠纂立，授江陵大都護府使，以病辭。又拜簡校政堂文學，不授祿。		《千頃堂書目》不收。
10	鄭道傳，道傳官右軍總制使。芳遠立，召爲奉化郡忠義君。		《千頃堂書目》不收。
11	曹庶庶嘗使明流金齒國道經五靈廟題詩		《千頃堂書目》不收。
12	鄭希良希良爵里未詳		《千頃堂書目》不收。
13	朴原亨原亨官戶曹判書調刑曹判書		《千頃堂書目》不收。
14	申叔舟叔舟字泛翁。自右弼善歷禮曹判書，積官至議政府領議政，以功封高靈君。有《泛翁集》。 《詩話》：「所著詩集二十卷，孫從濩編，寧都董尚書越使其國爲作序。」	申叔舟泛翁集二十卷【字泛翁，自右弼善歷禮曹判書，積官至議政府領議政，以功封高靈君。集孫從濩編，寧都董尚書越使其國爲作序。】	二者相同。
15	權擥擥由吏曹判書累遷右議政		《千頃堂書目》不收。
16	尹子雲子雲官都承旨		《千頃堂書目》不收。
17	李克堪克堪官左承旨		《千頃堂書目》不收。
18	徐居正居正字剛中，議政府左參贊，有《北征稿》。 《詩話》：「天順庚辰居正奉王命入觀而作也。」	徐居正北征稿【字剛中，議政府左參贊，天順庚辰奉王命入觀所作之詩。】	二者相同。
19	申從濩從濩叔舟孫官成均直講		《千頃堂書目》不收。
20	許琮琮字宗卿，安興人，由進士爲吏曹判書，積官至參政府議政。有《尙友堂詩集》。 《詩話》：「祖惜，字原德，官奉常，有《梅軒集》。曾祖錦字在中，官判書，有《野堂集》。」	許琮尙友堂詩集【字宗卿，安興人，由進士爲吏曹判書，積官至參政府議政。祖惜，字原德，官奉常，有梅軒集，曾祖錦，字在中，官判書，有野堂集。】	二者相同。
21	成侃侃西京觀察使		《千頃堂書目》不收。
22	成侃侃爵里未詳		《千頃堂書目》不收。
23	盧公弼公弼安州人官戶曹判書		《千頃堂書目》不收。

24	李荇荇字擇之官議政府右贊善		《千頃堂書目》不收。
25	李希輔希輔字和宗,由禮賓寺副正,歷官同知中樞府事,有《安分堂詩》。	李希輔安分堂詩【字和中,由禮賓寺副正,歷官同知中樞府事。】	二者相同。
26	蘇世讓世讓字彥謙,初官成均館司成,遷戶曹判書,歷議政府左贊成。有《清心堂詩》。	蘇世讓清心堂詩【字彥謙,初官成均館司成,還戶曹判書,歷議政府左贊成。】	二者相同。
27	鄭士龍士龍字雲卿,鼎津人,由內資寺正遷刑曹判書。歷漢城府判尹,改戶曹判書,再改吏曹判書,階資憲大夫。有《湖陰草堂詩集》。	鄭士龍湖陰草堂詩集【字雲卿,鼎津人,由內資寺正遷刑曹判書,歷漢城府判尹,改戶曹判書,再改吏曹判書,階資憲大夫。】	二者相同。
28	金安老安老字頤叔,歷官議政府左議政,領書筵,監春秋館事,兼弘文館、藝文館、大提學,知成均館事,階崇祿大夫。有《明虛軒集》。	金安老明虛軒集【字頤叔,歷官議政府左議政,領書筵監春秋館事,兼弘文館藝文館大提舉,知成均館事,階崇祿大夫。】	二者相同。
29	尹仁鏡仁鏡由禮曹判書改戶曹積官至議政府領議政		《千頃堂書目》不收。
30	金麟孫麟孫官議政府左參贊		《千頃堂書目》不收。
31	沈彥光彥光字子求官吏曹判書		《千頃堂書目》不收。
32	許洽洽參政琮之孫官至議政府右參贊		《千頃堂書目》不收。
33	金謹思謹思官議政府領議政		《千頃堂書目》不收。
34	尹殷輔殷輔官至議政府領議政		《千頃堂書目》不收。
35	黃琦琦由承政院右副承旨遷都承旨		《千頃堂書目》不收。
36	金安國安國字國卿,號慕齋。官刑曹判書,至領議政。有《慕齋集》。	金安國慕齋集【字國卿,號慕齋,官刑曹判書,至領議政。】	二者相同。
37	申光漢光漢字漢之,由吏曹判書官至正憲大夫、議政府左參贊,兼知成均館事,弘文館、藝文館大提學,同知書筵春秋館事。有《企齋集》。	申光漢企齋集【字漢之,由吏曹判書,官至正憲大夫,議政府左參贊,兼知成均館事,弘文館、藝文館大提舉,同知書筵春秋館事。】	二者相同。
38	林百齡百齡官議政府右議政		《千頃堂書目》不收。
39	李潤慶潤慶官成均館大司成		《千頃堂書目》不收。
40	李澯澯官開城府留守		《千頃堂書目》不收。
41	徐敬德敬德朝鮮生員,有《花潭集》。	徐敬德花潭集【朝鮮生員。】	二者相同。
42	辛應時應時官校書館校理		《千頃堂書目》不收。

43	朴淳淳官吏曹判書		《千頃堂書目》不收。
44	李珥珥德水人官議政府右贊成		《千頃堂書目》不收。
45	金瞻瞻官吏曹佐郎		《千頃堂書目》不收。
46	高敬命敬命官司贍寺僉正		《千頃堂書目》不收。
47		洪暹忍齋詩集二卷文集三卷【字退之，南陽人，由進士補弘文館正字，歷官領中樞府事兼領經筵事，階大匡輔國崇祿大夫。】	《明詩綜》未收錄。
48	柳根根字晦夫，狀元，自號隱屏居士。有《西坰集》。	柳根西坰集【字晦夫，狀元，自號隱屏居士。】	二者相同。
49	李好閔好閔字孝彥，探花，樞相。有《五峰書巢集》。	李好閔五峰書巢集【字孝彥，探花，樞相。】	二者相同。
50	許筭筭舉進士第一萬曆壬午官成均司成		《千頃堂書目》不收。
51	許筠筠字端甫筭之弟與兄皆舉進士第一自號白月居士		《千頃堂書目》不收。
52	金尙憲尙憲字叔度，有《朝天錄》。	金尙憲朝天錄【字叔度。】	二者相同。
53	崔澱澱字彥沉，海州人，進士。有《楊浦集》。《詩話》：「十八中進士，二十二而沒。」	崔澱楊浦集【字彥沈，海州人，十八中進士，二十二而歿。】	二者相同。
54	李廷龜，廷龜號栗谷。（以上爲卷九十四「外國卷上」）		《千頃堂書目》未收。
55	林悌		
83	蓀谷集詩，不詳其名。	蓀谷集六卷，不詳其名。	《明詩綜》無卷數。
89	景樊字蘭雪，筭、筠之妹，適進士金成立，後成立殉國難，遂爲女道士，有集。錢受之云：「景樊八歲作《廣寒殿玉樓上樑文》，才出筭、筠二兄之右。金陵朱狀元之藩使東國，得其集以歸，遂盛傳於中夏。	許景樊集，字蘭雪，狀元筭筠之妹，適進士金成立，後成立殉國難，遂爲女道士。金陵朱狀元之蕃使東國，乃得其集。	二者相同。
103	釋天祥		
104	釋機先（以上爲卷九十五「外國卷下」）		
總計	103 人	23 人	

　　《明詩綜》卷九十四「外國卷上・朝鮮上」收錄 53 人，作品結集的有 20 人，卷九十五收錄「朝鮮下、安南、占城、日本」詩人「林悌、白光勳、崔壽城、趙希逸、林億齡、奇邁、金鎣、申欽、權韠、趙昱、李孝則、柳永吉、魚無跡、李嶸、金宗直、李承召、鄭碏、朴文昌、李達、李植、朴彌、姜克誠、鄭之升、姜渾、金淨、鄭知常、李仁老、李子敏、朝鮮主試官、蓀谷集詩不詳其名、梅月堂詩、洛師浪客、月山大君婷、成氏、俞汝舟妻、許景樊、國王黎灝、黎景徽、阮直、黃清、黎念、阮澤民、安南使臣、占城貢使、日本唶哩嘛哈、普福、中心叟、無名氏、釋天祥、釋機先」凡 50 人，作品結集的僅「蓀谷集、許景樊集」二種。《千頃堂書目》「別集・外國」著錄 23 人，除了洪暹一人不見於《明詩綜》，其餘的 22 人的排序、條目以及注釋與《明詩綜》完全相同。〔註1〕

　　可見《千頃堂書目》的「別集類・外國」與《明詩綜》之間有著特殊的關係。《明詩綜》卷九十四首引《靜志居詩話》云：「高麗文教，遠勝他邦。自元以前，詩曾經大司成雞林崔瀣彥明父選錄，目曰《東人之文》，凡二十五卷，度必有可觀，惜無從訪求。今之存者，僅會稽吳明濟子魚《朝鮮詩選》而已。近又有人為王氏諸臣白冤，可謂發潛德之幽光矣。予更證以《高麗史》《東國通鑒》《東國史略》《殊域周諮錄》《皇華集》《輶軒錄》，訂其異同，補其疏漏，論次稍加詳焉。」朱彝尊在編選「外國」作家作品時，頗花費心思，參閱了多種書目才編排而成，其中有一部份詩文集他還親自閱目過，《曝書亭集》卷五十二有《高麗權秀才應制集跋》一文，曰：「高麗秀才權近字思叔，別字陽村，洪武中至南京，高皇優禮待之，……建文四年春，朝鮮恭定王李芳遠令知申事朴錫下議政府鏤版以行，於是嘉靖大夫藝文館提學、國人李詹，暨奉使翰林史官兵部主事金陵端木孝思均為作序，而淮南陸顒番易祝孟獻題詩其後焉。陽村賜遊酒樓，《實錄》未之載，予所見《應制集》，則天順元年朝鮮本也。」相較於《千頃堂書目》，《明詩綜》收錄的作家有其五倍之多。

〔註1〕《明詩綜》收錄有著述的 22 人，第 5、7、9、10、11、12、13、15、16、17、19、21、22、23、24、29〜35、38〜40、42〜46、50、51、54 條屬於僅有詩歌流傳但未結集的情況，《千頃堂書目》不予收錄。《千頃堂書目》著錄的明人別集就大約有近五千種，《明詩綜》收錄的詩人也有三千四百多人。《明詩綜》顧名思義僅收錄詩作，而千頃堂書目則詩、文皆收，所以數量大於《明詩綜》。《明詩綜》是有集、無集的統統收錄，《千頃堂書目》僅著錄有集的，所以，在剔除了無集的作者後，有集的作者順序是相同的。

並且《明詩綜》的注釋遠詳於《千頃堂書目》，如第 6、14、18、20、89 條，《千頃堂書目》的注釋由《明詩綜》和《靜志居詩話》所組成；並且通過比勘，《千頃堂書目》「鄭夢周」條下的「進賢館大提舉、領書雲館事、修文殿大提舉」，「權近」條下的「藝文館提舉」、「金安老」條下的「弘文館、藝文館大提舉」、「申光漢」下的「弘文館、藝文館大提舉」，都是錯誤的。「提舉」應作「提學」、「書雲館」應作「書雲觀」，進賢館大提學、修文殿大提學、藝文館提學是朝鮮官銜，「書雲觀」類似現在的天文氣象臺。《千頃堂書目》在抄錄這些條目時，因不瞭解朝鮮的職官制度，而致誤。

由此可以判斷，《千頃堂書目》「別集類‧外國」中的所有著述都是來自《明詩綜》，那麼盧文弨說他見到的《志稿》「別集類」中沒有「外國」也是正確的，《明史‧藝文志稿》確實沒有「外國」著述。

二、《明詩綜》是《千頃堂書目》「別集類」的文獻源

關於《明詩綜》和《千頃堂書目》之間的關係，吳騫說：「《明詩綜》則凡爵里姓氏以及序次先後，一皆依之（筆者按，此指《千頃堂書目》），其篤信如此。」他認爲《明詩綜》所選作品的順序及作者小傳等都是依照《千頃堂書目》編排的。由上表來看，二者無論排序還是注釋幾乎是完全相同的，那麼是否如吳騫所云，《明詩綜》抄襲了《千頃堂書目》呢？下面的條目尤其能說明二者的先後關係。

《千頃堂書目》卷二十三著錄「呂光洵期齋集十六卷，又皆山稿四卷，又可園詩鈔，字信卿，新昌人，兵部尚書兼副都御史，巡撫雲南，改南京工部尚書，未任卒」，此條源自《（雍正）浙江通志》，原書著錄爲「期齋集十六卷，《明詩綜》『呂光洵著，字信卿，新昌人』。按：《尤氏藝文志》又有《皆山稿》四卷，《（萬曆）紹興府志》又有《可園詩鈔》」，查《明詩綜》載「呂光洵字信卿，紹興新昌人。嘉靖壬辰進士，累官兵部尚書，兼副都御史，巡撫雲南，改南京工部尚書，未任卒。有《期齋集》」，朱氏所云呂光洵生平不誣，呂確爲嘉靖壬辰進士，但所著爲《皆山堂稿》、《可園詩鈔》。《明史‧藝文志稿》及《明志》皆作呂本撰《期齋集》，呂本，字汝立，號南渠，又號期齋，餘姚人。初誤姓李，後奏復。嘉靖士辰進士。官至武英殿大學士，諡文安。有《期齋集》《奏謝稿》《館閣漫錄》行世。應是呂光洵及呂本爲同年進士，又同爲浙江人，朱氏混爲一人致誤。《明詩綜》誤，則《（雍正）浙江通

志》誤，《千頃堂書目》又綜合二書而成，亦誤。《四庫全書總目》「期齋集」提要云：「明呂本撰。本字汝立，號南渠，又號期齋，餘姚人，初冒姓李，晚乃歸宗。嘉靖壬辰進士，官至武英殿大學士，諡文安。本在位不久即遭憂以歸，遂不復出，家居數十年。以亭館花竹之勝擅名一時。」卷二十四著錄「鄭履淳衡門集十卷」，注曰「字伯寅，海鹽人，尚寶司丞，建言廷杖，終光祿寺少卿」，出自《明詩綜》卷四十九。《明史》卷二百十五《鄭履淳本傳》載：「鄭履淳字叔初，刑部尚書曉子也。舉嘉靖四十年進士，除刑部主事，遷尚寶丞。隆慶三年冬，疏言頃年以來萬民失業……疏入，帝大怒，……釋爲民。神宗立，起光祿少卿，卒。」則《明詩綜》云其「字伯寅」是錯誤的；卷二十八有「張儁西廬集，字非仲，蘇州府學生」〔註2〕，出自《明詩綜》卷七十七。「儁」應作「雋」，平步青《霞外攟屑》卷一有「張雋小傳」云：「張雋字非仲，一名僧願，一字文通，汪曰楨《南潯志》卷三十《雲和釋淨孝枯木吟》有張淨願，字夢誓，名字皆經剜改，蓋即雋。吳江人，前諸生，年已七十餘。著有《與斯集》六十卷、《西廬詩草》四卷、《西廬文鈔》一卷。」卷二十九著錄「呂原介庵集十二卷，字逢原，秀水人，辛酉解元，一甲第二人，學士，贈禮部右侍郎，諡文懿」，出自《明詩綜》著錄「呂原字逢原，秀水人，正統壬戌賜進士第二，除翰林編修，歷右春坊大學士，轉通政司右參議，仍入爲翰林院學士，以母喪歸卒。贈禮部右侍郎，諡文懿。有《介庵集》」，考李賢爲呂原作《翰林院學士奉政大夫贈禮部左侍郎諡文懿呂公神道碑銘》云「所著有《介軒集》若干卷藏於家」，則呂原所著爲《介軒集》是也，《明史・藝文志稿》與《明志》皆著錄呂原著《介軒集》十二卷。

以上幾個條目皆可以證明是《明詩綜》著錄錯誤在先，《千頃堂書目》沿襲了它的訛誤。筆者已在《〈千頃堂書目・地理類〉與〈（雍正）浙江通志〉的關係探析》及《〈千頃堂書目・別集類〉與〈（雍正）浙江通志〉的關係探析》中詳細考證了《千頃堂書目》參考、抄錄《（雍正）浙江通志》的情況，至此，我們又發現了它的一處文獻源——《明詩綜》。

朱彝尊編纂《明詩綜》，欲「成一代之書，竊取國史之義，俾覽者可以明夫得失之故」，故求全圖備，錄明代三千四百餘人詩作，「或因詩而存其人，或因人而存其詩」〔註3〕。此種編排，體現朱氏以詩俾史之深旨。是書卷一錄

〔註2〕張儁是崇禎時人，四庫本《明詩綜》被刪削，白蓮涇本存其詩。

〔註3〕《明詩綜序》。

明室諸帝王之作，卷二至八十二，依時代之先後編入諸家詩作，而對於明末「死封疆之臣、亡國之大夫、黨錮之士，暨遺民之在野者」，特致注意，廣爲搜羅。卷八十三至九十九，分別輯錄樂章、宮掖、宗潢、閨門、中涓、外臣、羽士、釋子、女冠、土司、屬國、雜流、妓女、神鬼等詩；末卷錄雜謠歌辭里諺百五十五首，以備一格，其選詩範圍之廣，於斯可見，可謂存有明一代詩歌概貌。是書之輯，據朱氏自謂「老而阨窮，兼又喪子，無以遣日……編成《經義考》三百卷。……近又輯明詩綜百卷，亦就其半」〔註4〕，又謂「予近錄明三百年詩，閱集不下四千部」〔註5〕，今存《明詩綜採摭書目》一份。康熙四十一年（1702）朱氏始著手編次，釐定全書，「開雕於吳門白蓮涇之慧慶寺」，至四十三年雕刻竣工〔註 6〕，次年正月序而刊之，即所謂白蓮涇刻本是也。文淵閣《四庫全書》本《明詩綜》較原本刪除四百餘人，詩作亦削去一千餘首。凡遇違礙處殆皆刪削挖改之，多爲「崇禎時人」詩作。此書卷 70、71、75，76～82 收「崇禎時」諸家之作〔註7〕，有集、無集的多達 500 餘家，四庫本刪削後僅餘 200 餘家。《千頃堂書目》「崇禎時」共收錄 265 人（不包括杭補 19 人、盧補 9 人），有 231 人在《明詩綜》之中。這 231 個作者的先後順序與《明詩綜》幾乎完全相同，爲了節省篇幅，筆者羅列《明詩綜》前 60 人，分別爲：吳惟英、茅元儀、葛一龍、趙舜舉、文震亨、歸昌世、劉孔和、黃翼聖、吳日昶、王廷宰、徐時勉、吳德操、浦羲升、嚴煒、戴重、王時敏、申演芳、李自明、許正蒙、陳紹英、李士標、彭堯諭、黃孔昭、朱茂時〔註8〕、陳繼儒、茅維、盧原、卜舜年、姚士粦、邢昉、張屆、沈弘之、施武、卓人月、項眞、屠應韶、李翹、丘遂、沈章、邵德生、陸壽國、吳道約、沈嗣貞、李肇亨、駱雲程、譚貞竑、吳天泰、吳麟玉、徐淮、徐仲選、嚴紹宗、曾元良、高秉渠、沈文輝、顧玘徵、嚴焞、曹臣、湯傳楹、馮元仲、馮夢龍，與《千頃堂書目》的順序完全相同。

〔註 4〕朱彝尊：《寄禮部韓尚書書》，《曝書亭集》

〔註 5〕朱彝尊：《成周卜詩集序》，《曝書亭集》

〔註 6〕楊謙：《朱竹垞先生年譜》

〔註 7〕四庫本《明詩綜》多挖改刪削，相較白蓮涇本《明詩綜》收錄詩人、詩作爲少，並且兩本的分卷亦不相同，筆者此文以中華書局整理本爲底本。

〔註 8〕《千頃堂書目》其下接「朱茂暉、朱茂曙、朱茂曜、朱茂皖、朱茂晭」，朱茂暉在《明詩綜》卷七十七、「朱茂曙、朱茂曜、朱茂皖、朱茂晭」四人順序相連，在卷八十二。

這 231 個作者中，《明史‧藝文志稿》收錄了其中 60 餘人。於是，《千頃堂書目》的編者同時利用《明史‧藝文志稿》及《明詩綜》，對這些條目重新進行了加工。如《千頃堂書目》卷二十八著錄「陳邦彥雪聲堂集十卷，字會份，順德人，貢生，以兵保清遠，師潰死於難」，在《明詩綜》中為「邦彥字會斌，廣州順德人，貢生，以兵保清遠，師潰死於難。有巖野集」，《明史‧藝文志稿》為「陳邦彥雪聲堂集十卷，字會份，順德人」，《千頃堂書目》先抄錄《明史‧藝文志稿》的條目，又用《明詩綜》的注釋加以補充，就成了現在的條目。再如「鄺露嶠雅八卷，字湛若，南海縣學生，初名瑞露，字湛斯，後改今名字，官中書舍人」，這個條目加工的過程較複雜，書名、卷數及注釋中的「初名瑞露，字湛斯，後改今名字，官中書舍人」當出自《明史‧藝文志稿》「鄺瑞露嶠雅八卷，字湛斯，南海人，官中書舍人」，注中的「字湛若，南海縣學生」則來自《明詩綜》的著錄「露字湛若，南海縣學生，有嶠雅」。

《明史‧藝文志稿》著錄以外的 170 個作者，其作品在《千頃堂書目》和《明詩綜》中的著錄項幾乎完全相同。但《千頃堂書目》也偶有抄錄錯誤的條目，如「李自明謫仙居稿」，注曰「字光修」，《明詩綜》及《橋李詩繫》皆作「字先修」，是；又「卜舜年綠繞齋集」，《明詩綜》作「綠曉齋集」，是。卜舜年字孟碩，吳江人，嘉興縣學生。工畫。北京大學圖書館今存其稿本《綠曉齋集》一卷。這兩條皆屬於字形相近而訛。

第二節　《千頃堂書目》對《明詩綜》的利用

一、以《千頃堂書目》「別集類‧明室帝王宗藩」為例

《千頃堂書目》的編者在利用《明詩綜》時，與利用《（雍正）浙江通志》的方法是相同的。對於別書未著錄，僅《明詩綜》一見的條目，原則上是原樣加以抄錄，上文討論的「別集類‧外國」及「崇禎時人」諸條目即屬此種情況；有些條目，不止一家著錄，則加以比較，優先著錄著錄項完整、注釋詳盡的；對於多家著錄的條目，就再加工，把書名、卷數及注釋重新加以組合。這種情況又具體分為以下幾小類：（1）別家無注，《明詩綜》有注，則抄錄（2）《明詩綜》無卷數、注釋者，據別家補（3）書名異，依《明詩綜》著錄（4）書名異，依別家著錄（5）條目為綜合《明詩綜》及各家著錄而成（6）

注釋爲綜合《明詩綜》及各家著錄而成。下表中分別涉及到這幾種情況，詳
見「備註」中的分析：

	《千頃堂書目》	《明詩綜》	《明史‧藝文志稿》	備　注
1	太祖高皇帝御製文集三十卷【甲集二卷，乙集三卷，丙集文十四卷，詩一卷，丁集十卷】，又御製文集類編十二卷，又詩集五卷，又御製書稿三卷〔註9〕	1　太祖高皇帝有御製詩集五卷	1　太祖御製文集三十卷，甲集二卷。乙集三卷。丙集文十四卷詩一卷。丁集十卷，又御製文集類編十二卷，又詩集五卷	《千頃堂書目》同《明史‧藝文志稿》。
2	成祖文皇帝御製文集	2　成祖文皇帝有御製集		《千頃堂書目》同《明詩綜》。
3	仁宗昭皇帝御製文集二十卷，又詩集二卷	3　仁宗昭皇帝有御製文集二十卷，詩集二卷		《千頃堂書目》同《明詩綜》。
4	宣宗章皇帝御製文集四十四卷，又詩集六卷，又樂府一卷，又御製二教文一卷，又御製祖德詩□卷【世宗和韻。】〔註10〕	4　宣宗章皇帝有御製文集四十四卷詩集六卷	2　仁宗御製文集四十四卷又詩集六卷又御製二教文一卷　又御製祖德詩□卷，世宗和韻。	《千頃堂書目》同《明史‧藝文志稿》。
5	英宗睿皇帝御製詩文一卷	5　英宗睿皇帝有御製詩文一卷		《千頃堂書目》同《明詩綜》。
6	憲宗純皇帝御製詩集四卷	6　憲宗純皇帝有詩集四卷	3　憲宗御製詩集四卷	《千頃堂書目》同《明詩綜》。
7	獻皇帝含春堂稿一卷【出閣時作】，又恩紀詩集七卷【分藩時作，俱嘉靖五年命司禮監刊行。】		4　獻帝含春堂稿一卷，出閣時作。又恩紀詩集七卷，分藩時作。俱嘉靖五年命司禮監刊行。	《千頃堂書目》同《明史‧藝文志稿》。
8	世宗肅皇帝御製詩賦集七卷，又翊學詩一卷【嘉靖七年聽經筵講官講大學衍義，帝制五言古詩一章並序，大學士楊一清等恭和】，又宸翰錄一卷【御製七言詩賜張孚敬者】，又輔臣贊和詩集一卷【嘉靖六年除夕御製五言詩示楊一清，一	7　世宗肅皇帝二首有御製詩賦集共七卷	5　世宗御製詩賦集一冊，又翊學詩一卷，嘉靖七年聽經筵講官講《大學衍義》，帝制五言古詩一章並序，大學士楊一清等恭和。又宸翰錄一卷，御書七言詩賜張孚敬者。又輔臣贊和詩集一卷，嘉靖六年除夕，御製五言詩示楊	《千頃堂書目》同《明史‧藝文志稿》。

〔註 9〕 上古校記云「盧校云，御製書稿三捲入制誥」，同《明史‧藝文志稿》。
〔註10〕 上古校記云「盧校云，樂府一卷，入詞曲」，同《明史‧藝文志稿》。

	清與謝遷等恭和】，詠和錄一卷【嘉靖十年帝同大學士張孚敬，及禮部尙書李時西苑觀稼，抵先蠶壇位御製詩，孚敬等和】，又詠春同德錄一卷【與輔臣費宏等倡和】，又白鵲贊和集一卷，又祭祀記一卷，又忌祭或問一卷【嘉靖七年製】，又火警或問一卷。〔註11〕		一清，一清與謝遷等恭和。又詠和錄一卷，嘉靖十年，帝同大學士張孚敬及禮部尙書李時西苑觀稼抵先蠶壇位，御製詩，孚敬等恭和。又詠春同德錄一卷，與輔臣費宏等倡和。又白鵲贊和集一卷，又祭祀記一卷，又忌祭或問一卷，嘉靖七年製。又火警或問一卷。	
9	神宗顯皇帝御製詩文一卷	8 神宗顯皇帝有集一卷	6 神宗御製詩文一卷	《千頃堂書目》同《明詩綜》。
10	仁孝皇后詩集一卷〔註12〕	9 昭皇后	7 仁孝皇后詩集一卷以上帝后	《千頃堂書目》同《明史‧藝文志稿》。
11	周定王楠蘭雪軒元宮詞一卷【舊以爲周憲王，宛平劉效祖序，又作周恭王，何喬遠以爲定王，考其自序作於永樂四年，定王之薨，在洪熙元年，則似屬定王，非憲，恭也，王高皇帝第五子，洪武三年封吳，十一年改封周。】〔註13〕	10 周定王橚，王高皇帝第五子，洪武三年封吳，十一年改封周，洪熙年薨。著《元宮詞》一卷。	8 周定王橚元宮詞一卷，舊以爲周憲王，又作恭王，何喬遠以爲定王。考其自序作於永樂四年，定王之薨在洪熙元年，則似屬定王，非憲恭也。	《千頃堂書目》注合《明詩綜》和《明史‧藝文志稿》而成。
12	蜀獻王椿獻園集十七卷【高皇帝第十一子，洪武十一年封，二十三年之國成都。】	11 蜀獻王椿，王高皇帝第十一子，洪武十一年封，二十三年之國成都，永樂末薨。有《獻園集》。	9 蜀獻王椿獻園集十七卷	《千頃堂書目》書名、注釋同《明詩綜》，卷數自《明史‧藝文志稿》
13	遼簡王植遺稿五卷，又蓮詞二冊【高皇帝第十五子，洪武十一年封衛，十四年改封，二十六年之國遼東廣寧州，	12 遼簡王植，王高王帝第十五子，洪武十四年封，二十六年之國遼東廣寧州，永樂二年遷荊	12 遼簡王植遺稿二冊	書名綜合《明詩綜》和《明史‧藝文志稿》而成，注同《明詩綜》。

〔註11〕 上古校記云「盧校改七卷爲一冊」、「盧校改御製七言詩爲御書七言詩」、「盧校孚敬等下有恭字」，同《明史‧藝文志稿》。

〔註12〕 上古校記云「盧校此目下另一行，有以上帝后四字」，同《明史‧藝文志稿》。

〔註13〕 上古校記云「盧校無宛平劉效祖序六字」、「盧校無王高皇帝第五子以下十九字」，同《明史‧藝文志稿》。

	永樂二年遷荊州，遺集曾孫惠王恩鐫所刊。】〔註14〕	州，二十二年薨。有遺集《簡王遺集》五卷，曾孫惠王恩鐫所刊。		
14	寧獻王權採芝吟四卷【高皇帝第十六子，洪武二十四年封，二十七年之國大寧，永樂二年移南昌。】	13 寧獻王權，王高皇帝第十六子，洪武二十四年封，二十七年之國大寧，永樂二年移南昌，正統末薨。有《採芝吟》。	11 寧獻王權採芝吟四卷	《明詩綜》注釋，《明史‧藝文志稿》卷數。
15	漢王高煦擬古感興詩一卷【凡二十八篇，列朝詩云，其臣僚嘗爲鏤版行世，王文皇帝第二子，永樂二年封漢王，十五年之國樂安州，宣德八年叛，縶逍遙城，死，國除。】	14 漢庶人高照，庶人文皇帝第二子，永樂二年封漢王，十五年之國樂安州，宣德八年叛，縶逍遙城，死，國除。有《擬古感興詩》。	13 漢王高煦擬古感興詩一卷，凡二十八篇，《列朝詩》云，其臣僚嘗爲鏤版行世。	作者書名卷數同《明史‧藝文志稿》，注釋綜合《明詩綜》及《明史‧藝文志稿》。
16	周憲王有燉誠齋新錄三卷，又誠齋集三卷【牡丹，梅花，玉堂春各百詠】，又誠齋遺稿一冊【定王長子，高皇帝孫，洪熙元年襲封。】	15 周憲王有燉，王周定王長子，高皇帝孫，洪熙元年襲封，景泰三年薨。有《誠齋新錄》。	14 周憲王有燉誠齋新錄三卷，又誠齋集三卷，牡丹，梅花，玉堂詩各百詠。又誠齋遺稿一冊，定王子。	書名卷數同《明史‧藝文志稿》，注釋綜合二者。
17	楚莊王孟烷勤有堂文集□卷，又勤有堂詩集□卷【昭王楨第三子，高皇帝孫，永樂二十二年襲封。】	16 楚莊王孟烷，王昭王楨之子，高皇帝孫，永樂二十二年襲封，正統四年薨。有《勤有堂詩集》。	15 楚莊王孟烷勤有堂文集□卷，又勤有堂詩集□卷	書名同《明史‧藝文志稿》，注釋《明詩綜》。
18	蜀惠王申鑒惠園集【獻王曾孫，定王庶三子，成化八年進封。】	蜀獻王曾孫惠王申鑒有《惠園集》。〔註15〕	26 蜀惠王申鑒惠園集	注釋不知出自何處。
19	肅藩安和世子眞淤星海詩集二卷【恭王貢錝子，高皇帝來孫，莊王楧玄孫，成化中封世子，嘉靖五年薨，以子定王弼恍襲王，追謚靖。】〔註16〕	26 肅靖王眞淤，王恭王貢錝之子，高皇帝來孫，莊王楧玄孫，成化中封世子，嘉靖五年薨，以子定王弼桄襲王，追謚。有《星海集》。	27 肅藩安和世子眞淤星海詩集二卷，子弼桃嗣封追封王，謚曰靖。	作者書名卷數同《明史‧藝文志稿》，注釋《明詩綜》。

〔註14〕上古校記云「盧校改五卷爲二冊」、「盧校改冊爲卷」，同《明史‧藝文志稿》。
〔註15〕此條在「蜀獻王椿」的注釋中。
〔註16〕上古校記云「盧校改襲王追謚爲嗣封，追封王，謚曰靖」，同《明史‧藝文志稿》。

20	沈憲王胤栘保和齋稿五卷【惠王勳瀷子,安王孫,簡王來孫,高皇帝晜孫,自號南山道人,嘉靖五年封靈川王,九年懷王胤愷絕,奉敕管理府事,十年進封。】	27 沈憲王胤栘,王惠王勳瀷之子,安王孫簡王來孫,高皇帝晜孫也,自號南山道人,嘉靖五年封靈川王,九年懷王胤橙絕,奉勅管理府事,十年進封,二十年薨,有《保和齋稿》。	28 沈憲王胤栘保和齋稿	卷數不知出處,注釋同《明詩綜》。
21	趙康王厚煜居敬堂集十二卷【文皇帝第三子趙簡王高燧之來孫,正德十六年襲封。】	28 趙康王厚煜王,文皇帝第三子,趙簡王高燧之來孫,正德十六年襲封,嘉靖三十九年薨。有《居敬堂集》。	31 趙康王厚煜居敬堂集十二卷	卷數同《明史·藝文志稿》,注釋同《明詩綜》。
22	益莊王厚燁勿齋文集五卷【弟崇仁恭王厚炫嗣封,編輯以行,分校者左長史張默,右長史李籹】,又詠史詩【端王祐檳子,憲宗孫,藩封建昌府,嘉靖二十年襲封。】	29 益莊王厚燁,王端王祐檳之子,憲宗之孫,藩封建昌府,嘉靖二十年襲封,三十五年薨。有《勿齋集》《詠史詩》。集五卷,弟崇仁王厚炫嗣封,編輯以行,分校者左長史張默,右長史李籹。	32 益莊王厚燁勿齋文集五卷	同《明詩綜》。
23	蜀成王讓栩長春競辰稿十六卷【昭王賓瀚子,高皇帝晜孫,正德五年襲封,集為成都楊慎序。】	30 蜀成王讓栩,王昭王賓瀚之子,高皇帝晜孫,正德五年襲封,嘉靖二十六年薨。有《長春競辰集》。	29 蜀成王讓栩長春競辰稿十六卷,楊慎為序。	卷數同《明史·藝文志稿》,注釋綜合《明詩綜》和《明史·藝文志稿》而成。
24	沈宣王恬烄綠筠軒稿四卷【憲王次子,高皇帝仍孫,自號西屏道人,嘉靖三十一年襲封。】	31 沈宣王恬烄,王憲王次子,高皇帝仍孫,自號西屏道人,嘉靖三十一年襲封。萬曆初薨。有《綠筠軒稿》。	30 沈宣王恬烄綠筠軒稿	注釋同《明詩綜》,各書皆無卷數。
25	韓昭王旭櫃冰壺遺稿五卷【康王嫡子,憲王松來孫,高皇帝仍孫,弘治十七年嗣封。】		33 韓昭王旭櫃冰壺遺稿五卷	《明史·藝文志稿》無注,不知出自何處。
26	蜀端王宣圻端園集【成王孫,康王承爚庶子,嘉靖四十年嗣封。】		34 蜀端王宣圻端園集	《明史·藝文志稿》無注,不知出自何處。

27	沈定王珵堯修業堂稿，又崇玉山房稿【宣王子，高皇帝雲孫，萬曆十二年襲封。】	32 沈定王珵堯，王宣王之子，高皇帝雲孫，嘉靖三十七年封，世子萬曆十二年襲封，天啓元年薨，有《修業堂》、《崇玉山房》二稿。〔註17〕		同《明詩綜》。
28	沈王詩集一冊		35 沈□王詩集一冊	同《明史・藝文志稿》。
29	鄭王退思錄四冊【疑爲鄭恭王厚烷，仁宗庶二子，靖王瞻埈，永樂二十二年封鄭。】		36 鄭□王退思錄四冊	《明史・藝文志稿》無注。
30	徽王邇卑吟集一卷雙泉詩集三卷		37□□□□□雙泉詩集三卷 38 徽王通卑吟集一卷	《明史・藝文志稿》列爲兩目。
31	襄王文集一卷【仁宗嫡五子，憲王瞻□善，始封。】		39 襄王文集一卷	《明史・藝文志稿》無注釋。
32	益王東館缶音四卷【號仙源。】		40 益王東館缶音四卷，號仙源。	同《明史・藝文志稿》。
33	永壽王東軒詩集五卷【秦藩。(盧補)】		4 永壽王東軒詩集一卷，秦藩。	同《明史・藝文志稿》。
34	鎮平恭定王有爌德善齋詩集一卷，又梅花百詠一卷，又道統論		42 鎮平恭靖王，有爌德善齋詩集一卷，又梅花白詠一卷，道統論。	同《明史・藝文志稿》。
35	博平王養正餘力錄一卷【周藩。(盧補)】		43 博平王養正餘力錄一卷，周藩。	同《明史・藝文志稿》。
36	光澤榮端王寵瀼博文堂稿【遼惠王成煉次子，高皇帝來孫，成化二十三年封。】〔註18〕	34 光澤榮端王寵瀼，王遼惠王成煉次子，高皇帝來孫，成化二十三年封，嘉靖二十五年薨。有《博文堂稿》。	54 光澤榮端王寵瀼雅音叢和一卷，遼藩。	同《明詩綜》。
37	慶成王宗川集二卷【晉藩。(盧補)】		4 慶成王宗川集二卷，晉藩。	同《明史・藝文志稿》。

〔註17〕《明詩綜》接「沈宣王」。
〔註18〕上古校記云「盧校改博文堂稿爲雅音叢和一卷」。

38	武岡保康王顯槐文集，又少鶴山人續集八卷，又詩集八卷【楚端王榮㳦弟三子，昭王來孫，高皇帝昬孫，嘉靖十七年封。】	35 武岡保康王顯槐王，楚端王榮㳦第三子，昭王來孫，高皇帝昬孫也，嘉靖十七年封。有《少鶴山人正續集》。	45 武岡保康王顯槐文集，又少鶴山人續集八卷，又詩集八卷	書名卷數同《明史·藝文志稿》，注釋同《明詩綜》。
39	東會王清正吟集二卷【盧補】		4 東會王清正吟集二卷	同《明史·藝文志稿》。
40	靈丘榮順王遜烇雲溪稿【代藩簡王桂庶六子，高皇帝孫，永樂二十二年封，天順五年別封絳州。】		47 靈丘榮順王遜烇雲溪稿	《明史·藝文志稿》無注釋。
41	靈丘世子俊格天津集【榮順王五世孫，嗜學好文，聚書萬卷，未及嗣封卒。】〔註19〕		48 靈丘世子俊格天津集，榮順王五世孫，嗜學好文，聚書萬卷，未嗣封卒。	同《明史·藝文志稿》。
42	安塞宣靖王秩炅滄洲漁隱錄六卷，又樗齋隨筆二十卷【慶藩。】		49 安塞宣靖王秩炅滄洲漁隱錄六卷，又樗齋隨筆二十卷	同《明史·藝文志稿》。
43	豐林端康王臺瀚平齋集【慶藩安簡王庶子，嘉靖九年封。】		50 豐林端康王臺瀚平齋集	《明史·藝文志稿》無注釋。
44	石城安恪王宸浮孤憤詩草一卷【端隱嫡子，弘治二年襲封。】		51 石城安恪王宸浮孤憤詩草一卷	《明史·藝文志稿》無注釋。
45	弋陽端惠王拱樻訓忠堂集四卷【俱寧藩莊僖王宸㳰嫡子，嘉靖三十三年襲封。】		52 弋陽端惠王拱樻訓忠堂集四卷	《明史·藝文志稿》無注釋。
46	德平榮順王胤楛集書樓稿【沈惠玉勳溜之次子，高皇帝昬孫，嘉靖三十七年封。】	36 德平榮順王胤楛，王沈惠王勳溜之次子，高皇帝昬孫。嘉靖三十七年封，有《集書樓稿》〔註20〕	57 德平榮順王胤梴集書樓稿	同《明詩綜》。
47	鎮康王恬焯西岩漫稿【沈憲王胤杦第五子，高皇帝仍孫，嘉靖二十四年封。】	37 鎮康王恬焯王，沈憲王胤杦第五子，高皇帝仍孫。嘉靖二十四年封，有《西巖漫稿》。		同《明詩綜》。

〔註19〕上古校記云「盧校無及字」。
〔註20〕接「武岡保康王」。

48	保定惠順王理坦清苑山房集【沈宣王次子，高皇帝雲孫，嘉靖三十八年封。】	38 保定惠順王珵坦，王沈宣王次子，高皇帝雲孫，嘉靖三十八年封。有《清苑山房集》。	56 保定惠順王埕坦清苑山房集	同《明詩綜》。
49	魯靖王肇輝憑虛稿【荒王檀庶子，高皇帝孫，永樂元年襲封。】	17 魯靖王肇輝，王荒王檀之子，高皇帝孫。永樂元年襲封，成化二年薨。有《憑虛稿》。		同《明詩綜》。
50	秦康王志埵默庵集【隱王尚炳第三子，愍王楝孫，高皇帝曾孫，宣德三年以富平王進封。】	18 秦康王志埵，王隱王尚炳第三子，愍王楝之孫，高皇帝曾孫也。宣德三年以富平王進封，景泰六年薨，有《默庵集》。	2 秦康王志潔默庵集卷	同《明詩綜》。
51	楚憲王季堁毓秀軒集【莊王子，高皇帝曾孫，初封武陵王，正統五年襲封。】	19 楚憲王季堁，王莊王之子，高皇帝曾孫。初封武陵王，正統五年襲封，八年薨。有《毓秀軒集》	16 楚憲王季堁毓秀軒詩，又維藩清暇錄，管延枝有序。	同《明詩綜》。
52	魯惠王泰堪悔齋稿【靖王嫡子，高皇帝曾孫，成化三年襲封。】	20 魯惠王泰堪，王靖王嫡子，高皇帝曾孫。成化三年襲封，九年薨。有悔齋稿。		同《明詩綜》。
53	魯莊王陽鑄尊德堂稿【惠王嫡子，高皇帝玄孫，成化十二年襲封。】	21 魯莊王陽鑄，工惠王嫡子，高皇帝玄孫。成化十二年襲封，嘉靖二年薨。有《尊德堂稿》。		同《明詩綜》。
54	唐成王彌鍗甕天小稿十二卷【莊王芝址庶長子，定王樫曾孫，高皇帝玄孫，初封穎昌王，弘治二年襲封。】	22 唐成王彌鍗王，莊王芝址庶長子，定王樫曾孫，高皇帝玄孫也。初封穎昌王，弘治二年嗣爵，嘉靖二年薨。有《甕天小稿》。	23 唐成王彌鍗甕天小稿十二卷	同《明詩綜》。
55	唐恭王彌鉗謙光堂詩集四卷【莊王第三子，成王彌鍗之弟，定王樫曾孫，高皇帝玄孫，初封	23 唐恭王彌鉗王，莊王第三子，成王彌鍗之弟，定王樫曾孫，高皇帝玄孫。	24 唐恭王彌鉬謙光堂集四卷，本封交城王，以子宇溫嗣王進封。	卷數同《明史‧藝文志稿》，注釋同《明詩綜》。

	交城王，正德中薨，謚恭靖，後以子宇溫襲王，改稱唐王，定謚曰恭。】〔註21	初封交城王，正德中薨，謚恭靖。後以子宇溫襲王，改稱唐王，定謚曰恭。有《謙光堂詩集》。		
56	沈安王詮銈凝齋稿【莊王幼學庶次子，簡王模曾孫，高皇帝玄孫，成化十九年初封靈川王，正德四年薨，謚榮懿，後以長孫憲王胤杼嗣封，更謚安。】	24 沈安王詮銈凝齋王，沈莊王幼墫次子，簡王模曾孫高皇帝玄孫也。初封靈川王，正德四年薨，謚榮懿。後以孫憲王杼胤進封，更謚安。有《凝齋稿》。	19 沈安王詮銈凝齋稿，初封靈川王，謚恭懿。以長孫蔭稱嗣王進封。	同《明詩綜》。
57	秦簡王誠泳經進賓竹小鳴稿十卷【惠玉公錫庶子，康王孫，高皇帝來孫，弘治元年以鎮安王襲封，紀善強晟校刻其詩，嘉靖元年從孫定王惟焯表上，詔付史館。】〔註22	25 秦簡王成泳，王惠王公錫之子，康王之孫，高皇帝來孫。弘治元年以鎮安王襲封，十一年薨。有《賓竹小鳴稿》。	25 秦簡王誠泳經進賓竹小鳴稿十卷，紀善強晟編，嘉靖元年從孫定王惟焯表上詔送史館。	卷數同《明史·藝文志稿》，注釋綜合《明史·藝文志稿》及《明詩綜》而成。
58	慶康王秩煃愼德軒集【靖王梅庶子，高皇帝孫，正統四年嗣封。】		17 慶康王秩煃愼德軒集	《明史·藝文志稿》無注。
59	寧靖王奠培卻掃吟，又擬古詩二百篇【獻王孫】，嫩仙竹林漫稿三卷		18 寧靖王奠培嬾仙竹林漫稿三卷，又擬古詩二百篇，又卻掃吟。獻王子。	同《明詩綜》。
60	楚端王榮滅正心詩集【靖王嫡子，昭王五世孫，正德七年嗣封。】		21 楚端王榮滅正心詩集	《明史·藝文志稿》無注。
61	蜀定王友垓文集十卷【獻王孫，和王悅㷆嫡子，高皇帝曾孫，宣德十年進封。】		22 蜀定王友垓㷆文集十卷	《明史·藝文志稿》無注。
62	沁水昭定王恬烆遜學書院集【沈簡王第八子，悼懷王佶焆封沁水王，簡王來孫，高皇帝晜	39 沈水昭定王恬烆，沈簡王第八子，悼懷王佶焆封沁水王，簡王來		同《明詩綜》。

〔註21〕上古校記云「盧校改鉗爲銈」、「盧校改初封爲本封」、「盧校改襲爲嗣」，同《明史·藝文志稿》。

〔註22〕上古校記云「盧校改校刻其詩爲編字」。

	孫，嘉靖二十五年襲封。】	孫，高皇帝昆孫也。嘉靖二十五年襲封，四十年薨，有《遜學書院集》。	
63	沁水康僖王珵階衡漳稿滄海披沙集【昭定王嫡子，沈簡王七世孫，高皇帝仍孫，隆慶元年襲封。】	40 沁水王珵階，王昭定王子，高皇帝仍孫。隆慶元年襲封，有《滄海披沙集》。		同《明詩綜》。
64	安慶端懿王恬烄嘉慶集【沈憲嫡第七子，高皇帝仍孫，自號西地道人，嘉靖三十一年封。】	41 安慶王恬烄王沈憲王第七子，高皇帝仍孫。自號西池道人，嘉靖三十一年封，有《嘉慶集》。	55 安慶端懿王恬壐，嘉慶集，自號西池道人。	同《明詩綜》。
65	慶成榮懿王愼鍾太霞稿【晉恭王棡第四子，濟炫封慶成王，諡莊惠王，悼懷王新節堤庶子，安穆王知烊之孫，恭王之仍孫，高皇帝雲孫，隆慶六年襲封。】	42 慶成王愼鍾，晉恭王棡第四子，濟炫封慶成王，諡莊惠王。安穆王知烊之孫，恭王之仍孫，高皇帝之雲孫也，隆慶六年襲封。有《太霞稿》。		同《明詩綜》。
66	三城康穆王芝垝進修稿【唐憲王瓊炟庶王子，高皇帝曾孫，成化七年封。】		58 三城康穆王芝垝進修橋	《明史・藝文志稿》無注。
67	承休昭毅王彌鋠復齋存稿【俱唐藩，榮和王芝垠庶子，高皇玄孫，嘉靖二年孫。		59 承休昭毅王彌鋠復齋存稿	《明史・藝文志稿》無注。
68	棗陽榮肅王祐楒朱仲子集三卷，又方城集一卷【襄藩。】		60 棗陽榮肅王祐楒朱仲子集三卷，又方城集一卷	同《明史・藝文志稿》
69	富順王□□厚焜東蘄集二卷		6 富順王厚焜東蘄集二卷	同《明史・藝文志稿》
70	樊山王載垍大隱山人集十七卷，又三徑詞一卷【人稱升甫先生，俱荊府，樊山系荊靖王祁鎬庶了，溫懿王見澋於成化三年始封，載垍爲溫懿王曾孫，荊憲王來孫，恭恪王庶子，嘉靖三十六年嗣封，無諡。】		62 樊山王載垍大隱山人集十七卷，人稱升甫先生。	《明史・藝文志稿》注釋無後半部份。

71	新樂王載璽樓居稿一卷，又由居稿一卷【號誠軒，有博雅稱，建博文書院，□□中賜敕獎諭，衡藩係憲王庶七子，恭王祐楎，於成化二十三年始封，載璽爲恭王孫新樂端惠王嫡子，嘉靖三十六年嗣封。】		63 新樂王載璽樓居稿一卷又田居稿一卷，號誠軒，有博雅稱。建博文書院，□□中賜勅獎諭。	《明史‧藝文志稿》注釋無後半部份。
72	商河康順王載塨松庵集【《藝苑巵言》稱其工玉箸大小篆，載塨係衡莊王厚熵庶八子，恭王孫，嘉靖三十五年封商河。】〔註23〕		64 商河康順王載塨松庵集，《藝苑巵言》稱其工玉筋大小篆。	《明史‧藝文志稿》注釋無後半部份。
73	朱敬鍬自吟亭詩草【字季量，秦愍王八世孫。（別本補）】〔註24〕	敬鍬字季量，秦愍王棟八世孫。有自吟亭詩草。		同《明詩綜》
74	朱誼泲集【字子斗，秦愍王九世孫。（別本補）】	誼泲字子斗，秦愍王九世孫，有集。		同《明詩綜》
75	朱睦㮮陂上集【字灌甫，號西亭，周定王六世孫，萬曆初舉宗正。（別本補）〔註25〕】	睦㮮字灌甫，號西亭，周定王六世孫。萬曆初舉宗正，有陂上集。	67 周藩鎮國中尉睦㮮陂上集二十卷	同《明詩綜》
76	朱睦橫子勤炌孫朝□三業集【睦橫，字仁庵，周定王六世孫，輔國中尉，子勤炌，號南游，封奉國將軍，孫朝□，字汝升，號崇岡，勤炌輯其詩及己作附朝□。（別本補）】	睦橫字仁庵，周定王六世孫，輔國中尉，其子勤炌輯其詩及己作，下及孫朝□，題日三業集。		與《明詩綜》略異。
77	朱慶㮸籜冠集【字仲望，高祖第七子齊王榑，建文元年廢爲庶人，永樂初復封，四年獨爵，安置廬州，子孫	朱慶㮸慶㮸字仲望，高皇帝第七子榑，封於齊。建文元年廢爲庶人，永樂初復封，四年奪		同《明詩綜》。

〔註23〕 上古校記云「盧校云『志此下接周藩奉國將軍安湦等，今此本分作兩處，載中官之前，大謬』」。《明史‧藝文志稿》此條爲「周藩奉國將軍安湦河上集，字思甫，鎮平王孫」。

〔註24〕 此爲《明詩綜》卷八十三「宗藩」。

〔註25〕 上古校記云「盧校朱上有周藩鎮國中尉六字」、「集下有二十卷三字。

	俱爲庶人，散居南京。別本補）】	爵安置廬州，子孫俱爲庶人，散居南京。有《鶡冠集》。		
78	朱觀熰濟美堂稿【字中立，鉅野僖順王玄孫，封鎮國中尉。(別本補)】〔註26〕	朱觀熰觀熰字中立，巨野僖順王玄孫，封鎮國中尉。有《濟美堂稿》。	66 魯藩鎮國中尉觀熰濟美堂遺稿二卷，字中立，有孝行。	同《明詩綜》。
79	朱術坰綦組堂集【字均焉，遼簡王植七世孫，輔國中尉，換授鎮江通判，遷戶部主事。(別本補)】	朱術坰術坰字均焉，遼簡王植七世孫，輔國中尉，換授鎮江通判，遷戶部主事。有《綦組堂集》。		同《明詩綜》。
80	朱多煃朱宗良集【字宗良，寧獻王六世孫，鎮國中尉。(別本補)】〔註27〕	朱多煃多煃字宗良，寧獻王六世孫，封鎮國中尉。有《朱宗良集》。	68 寧藩奉國中尉多煃詩集十二卷，字宗良，博雅好修，萬曆初薦堪宗正者，首舉之。	同《明詩綜》。
81	朱多炡勬遊稿【字貞吉，寧獻王六世孫，奉國將軍，私諡靖敏先生。(別本補)】〔註28〕	朱多炡多炡字貞吉，寧獻王六世孫，封奉國將軍，卒後私諡曰清敏先生。有《勬遊稿》。	72 寧藩奉國將軍多炡五遊編六卷又倦遊編一卷，字貞吉，有盛名，門人私諡清敏先生。弋陽王府。	同《明詩綜》。
82	朱謀埠集【多炡子，變姓名曰來鯤，字子魚，臨川湯顯祖序。(別本補)】〔註29〕	多炡子謀埠變姓名曰來鯤，字子魚，出遊吳楚，有集行世，臨川湯若士爲之序。	76 寧藩中尉謀埠入山詩三卷，多炡子，自稱來鯤，字子魚，世遊吳越間，別號天池。	同《明詩綜》。
83	朱謀埠枳園近稿【字郁儀，寧獻王七世孫，中尉，攝石城王府事。(別本補)】	謀埠謀埠字鬱儀，寧獻王七世孫，以中尉攝石城王府事。既卒，豫章士人私諡貞靜先生。有《枳園近稿》。	70 攝石城府事鎮國中尉謀埠枳園近稿八卷，字鬱儀，與周藩睦㮮皆以通經學古並重於朱邸，謀埠著書一百二十種，不能盡見，錄其著者於別類。	同《明詩綜》。

〔註26〕　上古校記云「盧校朱上有魯藩鎮國中尉六字」、「稿上有遺字，稿下有三卷二字」、「盧校立下有有孝行三字」。

〔註27〕　上古校記云「盧校朱上有寧藩奉國中尉六字，火貴下無朱宗良三字，有詩字」、「集下有十二卷三字」、「盧校無寧獻王等十字」。

〔註28〕　上古校記云「盧校朱上有寧藩奉國將軍六字，炡下有五遊編六卷五字，並校改勬遊稿爲勬遊編一卷，移於注文之下」、「盧校無寧獻王等十字，有有盛名，門人，五字」、「盧校生下空一格，有弋陽王府四字」。

〔註29〕　上古校記云「盧校朱上有寧藩中尉四字，集上有入山詩三字，集下有三卷二字」、「盧校魚下有出遊吳越間，別號天池九字」。

84	朱謀晉羔雁集，又淹留集，又蕪城集，又巾車集【字康侯，更字公退，寧獻王七世孫。	謀晉字康侯，更字公退，寧獻王七世孫，有羔鴈、淹留、蕪城、巾車四集。		同《明詩綜》。
85	朱恬烷達庵集【字達庵，沁水莊和王叔子，鎮國將軍。（別本補）】	朱恬烷恬烷號達庵，沁水莊和王叔子，封鎮國將軍，有《達庵集》。		同《明詩綜》。
86	朱璔增玉田集【字純甫，恬烷子，輔國將軍。（別本補）】	朱璔增璔增字純甫，恬燦子，封輔國將軍。有《玉田集》。		同《明詩綜》。
87	朱璔圪玉澗集【字崇甫，恬燦子，輔國將軍。（別本補）】	朱璔圪璔圪字崇甫，恬燦子，封輔國將軍。有《玉澗集》。		同《明詩綜》。
88	朱璔坼玉林集【字京甫，恬烷子，輔國將軍。（別本補）】	璔坼字京甫，恬烷子，封輔國將軍，有《玉林集》。		同《明詩綜》。
89	朱效鍚壺峰集【字馴甫，奉國將軍。（別本補）】	朱效鍚效鍚字馴甫，封奉國將軍，有《壺峰集》。		同《明詩綜》。
90	朱碩熿南陽集【字孔炎，唐定王五世孫，鎮國中尉。（別本補）〔註30〕】	朱碩熿碩熿字孔炎，唐定王樫五世孫，封鎮國中尉，有《南陽集》。	81 唐藩鎮國中尉碩熿巨勝園集十卷又友聲集十卷，字孔炎，定王五世孫，博雅慷慨，工爲文章。	同《明詩綜》。
91	朱器封巢園集【字子厚，碩燦子。（別本補）〔註31〕	朱器封，器封字子厚，碩熿子，有《巢園集》。	82 唐藩輔國中尉器封參遊集，字子厚，碩勳子。萬曆初與父同舉宗正，人榮之。	同《明詩綜》。
92	朱統炊紀行詩一卷【字增成，貢生，黎陽訓導。（別本補）】			
93	周藩奉國將軍安湉河上集【字思浦，鎮平王孫。（吳補）】		65 周藩奉國將軍安湉河上集，字思甫，鎮平王孫。	同《明史·藝文志稿》。

〔註30〕 上古校記云「盧校朱上有唐藩鎮國中尉六字，又改南陽集爲巨勝園集十卷」、「盧校無鎮國中尉四字，下有博雅慷慨，工爲文章八字，盧校有又友聲集十卷」。

〔註31〕 上古校記云「盧校朱上有唐藩輔國中尉六字，並校改巢園爲參遊」、「盧校子下有萬曆初與父同舉宗正，時以爲榮」。

94	寧藩奉國將軍多煇芙蓉園集【字晦用,與李攀龍、王世貞善,續五子詩多煇其一也,右俱瑞昌王孫。(吳補)】		69 寧藩奉國將軍多煇芙蓉園稿,字用晦,與李攀龍、王世貞善。世貞續五子詩,多煇其一也。右俱瑞昌王孫。	同《明史・藝文志稿》。
95	寧藩弋陽王孫拱檜負初集二卷【吳補】		71 寧藩弋陽王孫拱檜負初集二卷	同《明史・藝文志稿》。
96	寧藩弋陽王孫奉國將軍多煌委蛇集四卷【吳補】		73 寧藩弋陽奉國將軍多輝委蛇集四卷	同《明史・藝文志稿》。
97	寧藩弋陽王孫多照默存自娛集二十二卷【字孔暘。(吳補)】		74 寧藩弋陽王孫多照默存自娛集二十二卷,字孔暘。	同《明史・藝文志稿》。
98	寧藩中尉謀城退省稿六卷【字幼晉。(吳補)】		75 寧藩中尉謀珹退省稿六卷,字幼晉。	同《明史・藝文志稿》。
99	寧藩樂安中尉謀晉初集四卷【字公退,初字康侯,讀書修詞,才名蔚起】,又西堂詩一卷,又廬山詩一卷【吳補】		77 寧藩樂安中尉謀晉集四卷,又西堂詩一卷,又廬山詩一卷,字公退,初字康侯,讀書修詞,才名蔚起。	同《明史・藝文志稿》。但上已著錄。
100	寧藩統鈰我法居集【字章華,寧獻王權九世孫,崇禎戊辰進士,選庶吉士,授簡討,歷官南京國子祭酒。(吳補)】		78 寧藩統鈰我法居集,字章華,寧獻王九世孫,崇禎戊辰進士,選庶吉士,授檢討,歷官南京國子監祭酒。	同《明史・藝文志稿》。
101	寧藩建安輔國將軍拱樋瑞鶴堂詩二卷,又爽臺集二卷【吳補】		79 寧藩建安輔國將軍拱樋瑞鶴堂詩集二卷,又爽臺集二卷	同《明史・藝文志稿》。
102	寧藩建安鎮國中尉多炂支離市隱北郭子魚樂詞三十卷【吳補)】		80 寧藩建安鎮國中尉多炂支離市隱集、北郭子魚樂詞三十卷	同《明史・藝文志稿》。
103	成皋孟橫詩草三卷【吳補】		83 成皋孟橫詩草三卷	同《明史・藝文志稿》。
104	沈□□□雲仙集十四卷【吳補】		84 沈□□□雲仙集十四卷	同《明史・藝文志稿》。
105	朱翊銭天倪閣集二卷【吳補】		87 朱翊銭天倪閣集二卷	同《明史・藝文志稿》。
106	朱載埠泊如軒草六卷,又夢古齋稿略三卷,又艮野小集四卷【吳補)】		85 朱載埠泊如軒草六卷,又夢古齋稿略三卷,又艮野小集四卷	同《明史・藝文志稿》。
107	朱誼澊大業堂詩草五卷【吳補】		86 朱誼澊大業堂詩草五卷	同《明史・藝文志稿》。

108	朱拱櫡既白詩稿七卷【吳補】		88 朱拱櫡既白詩稿七卷	同《明史・藝文志稿》。
109	朱安淲習靜樓集三卷【吳補】		89 朱安淲習靜樓集三卷	同《明史・藝文志稿》。
110	朱程楷滄海披沙集一卷【吳補】〔註32〕		90 朱程楷滄海披沙集一卷（以上宗藩）	同《明史・藝文志稿》。

　　上表是《千頃堂書目》卷十七「別集類」首錄的明室諸帝王宗藩之作，計110人，「商河康順王載塮松庵集」下接「朱敬鉷自吟亭詩草」等20餘宗室之作，然後接「周藩奉國將軍安淲」諸條。盧文弨在「商河康順王載塮松庵集」條下校曰：「《志》此下接周藩奉國將軍安淲等，今此本分作兩處，載中官之前，大謬」。《明史・藝文志稿》本「商河王載塮松庵集」下接「周藩奉國將軍安淲河上集」，與盧文弨所云相同。自「朱敬鉷自吟亭詩草」至「朱統炊紀行詩」二十餘條，四庫本《千頃堂書目》在卷二十八「崇禎時人」與「中官」之間，與盧文弨的校記是相符的，上古本把其移到了卷十七，注曰據「別本補」，失去了原書面貌。但是筆者通過比對，發現這十八個條目與《明詩綜》是完全相同的，並且，《明詩綜》卷一錄帝王宗藩之作，卷八十三錄「朱敬鉷」等諸宗室之作，也是分作兩處，該書著錄「中官」之作在卷八十六，那麼盧文弨校記中說的情況也與《明詩綜》是相符的。四庫本未標據「別本補」，上古本注明據別本補，很明瞭，此別本就是《明詩綜》。但注釋乃上古編者所增，我們不能由此斷定，《明詩綜》的編排早於《千頃堂書目》。再由具體的條目來對照，《千頃堂書目》帝王宗藩宗室共收錄110人，明詩綜著錄62人（僅作品結集的），《明史・藝文志稿》著錄90人，通過具體的條目比勘，筆者發現，《千頃堂書目》的條目有與《明詩綜》重合的，也有與《明史・藝文志稿》重合的，還有一些是綜合《明詩綜》和《明史・藝文志稿》而來的。就此表而言，筆者在「備註」中分析的很清楚，1、4、7、8、10、28、30、32、33、34、35、37、39、41、42、68、69、93～110條〔註33〕與《明史・藝文志稿》的條目、注釋完全相同，18、25、26、29、31、40、43、44、45、58、60、61、66、67、70、71、72 條，《明史・藝文志稿》無注釋；2、3、5、6、9、20、22、24、27、36、46～54、56、59、62～65、73～91 條與《明詩綜》是完全相同的；11、12、13、14、15、16、17、19、21、23、24、38、55、57

〔註32〕上古校記云「盧校云，以上宗藩」，同《明史・藝文志稿》。
〔註33〕94～110 條，注曰吳補，實際上全部出自《明史・藝文志稿》。

條綜合《明詩綜》和《明史‧藝文志稿》而成的。作者相同,《千頃堂書目》則選擇注釋較詳的條目著錄,如第 36、38、50、51、54、56、64 條。但 73～91 條,由於《千頃堂書目》按照《明詩綜》順序抄錄下來,未加比勘,致使 80、81、82、83 四條《明史‧藝文志稿》本的注釋詳於《明詩綜》,《千頃堂書目》還是抄錄了較簡略的《明詩綜》。〔註34〕第 84 和 99 條為同一人,由於出處不同,兩個條目的書名、卷數、注釋都不同,84 條出自《明詩綜》,為「朱謀㙔羞雁集,又淹留集,又蕪城集,又巾車集,字康侯,更字公退,寧獻工七世孫」,第 99 條出自《明史‧藝文志稿》,為「寧藩樂安中尉謀㙔初集四卷,字公退,初字康侯,讀書修詞,才名蔚起。又西堂詩一卷,又盧山詩一卷」,屬於重複著錄,此條要麼加以合併,要麼刪去一條。類似的條目還有卷十七的「陳伯康南雅集,字仲進,長樂人,江山知縣」,上為「烏斯道」,下接「莘野」條,出自《明詩綜》,同卷下又有「陳仲進南雅集四卷,名伯康,以字行,長樂人,洪武中明經,江山知縣」,上為「羅泰」,下接「鄭旭」,出自《明史‧藝文志稿》;卷十七「王珙竹居詩集,字庭珪,常熟人,明初處士」,上為梁蘭,下接鄭枚,出自《明詩綜》卷十六;卷十八又有「王珙竹居集一卷,字廷珪,常熟人,資性高潔,所居植竹,因以名集」,上為「羅紘」、下接徐遠,出自《明史‧藝文志稿》。陳、王二人也屬於重複著錄。由於出處不同,編者在抄錄時未加以篩選,就造成了這種情況。

二、以《千頃堂書目》「別集類‧洪武朝」為例

《千頃堂書目》卷十七著錄「洪武時諸家」共 526 人,這 526 人之中,前 198 人,與《明詩綜》卷三至卷十七有集的 184 個作者排序差不多是相同的:

《千頃堂書目》卷十七	《明詩綜》
宋濂、劉基、汪廣洋、李習、陶安、孫炎、夏煜、全思誠、鮑恂、朱善、宋訥、詹同、王褘、張以寧、劉三吾、魏觀、危素、劉崧、黃肅、牛諒、嚴震直、朱同、秦約、蘇衡、唐肅、謝肅、韓守益、申屠衡、桂彥良、趙汸、汪克寬、胡翰、陶凱、曾魯、宋禧、徐尊生、謝徽、朱	劉基、汪廣洋、陶安、孫炎、全思誠、鮑恂、朱善、宋訥、詹同、宋濂、王褘、張以寧、劉三吾、魏觀、危素、劉崧、黃肅、牛諒、李質、嚴震直、朱同、秦約、蘇伯衡、唐肅、韓守益、申屠衡、桂彥良、趙汸、汪克寬、胡翰、陶凱、曾魯、宋禧、徐尊生、謝徽、朱右、張孟兼、

〔註34〕 卷二十一的「魏時敏竹溪集八卷」也屬於此種情況,《千頃堂書目》中「魏時敏」上接「錢文」,下為「朱存理」,抄錄自《明詩綜》,其注曰「莆田人,字竹溪,官無錫縣丞,改桃源」,《明史‧藝文志稿》注較詳「莆田人,弘治中以搆史謁銓。太宰尹旻聞其能詩,召試之,大加稱賞,俾丞無錫,後改桃源致仕」。

右、朱世廉、張孟兼、王彝、張宣、張簡、貝瓊、徐一夔、張九韶、梁寅、劉承直、林弼、張羽、劉儼、魯淵、劉永之、孫作、錢宰、揭軌、童冀、趙撝謙、高啓、楊基、張羽、徐賁、余堯臣、王行、呂敏、孫蕡、王佐、黃哲、李德、趙介、林鴻、陳亮、唐泰、鄭定、王褒、高棟、王偁、王恭、黃玄、周玄、李質、陶宗儀、舒頔、謝應芳、沈貞、吳志淳、高明、徐昄、姚璉、唐仲實、涂幾、李勝原、黃樞、沈夢麟、滕克恭、葉顒、張庸、王沂、王祐、藍仁、藍智、易恒、逯昶、韓奕、王賓、劉炳、郭奎、劉駟、許伯旅、張適、戈鎬、范準、楊彝、李曄、管訥、林靜、林溫、貝翱、浦源、桂衡、陸闓、張紳、陳約、董紀、程國儒、盧熊、馬文璧、馬治、白範、陳汝言、劉秩、張率、吳文泰、鄭潛、朱模、烏斯道、陳伯康、莘野、俞貞木、王澤、陳綱、梅頤、葉子奇、吳斌、黎貞、朱升、鄭洤、吳舜舉、朱應辰、吳彤、陶振、張時、邵誼、陳謨、金信、郳經、鄭昂、范再、趙次誠、林常、戴奎、薛敬、薛服、丁遜學、任原、周致堯、凌雲翰、胡奎、鄭桓、袁華、殷奎、邵亨貞、虞堪、顧祿、季應期、季德機、季德珍、李道生、汪叡、錢子正、梁蘭、王琪、鄭杕、……謝林、茹浞、馬麟、盛彧、蕭岐、顧協、陳鈞、謝常、謝恭、潘子安、史謹、朱希晦、甘復	王彝、張宣、張簡、貝瓊、徐一夔、梁寅、劉承直、林弼、張羽、劉儼、魯淵、劉永之、孫作、錢宰、揭軌、童冀、趙撝謙、高啓、楊基、張羽、徐賁、余堯臣、王行、呂敏、孫蕡、王佐、黃哲、李德、趙介、林鴻、陳亮、唐泰、鄭定、王褒、高棟、王偁、王恭、黃玄、周玄、陶宗儀、舒頔、謝應芳、沈貞、吳志淳、高明、徐昄、姚璉、唐仲實、涂幾、李勝原、黃樞、沈夢麟、滕克恭、葉顒、張庸、藍仁、王沂、易恒、逯昶、韓奕、王賓、劉炳、郭奎、劉駟、許伯旅、張適、楊彝、戈鎬、范準、李曄、管訥、林溫、貝翱、浦源、陸闓、桂衡、張紳、陳約、董紀、謝肅、藍智、王祐、程國儒、馬琬、盧熊、馬治、白範、陳汝言、劉秩、張率、吳文泰、鄭潛、朱模、烏斯道、陳伯康、莘野、俞貞木、王澤、陳綱、吳斌、戴奎、葉子奇、薛敬、梅頤、任原、周致堯、凌雲翰、胡奎、袁華、殷奎、邵亨貞、虞堪、顧祿、黎貞、鄭洤、吳舜舉、朱應辰、鄭眞、陶振、張時、林常、邵誼、陳謨、金信、郳經、鄭昂、范再、趙次誠、李應期、李道生、錢子義、梁蘭、王琪、鄭杕、謝林、茹浞、馬麟、蕭岐、顧協、陳鈞、謝常、謝恭、潘子安、史謹、朱希晦、甘復

　　《千頃堂書目》較《明詩綜》多李習、夏煜、朱世廉、張九韶、林靜、馬文璧、朱升、吳彤、薛服、丁遜學、鄭桓、季德機、季德珍、汪叡等 14 人〔註35〕，其餘的 184 人除了先後順序上稍有差異，劉承直、姚璉、陸闓、張紳、白範、林常、錢子義七人在《明詩綜》沒有集名，《千頃堂書目》依據《明史‧藝文志稿》加以補充之外，書名、注釋都與《明詩綜》相同。其中有些作者《明史‧藝文志稿》也收錄的，但《千頃堂書目》的編者皆依照《明詩綜》來著錄。由於《明詩綜》僅著錄書名，不標明卷數，而《千頃堂書目》中即使出自《明詩綜》的條目多標明卷數，實際上卷數多來自《明史‧藝文志稿》。〔註36〕「章正則至錢遜」之間的 186 條基本上出自《（雍正）浙江通

〔註35〕　薛服、季德機、季德珍出自《（雍正）浙江通志》，剩餘的都出自《明史‧藝文志稿》。

〔註36〕　如「胡翰胡仲子集十卷，又長山先生集，又信安集，字仲申，一字仲子，金華人，以薦授衢州教授，召修元史，書成，以金帛遣歸，學者稱長山先生」，《明史‧藝文志稿》爲「胡翰胡仲子集十卷，又長山先生集，字仲申，金華

志》，見《〈千頃堂書目〉「別集類」與〈（雍正）浙江通志〉的關係探析》一章，錢遜以下的 142 條，有 110 條來自《明史・藝文志稿》〔註37〕。通過分析，我們發現《千頃堂書目》卷十七「洪武時人」共著錄的 526 個作者，分別由《明史・藝文志稿》（121 條）、《明詩綜》（184 條）、《（雍正）浙江通志》（186 條）三者的相關條目組合而成。實際上，不僅卷十七，「別集類」的其他卷皆如此，只不過各家所佔的比例不同而已。

三、對《千頃堂書目》「別集類」整體加以考證

筆者對《千頃堂書目》卷十七至卷二十九著錄的 7000 餘部圖書逐一考證後，發現「別集類」所著錄的條目幾乎全部出自《（雍正）浙江通志》、《明詩綜》及《明史・藝文志稿》三書，編者把三書所著錄的有關別集類圖書，要麼原樣抄錄，或者重新加工變成新的條目。「別集類」的條目基本上就是對《（雍正）浙江通志》、《明詩綜》及《明史・藝文志稿》三書相關條目的排列組合。組合方式主要有：《（雍正）浙江通志》與《明史・藝文志稿》、《明史・藝文志稿》與《明詩綜》、《明詩綜》與《（雍正）浙江通志》兩兩組合、《（雍正）浙江通志》、《明史・藝文志稿》及《明詩綜》三者組合。筆者分別列舉各種情況加以說明：

人。明師下金華，召見，授衢州教授。洪武初分修《元史》，學者稱長山先生」；「劉馴愛禮先生集十卷，字宗道，龍溪人，洪武初徵秀才，入試者八千人，馴居第一，拜左都御史，後坐事謫滇，徵還投水死」，《明史・藝文志稿》爲「劉馴愛禮文集十卷，字宗道，龍溪人。以俊秀被徵，辭歸。從學於三山趙彥進氏，造詣益深，復起赴京。試者八千人，居第一，授試都御史。坐事謫滇南。或言其逃者，命捕其父，馴聞之投水死」。

〔註37〕李公紀、楊大中、劉明、項昕、謝矩、張輿張輅、繆珊繆璉、吳任吳田吳穀、羅復仁、袁凱、劉迪簡、何淑、熊太古、王子讓、熊釗、錢蘇、傅著、答祿與權、張昌、張篝、李惟馨、杜教、吳毅、吳源、王翰、劉仕妲、林興祖、杜熙、郭翼、周南老、顧文昱、徐達左、朱吉三、陳登、朱潤祖、李琛、葛天民、朱昶、儲可求、袁宗、華希顏、張存、王震、張源涅、陳擇善、吳伯同、方幼學、葉宗茂、程彌壽、陳秀民、陳雷、方行、劉璉、劉養晦、龔教、朱弘祖、曾子永、徐素、劉宗玉、董彝、解開、金固、胡壽昌、羅性、雷貫、羅閏、周啓、莊希俊、韓經、周恒、魯修、洪楫、黎明愚、余應鳳、李衡、章喆、王時寶、朱叔服、吳從敬、蔡深、歐陽貞、朱智、羅泰、陳仲進、鄭旭、王堅、林同、危德華、邢奇、沈得衛、俞曰強、張昌齡、蘇仲簡、趙良士、胡宗華、鄔奕、陸中、王文靜、劉醇、丁鶴年、歐陽謙、陳南賓、岳仲明、吳仲昭、林大同、朱逢吉、周靜、林士敏、王旭、沈璸、錢蒙、錢子義、錢仲益、詹俊。

	《(雍正)浙江通志》	《明史‧藝文志稿》	《明詩綜》	《千頃堂書目》	備 注
1	宋學士文集七十五卷，《百川書志》「金華宋濂景濂撰，鑾坡前集十卷、鑾坡後集十卷、翰苑續集十卷、翰苑別集十卷、芝園前集十卷、芝園後集十卷、芝園續集十卷、朝京集五卷」。王禕《宋太史傳》別有蘿山吟稿三卷，潛溪內外集三十卷。鄭楷《潛溪先生行狀》「潛溪集四十卷，芝園集五卷，已傳於學者。翰苑集四十卷，芝園集。歸田已後所著，計四十卷」。《列朝詩集》「劉誠意選定爲文粹十卷，門人方孝孺鄭濟等又選續文粹十卷，皆孝孺與同門劉剛林靜樓璉手自繕寫，刊於義門書塾」。《黃氏書目》弋陽黃溥選定潛溪先生集十八卷，刊於蜀。高淳韓叔陽匯諸家本定爲全集三十三卷，刊於金華」。	宋濂潛溪文集十卷後集十卷續集十卷【皆前元時作又潛溪文粹十卷【劉基選定】又續文粹十卷【方孝孺鄭濟同選定】又宋學士文集七十五卷【鑾坡前集十卷後集十卷翰苑續集十卷別集十卷芝園前集十卷後集十卷別集十卷朝天集五卷】又潛溪先生集十八卷【弋陽黃溥選定】又宋學士全集三十三卷【高淳韓叔陽彙諸家本定爲全集，然亦多遺落，不稱善本】又宋學士詩集五卷	濂字景濂，浦江人，元末用薦除翰林編修，以親老辭，入仙華山爲道士。國初征至，授皇太子經，居禮賢館。修元史，充總裁官，仕至翰林學士承旨兼太子贊善大夫。正德中追諡文憲。有潛溪翰苑芝園蘿山諸集。	宋濂潛溪文集十卷後集十卷續集十卷【皆前元時所作。】，又宋學士文集七十五卷【鑾坡前集十卷，鑾坡後集十卷，翰苑續集十卷，翰苑別集十卷，芝園前集十卷，芝園後集十卷，芝園續集十卷，朝天集五卷。】，又蘿山吟稿三卷，又宋學士詩集五卷【字景濂，浦江人，元末用薦除翰林編修，以親老辭，入仙華山爲道士，國初征至，授皇太子經，居禮賢館，修元史，充總裁，官仕至翰林學士承旨，兼太子贊善大夫，正德中追諡文憲。】，又潛溪文粹十卷【劉基選定。】又《續文粹》十卷【門下方孝孺，鄭濟等同選定，皆孝孺與同門劉剛，林靜，樓璉手自繕寫，刊於義門書塾。】，又潛溪先生集十八卷【弋陽黃溥選定，刊於蜀。】，又宋學士全集三十三卷【高淳韓叔陽彙諸家本定爲全集，刊於金華，	目由《明史‧藝文志稿》及《(雍正)浙江通志》組成，注合《明史‧藝文志稿》、《(雍正)浙江通志》《明詩綜》三書而成。

			然亦多遺落，不稱善本。】	
2	覆瓿集二十四卷拾遺二卷犁眉公集四卷，《百川書志》「劉基撰」；《列朝詩集》「基字伯溫，青田人，自編其詩文曰覆瓿集者，元季作也。曰犁眉公集者，明初作也」；黃伯生《誠意伯劉公行狀》「長子璉集所遺文稿五卷名犁眉公集」；《焦氏經籍志》「家集七十二卷」。按：舊刻於栝蒼，凡二十卷。首蟠運録、次郁離子、次覆瓿集、次寫情集、次春秋明經、次犁眉公集。嘉靖三十五年縉雲樊獻科編次，凡十八卷。	劉基覆瓿集二十四卷拾遺二卷，【前元時作】。又犁眉公集四卷又文成集二十卷【合併諸集及郁離於春秋明經諸書】。	基字伯溫，青田人，元進士。洪武初官至御史中丞，論佐命功，封誠意伯，爲胡惟庸毒死。正德中追諡文成。有覆瓿集犁眉公集。	劉基覆瓿集二十四卷拾遺二卷【前元時作】，又犁眉公集四卷【長子璉集。】，又誠意伯文集二十卷【首蟠運録，次郁離子，次覆瓿集，次寫情集，次春秋明經，次犁眉公集。】，又十八卷【嘉靖三十五年縉雲樊獻科編次】。劉基，字伯溫，青田人，元進士，洪武初官至御史中丞，論佐命功，封誠意伯，爲胡惟庸毒死，正德中追諡文成。】	目由《明史・藝文志稿》及《（雍正）浙江通志》合成，注自《（雍正）浙江通志》。作者小傳自《明詩綜》。
3		汪廣洋鳳池吟稿十卷	廣洋字朝宗，高郵人。洪武初爲中書左丞，封忠勤伯，拜右丞相，尋貶廣東，有詔數其罪，自縊死。有鳳池吟稿。	汪廣洋鳳池吟稿十卷【字朝宗，高郵人，洪武初爲中書左丞，封忠勤伯，拜右丞相，尋貶廣東，有詔數其罪，自縊死。】	書名卷數同《明史・藝文志稿》，注自《明詩綜》。
4		李習橄欖集五卷【字伯羽，當塗人，元延祐四年鄉舉，明太祖下太平，以爲郡太守】		李習橄欖集五卷【字伯羽，當塗人，元延祐四年鄉舉，明太祖下太平，以爲郡太守，陶安其門人也。】	《千頃堂書目》同《明史・藝文志稿》。
5		陶安辭達類抄十九卷，又姚江類抄一卷，又知新	安字主敬，太平府人，元末爲明道書院山長。王	陶安辭達類鈔十九卷，又姚江類鈔一卷，又知新	目同《明史・藝文志稿》，注自《明詩綜》。

		稿五卷，又江行雜詠一卷，又黃岡寓稿一卷，又鶴沙小紀一卷，又別類一卷，又鄱陽新錄一卷，又玉堂稿八卷，又陶學士文集二十卷【合併諸集成編，前附陶學士事蹟一卷】。	師渡江，首率父老奉迎，留置幕府。歷左司郎中，出知黃州，降桐城令，移知饒州，仍改知黃州，召爲翰林院學士，尋擢江西行中書省參知政事，卒於官，贈姑孰郡公，追諡文憲。有知新稿江行雜詠。	稿五卷，又江行雜詠一卷，又黃岡寓稿一卷，又鶴沙小紀一卷，又別類一卷，又鄱陽新錄一卷，又玉堂稿八卷，又陶學士先生文集二十卷【合併諸集成編，前附陶學士事蹟一卷】安字主敬，太平府人，元末爲明道書院山長，王師渡江，首率父老奉迎，留置幕府，歷左司郎中，出知黃州，降桐城令，移知饒州，仍改知黃州，召爲翰林院學士，尋擢江西行中書省參知政事，卒於官，贈姑孰郡公，追諡文憲。】	
6		孫炎左司集四卷，門人蔣敬編次，敬字行簡，金陵人。	炎字伯融，句容人。國初闢行省掾，尋以省都事總制處州。會苗將叛，被擒，罵賊死，追封丹陽縣男，諡忠愍，有左司集。	孫炎左司集四卷【字伯融，句容人，國初闢行省掾，尋以省都事總制處州，會苗將叛被擒，罵賊死，追贈丹陽縣男，諡忠愍，集爲門人蔣敬編次，敬字行簡，金陵人。】	目同《明史·藝文志稿》，注由《明史·藝文志稿》及《明詩綜》合成。
7		夏煜允中集卷與孫融皆學詩於天台丁仲容，明初官行中書省博士，改浙東總制。	煜字允中，金陵人，太祖下金陵，辟爲行省博士，調浙東分省。	夏煜允中集【字允中，金陵人，與孫融皆學詩於天台丁仲容，太祖下金陵，辟爲行中書省博士，調浙東總制。】	目同《明史·藝文志稿》，注由《明史·藝文志稿》及《明詩綜》合成。
8			思誠字希賢，上海人，洪武十五	全思誠砂岡集【字希賢，上海	全同《明詩綜》。

			年以耆儒召爲文華殿大學士兼左中允，致仕。有《砂岡集》。	人，洪武十五年以耆儒召爲文華殿大學士，兼左中允，致仕。】〔註38〕	
9	西溪漫稿四卷，《嘉興府圖記》「鮑恂著，字仲孚，崇德人」。	鮑恂西溪漫稿，嘉興人，洪武初召授文華殿大學士，以老辭還。	恂字仲孚，崇德人，元末薦授翰林，不就。洪武四年會試充考試官，十五年詔徵耆儒入見，命爲文華殿大學士，固辭放歸，有西溪漫稿。	鮑恂西溪漫稿四卷【字仲孚，崇德人，元末薦授翰林，不就，洪武四年會試充考試官，十五年詔徵耆儒入見，命爲文華殿大學士，以老固辭，放歸。】	書名、卷數同《（雍正）浙江通志》，注自《明詩綜》。
10		宋訥西隱集十卷	訥字仲敏，滑縣人，元季官鹽山知縣，國初征爲國子助教，升翰林院學士，文淵閣大學士，遷祭酒，卒於官，正德中追諡文恪。有西隱稿。	宋訥西隱集十卷【字仲敏，滑縣人，元季官鹽山知縣，國初征爲國子助教，升翰林院學士，文淵閣大學士，遷祭酒，卒於官，正德中，追諡文恪。】	目同《明史・藝文志稿》，注自《明詩綜》。
11		詹同天衢吟嘯集一卷，又海嶽涓埃集二卷，一作海涓集。	同字同文，初名書。婺源人，元末爲郴州路學正，遇亂，家黃州，仕陳友諒爲翰林學士承旨。歸附後賜今名，授國子，一雲中書博士，累官吏部尙書，改翰林學士承旨，諡文憲，有天衢舒嘯。	詹同天衢吟嘯集一卷，【字同文，初名書，婺源人，元末爲郴州路學正，遇亂家黃州，仕陳友諒爲翰林學士承旨，歸附後，賜今名，授國子博士，累官禮部尙書，改翰林學士承旨，卒諡文憲。】又海嶽涓埃集二卷	目同《明史・藝文志稿》，注自《明詩綜》。
12	華川前後集二十五卷玉堂雜著二卷，《金華先民傳》「王禕著，字子充，義烏人」。	王禕忠文集二十四卷	禕字子充，義烏人，國初征爲中書省掾，詔修元史，與宋濂同爲總裁官。書成，	王禕華川前後集二十五卷，又玉堂雜著二卷【字子充，義烏人，國初征爲中書省	目自《（雍正）浙江通志》，作者小傳同《明詩綜》。

〔註38〕 《明詩綜》中全思誠在孫炎下。

	按：永樂五年，義烏丞鄱陽劉傑編輯《忠文公集》，凡二十四卷。	拜翰林待制，奉使招吐蕃，至蘭州召還，改使雲南，抗節死。建文元年贈翰林學士，諡文節，正統中改諡忠文。有華川、玉堂二集。	掾，詔修元史，與宋濂同爲總裁官，書成，拜翰林待制，奉使招吐蕃，至蘭州召還，改使雲南，抗節死，建文元年贈翰林學士，諡文節，正統中改諡忠文。】，又王忠文公集二十四卷【永樂五年義烏丞鄱陽劉傑編輯。】	
13		張以寧翠屏集四卷，又淮南集一卷，又南歸紀行一卷	以寧字志道，古田人。元末官翰林學士承旨，明初例徙南京，召爲侍讀學士。三使安南，道卒。有翠屏前後集。	張以寧翠屏集五卷，又淮南集一卷，又南歸紀行一卷【字志道，古田人，元末官翰林學士承旨，明初例徙南京，召爲侍讀學士，三使安南道卒。】	目同《明史·藝文志稿》，注自《明詩綜》。
14		劉三吾坦齋集二卷，一作坦翁集十二卷	三吾初名如孫，字坦甫，茶陵人。元末提舉靖江學，洪武中用薦除左贊善，升學士。三十年主會試，以多中南人坐罪戍邊。永樂中卒。有璠署、春坊、北園、知非、化鶴、正氣等集，桐江俞蓋知茶陵，合爲坦坦齋集。	劉三吾璠署集，又春坊集，又北園集，又知非集，又化鶴集，又正氣集【初名如孫，字坦甫，茶陵人，元末提舉靖江學，洪武中用薦除左贊善，升學士，三十年主會試，以多中南人，坐罪戍邊，永樂中卒。】，又坦坦齋集二卷【桐江俞蓋知茶陵合刻，一作坦翁集十二卷。】	前六種書及注自《明詩綜》，後一種書及注同《明史·藝文志稿》，
15		黃肅黃子邕詩集一卷，江南新城人，元禮部主事。洪武五年官	肅字子邕，江西新城人。元季官禮部主事，自北平來見，命仍故	黃肅醉夢稿一卷【字子邕，江西新城人，元禮部主事，洪武五年	目同《明詩綜》，卷數同《明史·藝文志稿》。注同《明史·藝文志

	工部尙書，出爲廣西行省參議。	官，升侍郎。己降郎中，復升工部侍郎，任尙書。未幾出參政廣西，坐黨禍死。有醉夢稿。	官工部尙書，出爲廣西行省參政，坐黨禍死。】〔註39〕	稿》，但末一句自《明詩綜》。
16		震直初名子敏，字震直，因御稱其字，乃互易焉。烏程人，明初由糧長授河南布政司參議，累官工部尙書致仕。永樂初召令宣諭山西，卒於澤州。有遺興集。	嚴震直遺興集【初名震直，字子敏，因御稱其字，乃互易焉，烏程人，明初由糧長授河南布政司參議，累官工部尙書，致仕，永樂初，召令宣諭山西，卒於澤州。】	全同《明詩綜》。
17	朱同覆瓿集十卷，字大同，朱升子。舉明經，洪武十五年官禮部侍郎，明年坐事死。	同字大同，休寧人。自號紫陽山樵。洪武中以人材舉爲東宮官，進禮部侍郎，尋被誣得罪。有覆瓿集。	朱同覆瓿集十卷【字大同，休寧人，升子，自號紫陽山樵，舉明經，洪武十五年官禮部侍郎，明年坐事死。】	目及部份注釋同《明史‧藝文志稿》，「自號紫陽山樵「自《明詩綜》。
18	胡仲子集九卷，《金華先民傳》「胡翰著，字仲申，金華人」。按：《分省人物考》有《長山先生集》，《(嘉靖)金華縣志》有《信安集》。	胡翰胡仲子集十卷又長山先生集，字仲申，金華人。明師下金華，召見，授衢州教授。洪武初分修元史，學者稱長山先生。	翰字仲申，一曰仲子。金華人，國初以薦授衢州教授。召修元史，成賜金帛遣歸。有胡仲子集。	胡翰胡仲子集十卷，又長山先生集，又信安集【字仲申，一字仲子，金華人，以薦授衢州教授，召修元史，書成，以金帛遣歸，學者稱長山先生。】	兩目同《明史‧藝文志稿》，一部自《(雍正)浙江通志》，注釋綜合《明詩綜》及《明史‧藝文志稿》。
19		徐尊生懷歸還鄉等稿二十卷，字大年，嚴陵人，兩修元史，尊生皆在列，又入禮局議禮，不肯受官歸。	尊生字大年，淳安人。召修元史，授翰林應奉文字，有懷歸稿。	徐尊生懷歸還鄉等稿二十卷【字大年，淳安人，召修元史，授翰林應奉文字，又入禮局議禮，不肯受官歸。】	書名卷數同《明史‧藝文志稿》，注由《明詩綜》及《明史‧藝文志稿》合成。
20		王彝王常宗集四卷，一名螨蜼子	彝字常宗。嘉定人。以布衣召修	王彝王常宗集四卷【一名螨蜼	目同《明史‧藝文志稿》，注由

	集，一名三近齋文稿。	元史。賜金幣遣還、尋薦入翰林。以母老乞歸、洪武七年坐太守魏觀事伏法。有三近齋稿。	子，集一名三近齋文稿，字常宗，嘉定人，以布衣召修元史，賜金幣遣還，尋薦入翰林，以母老乞歸，洪武七年坐太守魏觀事誅。】	《明史·藝文志稿》及《明詩綜》合成。
21		張宣青暘集，字藻仲，江陰人，張端子。官翰林院編修，太祖稱爲小秀才。	宣字藻仲，初名瑄，江陰人。洪武初與修元史，擢翰林院編修，既而謫濠，道卒。有青暘集。	張宣青暘集【字藻仲，初名瑄，江陰人，端子，洪武初與修元史，擢翰林院編修，既而謫濠，道卒。】	《千頃堂書目》同《明詩綜》。
22		張簡張仲簡詩集，吳人，元季爲黃冠，後反初服，爲饒介客。	簡字仲簡，吳人。初師張伯雨，爲黃冠。元季兵亂，以母老歸養遂返巾服。洪武初召修元史，有白羊山樵集。	張簡白羊山樵集【字仲簡，吳人，洪武初召修元史。】	《千頃堂書目》同《明詩綜》。
23	清江集二十卷，《（正德）崇德志》「貝瓊著，字廷琚」，《黃氏書目》「文集三十卷，海昌集一卷，雲間集七卷，兩峰集三卷，金陵集十卷，中都集九卷，歸田集一卷，附詩集十卷」，詩餘一卷附	貝瓊清江貝先生文集三十卷，海昌集一卷，雲間集七卷，兩峰集三卷，金陵集十卷，中都集九卷，歸田稿一卷附。又詩集十卷	瓊字廷琚，一名闕，字廷臣，崇德人。洪武初征修元史，除國子助教，遷中都國子助教。有清江集。	貝瓊清江貝先生文集三十卷【海昌集一卷，雲間集七卷，兩峰集三卷，金陵集十卷，中都集九卷，歸田稿一卷附。】，又詩集十卷【詩餘一卷附，字廷琚，一名闕，字廷臣，崇德人，洪武初征修元史，除國子助教，遷中都國子助教。】	目由《明史·藝文志稿》及《（雍正）浙江通志》合成，注同《明詩綜》。
24	考古餘事，《明詩綜》「趙撝謙著，名謙，一名古則，餘姚人」，按：《餘姚縣志》又有《南遊紀詠集》五卷。		撝謙名謙，一名古則，餘姚人。洪武初征修正韻，出爲中都國子監典簿，罷歸。尋以薦召爲瓊山教諭，卒於	趙撝謙考古餘事，又南遊紀詠集五卷【名謙，一名古則，餘姚人，洪武初征修正韻，出爲中都國子監典簿，罷	一目同《（雍正）浙江通志》，餘自《明詩綜》。

			官。有考古餘事。	歸，尋以薦召爲瓊山教諭，卒於官。】	
25		王佐聽雨軒集二卷	佐字彥舉，家本河東，元末侍父官南雄，遂占籍南海。洪武初征至京師，授給事中。有聽雨軒瀛洲二集。	王佐聽雨軒集二卷，又瀛洲集【字彥舉，家本河東，元末侍父宦南雄，遂占籍南海，洪武初征至京師，授給事中。】	目由《明史‧藝文志稿》及《明詩綜》組成，注同《明詩綜》。
26		林鴻鳴盛集四卷，字子羽，福清人。官膳部員外郎，世稱林膳部。	鴻字子羽，福清人。洪武初以薦授將樂訓導，久之拜禮部員外，與高棅陳亮等同時稱閩中十子。有膳部稿。	林鴻鳴盛集四卷【字子羽，福清人，洪武初以薦授將樂訓導，拜禮部員外，世稱林膳部。】	目同《明史‧藝文志稿》，注由《明史‧藝文志稿》及《明詩綜》合成。
27		陳亮滄州集三卷，字景明，長樂人。明初累徵不起，作《讀陳摶傳詩》見志。	亮字景明，福州長樂人。明初累詔不出，有儲玉齋集。	陳亮滄洲集三卷，又儲玉齋集【字景明，長樂人，明初累詔不出，作讀陳摶詩見志。】	目由《明史‧藝文志稿》及《明詩綜》合成，注亦是。
28		陶宗儀南村詩集四卷，又滄浪棹歌一卷，字九成，黃岩人，居松江，至正間累辭辟舉，洪武六年舉人才，至京以疾辭，建文中卒。	宗儀字九成，黃岩人。少舉進士不中，即棄去，僦居松江。至正間累辭辟舉，張氏開闔辟軍諮亦不就。洪武六年舉人才至京，以病固辭，得放歸。有滄浪棹歌南村集。	陶宗儀南村詩集四卷，又滄浪棹歌一卷【字九成，黃岩人，居松江，至正間累辭辟舉，洪武六年舉人才，至京以疾辭，建文中卒。】	同《明史‧藝文志稿》。
29			畽字仲由，淳安人，洪武初征秀才，至藩省辭歸。有巢松集。	徐畽巢松集【字仲由，淳安人，洪武初征秀才，至藩省辭歸。】	同《明詩綜》。
30		姚璉鳳池山房集，字廷用，一字汝器，歙人，元太平路儒學教諭，明祖至徽，與唐仲實同召見。	璉字廷用，又字叔器，歙人。元季爲理問所知事，明初與唐仲實同迎蹕於街口，被顧問。事見五倫書。	姚璉鳳池山房集【字廷用，一字汝器，歙人，元太平路儒學教諭，明初與唐仲實同迎蹕於街口，被顧問。】	目及注的前半部份同《明史‧藝文志稿》後半部份自《明詩綜》。

31		唐桂芳<u>白雲集略四十卷又武夷小稿</u>，字仲實，唐元子。元季官南雄州學正，<u>太祖至歙，與朱升同被召</u>，尋攝紫陽書院山長，學者稱白雲先生。	仲實名桂芳，以字行，歙人。元季南雄路學正，明初攝紫陽書院山長，有《武夷小稿》。	唐仲實<u>白雲集略四十卷，又武夷小稿</u>【名桂芳，以字行，歙人，唐元子，元季南雄路學正，明初攝紫陽書院山長，<u>太祖至歙，與朱升同被召見</u>。】	作者名同《明詩綜》，書名及卷數同《明史·藝文志稿》，注釋同《明史·藝文志稿》。
32	鈃園集十四卷又文在堂集，《秀水縣志》「陳萬言著，字居一。按《嘉禾徵獻錄》又有謙九堂續集」。	陳萬言鈃園集十四卷，<u>字弘景，秀水人。萬曆己未進士，選庶吉士</u>。	萬言字居一，秀水人，萬曆己未進士，改庶吉士，有鈃園集。	陳萬言鈃園集十四卷，又文在堂集，又謙九堂續集【<u>字弘景，秀水人，庶吉士</u>。】	書名卷數同《（雍正）浙江通志》、注同《明史·藝文志稿》。
33	項忠藏史居集十卷，《尤氏藝文志》「遺稿一卷，玄孫德楨輯」。	項忠藏史居集十卷	忠字藎臣，嘉興人，授刑部主事，歷員外郎中，升廣東按察副使，改山東，遷陝西按察使，升右副都御史，進左都御史刑部尚書，改兵部。卒贈太子太保，諡襄毅。有藏史居集。	項忠藏史居集十卷【字藎臣，嘉興人，刑部尚書，改兵部，贈太子太保，諡襄毅，又襄毅公遺稿一卷，玄孫德楨輯。】	書名卷數同《明史·藝文志稿》，另一目出自《（雍正）浙江通志》，注釋同《明詩綜》。
34	商文毅公集十一卷，《內閣書目》「商輅著，莆田鄭應齡編輯」。	商輅商文毅公集三十二卷又集十一卷	輅字弘載，淳安人。正統乙丑賜進士第一，累官少保兼太子少保，吏部尚書，謹身殿大學士，贈太傅，諡文毅。有素庵集。	商輅商文毅公集十一卷【字弘載，淳安人，宣德乙卯解元，會元，一甲第一人，太子少保，進少保，吏部尚書，謹身殿大學士，贈太傅，諡文毅，集爲莆田鄭應齡編輯。】文集三十二卷	書名卷數同《明史·藝文志稿》，注由《明詩綜》和《（雍正）浙江通志》合成。
35	盟鷗集又斐園文鈔又竹坡軒集，《鄞縣志》「李埈著，字公起」。		埈字公起，鄞人。有盟鷗集。詩話：公起御史尚黙之子，生而耳聾。十齡聞父	李埈盟鷗集，又斐園文鈔，又竹坡軒集【字公起，鄞縣人，生而耳聾，十齡聞	目同《（雍正）浙江通志》，注自《明詩綜》。

			訃,號哭五晝夜,遂瘠。嘗發先世遺書縱觀之,上自國家典故,名公巨卿前言往行,下及器物之微,靡不譜其本末。侯官曹能始合華亭唐仲言作二異人傳。	父訃,號哭五晝夜,遂瘠,侯官曹能始合唐汝詢作二異人傳。】	
36		王叔承吳越遊十七卷,又後吳越吟二十一卷,字永父,吳江人。為趙王客。後居京師,為官詞數十首,流傳禁中,人盛傳之。	叔承初名光徹,以字行,更字承父,晚更字子幻。吳江人。有吳越遊、閩遊、楚遊、岳遊諸集。	王叔承吳越遊十七卷,又後吳越吟二十一卷【初名光穆,字叔承,後以字行,更字承父,晚更字子幻,吳江人,為趙王客,後居京師,為官詞數十首,流傳禁中,人盛傳之。】	目同《明史·藝文志稿》,注由《明詩綜》和《明史·藝文志稿》合成。
37	柘湖遺稿二卷,《檇李詩繫》「王梅著,字時魁。平湖人馮祐山刻」。	王梅柘湖遺稿二卷,平湖人嘉靖壬辰進士,庶吉士,官主事,坐事謫判滁州。	梅字時魁,平湖人。嘉靖壬辰進士,選庶吉士,除刑部主事,謫判滁州。有柘湖集。	王梅柘湖遺稿二卷【字時魁,平湖人,庶吉士,官刑部主事,坐事謫判滁州,歿後五年,馮汝弼刻。】	目同《明史·藝文志稿》,注由《明詩綜》與《(雍正)浙江通志》合成。
38	監泉集,《嘉禾徵獻錄》「卜大同著,字吉夫,秀水人。子蒙輯。又有遊覽圖集」。		大同字吉夫,秀水人,嘉靖戊戌進士,授刑部主事,歷官福建按察副使。有監泉集。	卜大同監泉集【字吉夫,秀水人,福建按察使副使,子蒙輯。】	目同《明詩綜》,注由《(雍正)浙江通志》和《明詩綜》合成。
39	招搖館集十六卷,《明詩綜》「詹萊著,字時殷,常山人」。	詹萊招搖池館集三十卷,常山人,嘉靖丁未進士,官僉事。	萊字時殷,常山人,嘉靖丁未進士,有招搖館集。	詹萊《招搖池館集》十六卷【字時殷,常山人,宜僉事,一作三十卷。】	書名同《明史·藝文志稿》,卷數同《(雍正)浙江通志》,注釋由《明史·藝文志稿》和《明詩綜》合成,注末一句據《明史·藝文志稿》加以考訂。

40	南齋前後集二十卷，《（萬曆）紹興府志》「魏驥著，字仲房，蕭山人。按南齋摘稿十卷，驥孫壻錢塘洪鐘輯」。	魏驥魏文靖公摘稿十卷	驥字仲房，蕭山人，永樂乙酉舉人。由松江訓導累官南京禮部尚書，致仕卒，年九十有八，諡文靖。有南齋前後集。	魏驥南齋前後集二十卷【字仲芳，蕭山人，南京禮部尚書，致仕卒，年九十有八，諡文靖】，又魏文靖摘稿十卷【孫壻錢塘洪鐘輯。】	第一種書名同《（雍正）浙江通志》，注自《明詩綜》。第二種書名卷數注釋全同《（雍正）浙江通志》。
41	蒙庵集五十卷，商輅《蒙庵集序》「餘姚陳贄惟成著，按《（成化）杭州府志》有自娛稿、容臺稿、薇垣稿、撫安錄、歸田稿、<u>和董嗣杲西湖百詠</u>、<u>閒邊日抄</u>」。	<u>陳贄蒙軒集三卷</u>，<u>又和唐音三卷</u>，<u>又和陶詩□卷</u>，又西湖百詠詩，字惟成，餘姚人，由薦舉官翰林院待詔，歷太常寺少卿。	贄字惟成，餘姚人，以薦官儒學訓導，入爲翰林待詔，升廣東參議，遷太常少卿。有蒙庵集。	陳贄蒙軒集三卷，又自娛稿，又容臺稿，又薇垣稿，又撫安錄，又歸田稿，<u>又和唐音三卷</u>，<u>又和陶詩</u>，<u>又和董嗣杲西湖百詠一卷</u>，<u>又閒邊日鈔</u>【字惟成，餘姚人，以薦官儒學訓導，入爲翰林待詔，升廣東參議，遷太常少卿。】	書名由《（雍正）浙江通志》及《明史·藝文志稿》合成，注同《明詩綜》。
42	柳塘先生遺稿，《明詩綜》「楊子器著，字名父，慈谿人。按《（嘉靖）寧波府志》有長平雜稿、詠史詩、排節宮詞，《焦氏經籍志》有早朝詩三卷」。	<u>楊子器早朝詩一卷</u>，又排節宮詞一卷，又詠史詩一卷，<u>字名父慈谿人</u>，成化丁未進士，<u>河南左布政使。</u>	子器字名父，慈谿人。成化丁未進士，知昆江、高平、常熟三縣，擢吏部考功主事，進驗封郎中，出爲湖廣參議，歷河南左布政使。有柳塘先生遺稿。	楊子器長平雜稿，又排節宮詞，又詠史詩，又<u>早朝詩一卷</u>，又柳塘先生遺稿【<u>字名父</u>，慈谿人，<u>河南左布政使。</u>】	書名卷數分別由《明史·藝文志稿》《明詩綜》、《（雍正）浙江通志》合成，注同《明史·藝文志稿》。
43		<u>任瀚逸稿六卷</u>，字少海，南充人。嘉靖乙丑進士，春坊司直郎。	瀚字少海，南充人。嘉靖己丑進士，綵吏部主事，補春坊司直兼翰林簡討，有忠齋稿。	<u>任瀚逸稿六卷</u>【字少海，南充人，春坊司直郎兼翰林檢討，<u>一作忠齋稿</u>。】	書名卷數同《明史·藝文志稿》，注自《明詩綜》，末句據《明詩綜》加以考訂。
44		<u>栗應麟栗陳州集一卷</u>，<u>字仁甫</u>，<u>潞州人</u>，嘉靖己丑進士。	應麟字仁甫，長治人。嘉靖己丑進士，陳州知州，歷按察僉事。有去陳集。	栗應麟栗陳州集一卷【<u>字仁甫</u>，<u>潞州人</u>，陝西按察僉事，一作去陳集。】	書名卷數同《明史·藝文志稿》，注由《明史·藝文志稿》與《明詩綜》合成，末一句據《明詩綜》加以考訂。

| 45 | 靜齋詩集十六卷靜齋文稿二十卷，《栝蒼匯紀》「葉子奇著，字世傑，龍泉人」。 | 葉子奇通靜齋集，字世傑，龍泉人。從學王毅叔剛。洪武初官巴縣主簿。 | 子奇字世傑，龍泉人。用薦主巴陵簿。 | 葉子奇靜齋詩集十六卷靜齋文稿二十卷【字世傑，龍泉人，用薦主巴陵簿。】 | 書名卷數同《（雍正）浙江通志》，注同《明詩綜》。 |

第九章 《千頃堂書目》的作者、成書時間及目錄性質新論

第一節 《千頃堂書目》成書時間及目錄性質新論

　　《千頃堂書目》自問世起，圍繞它的爭論就一直不斷。歸納起來，有以下幾點：1、《千頃堂書目》與《明史・藝文志稿》編撰的時間先後。二者何爲底本？還是同一書的不同叫法？2、《明史・藝文志》的作者是誰？所依底本是《千頃堂書目》還是《明史・藝文志稿》？迄今，眾學者未對以上問題做出合理的解釋，反而有愈辨愈惑的趨勢。

　　筆者認爲，之所以出現這些困惑，皆緣於對《明史・藝文志稿》及《千頃堂書目》的錯誤認識。關於這兩書，學界統一的觀點有：1、黃虞稷的《明史・藝文志稿》已亡佚。2、《千頃堂書目》是由清代藏書家、目錄學家黃虞稷所編撰的私家藏書目錄。

　　筆者在闡述觀點之前，先把前面各節所做的考證，加以梳理，歸納如下：

　　一、黃虞稷於康熙二十年進入《明史》館，參與《藝文志》的編撰工作，他利用自家藏書及所見的公私藏書目，如《文淵閣書目》、《國史經籍志》、《百川書志》、《萬卷堂書目》、《授經圖義例》等，於康熙二十八年編撰成《明史・藝文志稿》，著錄了 9000 餘種明代著述。黃虞稷的編排原則就是求全，無論圖書存亡，一併著錄。所以書中所著錄的許多圖書並不是現實藏書，屬於虛目。這種做法，爲四庫館臣和一些學者所詬病。康熙二十八年，黃虞稷把所

編撰的《藝文志稿》交給當時的《明史》總裁徐乾學，主纂萬斯同審定，離開明史館隨徐元文到包山參加《清一統志》的編撰，於康熙二十九年離世。他在離開明史館時，應該抄錄了一份《明史・藝文志稿》，在民間以《黃氏藏書錄》的名字加以流傳。當時學者，也是他的朋友朱彝尊就藏有其《明史・藝文志稿》，並在編撰《經義考》時加以利用。以《經義考》所著錄的條目與416卷本《明史》藝文志相對應的條目加以比勘，個別條目的注釋詳略不同。由此證明，《明史・藝文志稿》有朱彝尊本及朱文遊本兩種版本，且朱彝尊本應早於朱文遊本。

　　二、黃虞稷的《明史・藝文志稿》編排體例以明代著述為主，兼收宋遼金元四代藝文，但今存的《藝文志稿》不知為何人所篡改，刪去了所補四朝藝文，僅餘明代著述部份。因無有力的史料支持，尚無法考證是何人所為？

　　三、王鴻緒對黃虞稷的《明史・藝文志稿》進行加工（刪去其補四朝藝文、對類目進行合併移易、對條目加以刪削），又據朱彝尊的《經義考》增補了經部「易、詩、書、禮類」，對「地理類」也進行了少量增補，完成了他的《明史稿・藝文志》，於雍正元年進呈。而張廷玉的《明史・藝文志》又以王鴻緒的《明史稿・藝文志》為藍本，略加修改而成。筆者的結論是：《明史・藝文志稿》是《明史稿・藝文志》的主要文獻來源，但不是唯一來源。

　　四、千頃堂書目出現的時間。雍正九年，杭世駿得到朱彝尊所藏的《明史・藝文志稿》後，利用《內閣藏書目錄》對「地理類」進行了增補。並寫了《黃氏書錄序》一文。乾隆十三年，杭世駿又寫下《千頃堂書目跋》一文，這是「千頃堂書目」第一次完整的出現在文獻中。

　　五、《千頃堂書目》與《明史・藝文志稿》到底是什麼關係？二者的異同何在？

　　同：1 表現在類目上，《千頃堂書目》分 51 小類，較《明史・藝文志稿》多經部「四書類」一種，《明史・藝文志稿》的「四書類」實際包含在「經解類」中。其他類目，除了叫法（比如把「禮樂書類」作「禮樂類」「故事」改成「典故」、「雜史」改成「別史」、「醫方」改作「醫家」「雜藝術類」改成「藝術類」）和順序上的差異，基本是相同的。二者在類目分合上差別不大。2 表現在所著錄的條目數量、順序先後、注釋等方面，除了「地理類」及「別集類」存在較大差異，其他類目幾乎都是相同的。

異：主要在「地理類」和「別集類」兩類。《千頃堂書目》此兩類所著錄的圖書較《明史・藝文志稿》多了近三分之二。

既然兩書有同有異，並且《千頃堂書目》也是黃虞稷所著，二者之間到底有何淵源呢？有學者認為黃虞稷的父親黃居中有《千頃齋書目》，黃家又家富藏書，黃虞稷具有得天獨厚的條件來編撰家藏書目。其在家時已編撰了《千頃堂書目》，進入明史館後，以《千頃堂書目》為底本，加以修改增補，編成了《明史・藝文志稿》，判斷的理由是盧文弨據《明史・藝文志稿》增補了不少《千頃堂書目》未著錄的條目。也有學者認為《千頃堂書目》成書在《明史・藝文志稿》之後。理由是，《千頃堂書目》的搜羅豐富，著錄更完備。至於第三種看法，認為《千頃堂書目》與《明史・藝文志稿》乃同一書，只是用不同的名字進行流傳。但此說無史料支持，且未見具體考訂，不知緣何而發。筆者在翻閱諸家所撰文章後，認為他們僅憑對少數條目的考證，所得出的結論是片面，不正確的。

針對以上問題，筆者對二書所著錄的相關的千餘條目錄條分縷析，通過文字比勘及數目統計的方法，以列表的方式分別考察了《千頃堂書目》與《明史・藝文志稿》、《內閣藏書目錄》、《明詩綜》、《（雍正）浙江通志》之間的關係。終於釐清了《千頃堂書目》的迷廓，得出了與學界定論相左的觀點，也是本文的創新之處。

首先，黃虞稷的《明史・藝文志稿》尚存世。即《續修四庫全書》第326冊中署名萬斯同撰416卷本《明史》的卷133～卷136。由目前研究資料來看，清代的朱彝尊、杭世駿、吳騫、鮑廷博皆未曾留意到此書，及至後世的張鈞衡、王國維、王重民、張明華、李慶等也未留意到。黃《志稿》編排體例以明代著述為主，兼收宋遼金元四代藝文，但此《志稿》不知為何人刪改，僅餘明代部份。全書按四部編次，分50小類，經部份11小類，收書1930餘部；史部18類，收書2860餘部；子部13類，收書2800餘部；集部8類，收書3910餘部。王鴻緒的《明史稿・藝文志》即由此書刪削而成。

其次，《千頃堂書目》在黃虞稷《明史・藝文志稿》的基礎上，尤其是「地理類」及「別集類」借鑒了《明詩綜》、《內閣藏書目錄》、《（雍正）浙江通志》，補充進人量條目。經筆者考證，《千頃堂書目》溢出的條目，「地理類」主要來自《（雍正）浙江通志》的「經籍」及《內閣藏書目錄》的「志乘」；「別集類」的主要來源則是《明詩綜》及《（雍正）浙江通志》的「經籍」。再加以

杭世駿利用廣東、安徽、陝西、山東、江南省通志，吳騫利用《明季遺書目》、《內閣藏書目錄》及清代私家書目，如《讀書敏求記》、《含經堂書目》等，加以增補、校勘，就有了今天的《千頃堂書目》。一言以蔽之，《千頃堂書目》是由《明史‧藝文志稿》、《明詩綜》、《內閣藏書目錄》、《（雍正）浙江通志》拼接的合成品。黃虞稷在明史館僅編纂了《明史‧藝文志稿》，《千頃堂書目》並不是他的成果。

也就是說，《千頃堂書目》成書在《明史‧藝文志稿》後，它的作者非黃虞稷，其目錄性質自然就不是私家藏書目錄，應屬著錄明代圖書的著述書目。圍繞《千頃堂書目》及《明史‧藝文志稿》的種種問題，由此迎刃而解。

第二節 《千頃堂書目》作者新考

在釐清了《千頃堂書目》與各書的關係後，我們需要考察，《千頃堂書目》的作者是誰？它的再加工是由一個人完成，還是不同的人依次完成？他（他們）為什麼僅從《（雍正）浙江通志》與《明詩綜》中加以抄撮？

通觀全篇，筆者論及的與《明史‧藝文志稿》、《千頃堂書目》相關的清代學者，有朱彝尊、杭世駿、全祖望、盧文弨、吳騫，他們有一個共同點：都是浙江人；《四庫全書總目》卷八十五著錄《千頃堂書目》，亦標明為「浙江巡撫採進本」。由此推斷，這個加工的過程應該是在浙江進行的，浙江本土著述自然成為抄錄的主要資料來源。當時有影響力的作家朱彝尊恰好編有權威性的明代詩歌總集《明詩綜》，著錄明代三千四百餘人詩作；《（雍正）浙江通志》的「經籍志」有十餘卷之多，亦著錄大量明人著述。這兩種圖書的流傳應當比較廣泛，底本較易獲得，這個加工者有條件見到並利用這兩種圖書。

到底是誰進行增補的？筆者以為，杭世駿的可能性最大。在雍正年間開編的《通志》有多種，比如《陝西通志》、《江南通志》等等，《千頃堂書目》利用最多的卻是《（雍正）浙江通志》，應當是加工者比較容易獲得此書。《（雍正）浙江通志》從雍正九年起開局編纂，到雍正十三年完成。是現存浙江省志中篇幅最大、體例比較完備的一部地方志。卷二百四十一至二百五十四為《經籍門》，「依隋書經籍之例，各分部錄，探微證墜」，記載尤詳。雍正九年，杭世駿參編《兩浙經籍志》〔註 1〕，作為浙江籍學者，見到並利用《（雍正）浙江通志》的可能性極大。

〔註 1〕杭世駿《黃氏書錄序》曰：「辛酉春，不佞修浙志經籍，需此書甚亟。」

　　加之書目的編撰需要具備版本、目錄等方面的學識及文獻學的功底。《千頃堂書目》不僅僅只增加了條目，也對《明史・藝文志稿》中的一些訛誤進行了修改，分類方面也做出了一些調整，這些工作分門別類的進行，可以看出是對目錄學、文獻學、版本學頗有研究的。這項工程量巨大，學術性很強的工作，不是普通人所能完成的。盧文弨在《題明史・藝文志稿》一文中曾經說過：「外間傳有《千頃堂書目》，與此志大致相同，而亦間有移易。堂名千頃，固黃氏所以志也，然今之書直是書賈所為。」相信抄胥書商不願也沒能力去完成。

　　雍正九年，杭世駿得到朱彝尊所藏的《明史・藝文志稿》後，利用《內閣藏書目錄》對「地理類」進行了增補。並寫了《黃氏書錄序》一文。據張明華統計，《千頃堂書目》中有杭世駿所補 293 個條目（條目下明確標注「杭補」），涵蓋經史子集各部，惟獨無「地理類」條目，可他確實利用過《內閣藏書目錄》對「地理類」進行增補，為什麼不像其他條目一樣明確標示出來呢？杭世駿道古堂本《千頃堂書目》存世，但原書在臺灣國家圖書館，南京圖書館有該書縮微膠片。從膠片上可以看出，全書前後筆跡一致，乃杭世駿所抄錄。吳騫得到杭世駿增補後又重新謄錄的新本子後，因為從本子上看不出增補的痕跡，他發出了「別有一本」的疑問。杭氏的這種行為或有意而為之。

　　乾隆十三年，杭世駿又寫下《千頃堂書目跋》一文，這是「千頃堂書目」第一次完整的出現在文獻中。杭世駿前後兩次的序言，第一次稱作《黃氏書錄》，第二次則叫《千頃堂書目》，由於寫作先後時間不同，同一書的書名也發生了改變，也許玄機就在這裡。雍正九年至乾隆十三年之間的這十幾年，是否就是他進行增補的時間呢？如果「地理類」為杭世駿所增補，「別集類」是否也是他所為，還是盧文弨所說的「書賈」所為？尚需進一步考證。

　　黃虞稷的《明史・藝文志稿》在完成後，並未刊刻，是以流傳絕少。直到被篡改，改頭換面成了《千頃堂書目》，才得以廣泛流傳。至乾隆四十六年（1781），四庫館臣把《千頃堂書目》收入四庫全書，大加稱讚曰「考明一代著作者，終以是書為可據」，《千頃堂書目》成為在中國目錄學中卜頗具影響的著作，至今仍是研究《明史》者不可缺少的資料。從這點看來，這個改編者的行為是功不可沒的。

第三節 《千頃堂書目》的版本流傳及文本整理

《千頃堂書目》清代無刻本，皆以抄本形式流傳。以下是現存的《千頃堂書目》的幾種版本：

（1）《千頃堂書目》32 卷，清吳騫手校本，吳騫錄杭世駿盧文弨校補，臺北國家圖書館藏。

（2）《千頃堂書目》32 卷，佚名錄，上海圖書館藏。

（3）《千頃堂書目》32 卷，清鮑氏知不足齋。抄本，佚名錄，清盧文貂、吳騫校補，清潘志萬跋，華東師大大學圖書館藏（存 16 卷）。

（4）《千頃堂書目》32 卷，清錢時霽抄本，清潘志萬跋，安徽師範大學圖書館藏（17～32 卷）。

（5）《千頃堂書目》32 卷，文淵閣《四庫全書》本

（6）《千頃堂書目》32 卷，高鴻裁辨嶂居抄本，南京圖書館藏。

（7）《千頃堂書目》32 卷，鐵琴銅劍樓藏書，王振聲校本，南京圖書館藏。

（8）《千頃堂書目》32 卷，王國維校並跋又錄杭世駿跋及校，國家圖書館藏。

（9）《千頃堂書目》32 卷，歸安姚覯元咫進齋抄本，烏絲欄。國家圖書館藏。

（10）《千頃堂書目》32 卷，清劉喜海跋東武劉氏味經書屋道光六年抄本，9 冊，國家圖書館藏。

（11）《千頃堂書目》32 卷，清抄本，10 行 19 字，小字雙行同，無格，16 冊，國家圖書館藏。

（12）《千頃堂書目》32 卷，清抄本，8 行 21 字，紅格，白口，四周雙邊 17 冊，國家圖書館藏。

（13）《千頃堂書目》32 卷，清抄本，南京圖書館藏。

（14）《千頃堂書目》32 卷，1913 年張鈞衡刻《適園叢書》本，以（湖州陸氏十萬卷樓抄本、蕭山王氏藏漢唐齋抄本互校刻本）

（15）《千頃堂書目》32 卷，1920 年《適園叢書》修補本。

（16）《千頃堂書目》32 卷，民國初上海中國書店據《適園叢書》本石印巾箱本，即《叢書集成續編》本。

（17）《千頃堂書目》32 卷，2001 年上海古籍出版社排印瞿鳳起、潘景鄭校點本。

　　《千頃堂書目》全書凡三十二卷，按四部編次，分五十一小類，其中經部十二類，收書二千四百餘部；史部十八類，收書五千零六十部；子部十三類，收書二千九百八十餘部；集部八類，收書七千三百七十餘部。計明以前著作二千四百餘部，明代著作一萬五千四百餘部，都一萬七千八百餘部。此書採摭繁富，著錄了明代上至十六朝帝王將相、下至文人平民的各類著作，包括野史雜記上至明代十六朝帝王將相的著作，下至文人平民的野史雜記。如南京官制職掌、名勝古蹟、鄉賢傳記以及詩文集等，無所不錄。大部份條目下有小字記注。小注的內容主要記作者姓氏爵里、科第、以及成書先後。序錄也頗詳贍，扼要不繁，深得史學筆法。集部別集類，又以科第序次排列，便於查檢。

　　但《千頃堂書目》以鈔本流傳，因此也就造成了部份書目的散失，後來經過校補才逐步完善。但在傳抄過程中難免出現文字訛誤，又經諸多學者的補充和書賈的刪改，書中存在著諸如注釋重出、書名、著者、卷數訛誤的情況。今天通行的上海古籍出版社的整理本也存在不少問題，比如標點不確，編者擅改書名、卷數，把盧文弨、吳騫等人的校語當做原書內容等等。筆者於此略舉幾例，加以說明。上古本第 518 頁「王愷《樂林集》四十卷」，此目出自《（雍正）浙江通志》，原書作「樂休集」，《兩浙名賢錄》卷二十八《吏治》有「王愷小傳」，云「字宗元，定海人。領成化辛卯鄉薦，授薊州學正，遷平原令」「致仕家居三十餘年。自稱樂休居士，有《樂休集》四十卷」；第 304 頁「何蕢之《友問集》十卷」，原書作「何益之」，《弇州續稿》卷一百二十九收《通議大夫南京刑部右侍郎何公神道碑》載：「祖泰書其掌曰遷，覺而異之，遂名公曰遷，後字益之。以嘗讀書吉陽山中，故自號吉陽，而學者遂稱之曰吉陽先生。……以文行世，其家孫二人所著《詩文集》百卷，《全楚志》若干卷，《友問集》若干卷，《江臺政略》若干卷，《學指測言》若干卷。」上古本這兩個條目皆屬字形相近而訛。這些錯誤亟待糾正，有必要對《千頃堂書目》重新加以校勘整理。

結　語

　　黃虞稷作爲清代著名的藏書家、目錄學家，前賢時人關於其家世、生平以及藏書、編目方面的研究爲多，並頗有建樹。鑒於筆者暫時未掌握更有價值的史料，本文對黃虞稷的家世、生平、以及藏書情況僅作以簡單的介紹，把考證的重點放在了他的著作《明史·藝文志稿》上。

　　在筆者之前，學界認爲此書已經亡佚。但筆者在通過具體的條目比勘後，得出了此書仍在世的結論。並且與《千頃堂書目》的重合度極高。既然《千頃堂書目》與《明史·藝文志稿》爲同一作者，且兩書同爲目錄學著作，後者作爲目錄學史上的傑作，備受學者推崇，這二者之間到底存在怎麼的特殊關係呢？

　　筆者由此對《明史·藝文志稿》和《千頃堂書目》分別加以分析，探討了《明史·藝文志稿》的作者、編排體例、分類及注釋特點、版本、存佚情況、所著錄圖書的文獻源，並對其編撰的優缺點做出公正評價，還順帶考證了它與《明史·藝文志》的關係，得出王鴻緒《明史稿·藝文志》在《明史·藝文志稿》的基礎上，加以刪並移易而成書的結論。解決了學者中一直爭論不休的關於兩書關係的問題。另一方面，對《千頃堂書目》的成書源流做了一番梳理，考證出，《千頃堂書目》是由《明史·藝文志稿》、《明詩綜》、《內閣藏書目錄》、《（雍正）浙江通志》拼接的合成品。成書在《明史·藝文志稿》後，並不是黃虞稷的成果。

　　但是，就本文而言，對於《明史·藝文志稿》和《千頃堂書目》的研究仍有待深入，比如是誰篡改了 416 卷本《明史·藝文志稿》？《千頃堂書目》的作者到底是誰？他爲何要對《明史·藝文志稿》進行再加工，編撰新的書

目，借黃虞稷之名流傳？《千頃堂書目》文本中的訛誤仍需校正，等等。尤其是關於 416 卷本《明史・藝文志稿》的改動情況，如果把這個問題考訂清楚，就有可能解決 416 卷本《明史》的作者問題。另外，由於目前學界對於《明史・藝文志稿》的研究還是空白，本文的一些論斷是否合理，能否成立，還需研究者的檢驗，一些浮於表面的敘述尚有待於研究者的繼續深入。

故此，本文意在拋磚引玉，企盼《明史・藝文志稿》和《千頃堂書目》的研究，及至清代目錄學的研究能有一個更深入、更全面的格局，從而推動中國目錄學史的研究進程。

參考文獻

一、基礎文獻類

1、〔宋〕尤袤：《遂初堂書目》，影印文淵閣《四庫全書》本。

2、〔元〕馬端臨：《文獻通考》，影印文淵閣《四庫全書》本。

3、〔明〕楊士奇：《文淵閣書目》，《叢書集成初編》本。

4、〔明〕焦竑：《國朝經籍志》，影印文淵閣《四庫全書》本。

5、〔明〕張萱、吳大山：《內閣藏書目錄》，《續修四庫全書》本。

6、〔明〕黃居中：《千頃齋初集》，《續修四庫全書》本。

7、〔清〕尤侗：《西堂全集》，清康熙刻本。

8、〔清〕朱彝尊：《經義考》，影印文淵閣《四庫全書》本。

9、〔清〕朱彝尊著：《明詩綜》，中華書局，2007 年。

10、〔清〕朱彝尊著，王利民，胡愚等整理：《曝書亭全集》，吉林文史出版社，2009 年。

11、〔清〕朱彝尊：《竹垞行笈書目》，上海古籍出版社，2010 年。

12、〔清〕陸隴其：《三魚堂日記》，《叢書集成初編》本。

13、〔清〕萬斯同：《明史》，《續修四庫全書》本。

14、〔清〕徐乾學：《憺園文集》，清康熙刻本。

15、〔清〕王鴻緒：《明史稿》，文海出版社影印清敬慎堂刊本，1978 年。

16、〔清〕張廷玉等：《明史》，中華書局，1974 年。

17、〔清〕杭世駿：《道古堂全集》，清乾隆刻本。

18、〔清〕全祖望：《鮚埼亭集》，《四部叢刊》本。

19、〔清〕盧文弨：《抱經堂文集》，中華書局，1990 年。

20、〔清〕盧文弨:《經籍考》,《續修四庫全書》本。

21、〔清〕錢謙益:《列朝詩集》,中華書局,2007 年。

22、〔清〕永瑢等:《四庫全書總目》,中華書局,1965 年。

23、〔清〕吳 騫:《愚谷文存》,清嘉慶十九年刻本。

24、〔清〕阮 元:《揅室集》,《四部叢刊》本。

25、〔清〕錢泰吉:《碑傳集》,中華書局,1993 年。

26、〔清〕李亮度:《國朝先正事略》,嶽麓書社,2008 年。

27、〔清〕孫詒讓:《溫州經籍志》,上海社會科學院出版社,2005 年。

28、〔清〕傅王露等:《(雍正)浙江通志》,影印文淵閣《四庫全書》本。

29、趙爾巽等:《清史稿》,中華書局,1977 年。

二、工具書、研究著作類

1、〔日〕長則規矩也:《中國版本目錄學書籍解題》,書目文獻出版社,1990 年。

2、崔建英:《明別集版本志》,中華書局,2006 年。

3、程千帆、徐有富:《校讎廣義》,中華書局,1984 年。

4、杜信孚:《明代版刻綜錄》,廣陵古籍刻印社,1983 年。

5、高路明:《古籍目錄與中國古代學術研究》,江蘇古籍出版社,1997 年。

6、黃雲眉:《〈明史〉考證》,書目文獻出版社,1993 年。

7、姜勝利主編:《〈明史〉研究》,中國大百科全書出版社,2005 年。

8、李萬健:《中國著名目錄學家傳略》,書目文獻出版社,1993 年。

9、呂紹虞:《中國目錄學史稿》,安徽教育出版社,1984 年。

10、喬好勤:《中國目錄學史》,武漢大學出版社,1992 年。

11、孫猛:《郡齋讀書志》校證,上海古籍出版社,2005 年。

12、王重民:《中國目錄學史論叢》,中華書局,1984 年。

13、王國強:《明代目錄學研究》,中州古籍出版社,2000 年。

14、汪辟疆:《目錄學研究》,商務印書館,1933 年。

15、王欣夫:《文獻學講義》,上海古籍出版社,1986 年。

16、吳 楓:《中國古典文獻學》,齊魯書社,1982 年。

17、謝國楨:《增訂晚明史籍考》,上海古籍出版社,1981 年。

18、徐有富:《目錄學與學術史》,中華書局,2009 年。

19、嚴佐之:《近三百年古籍目錄舉要》,華東師範大學出版社,2008 年。

20、姚名達:《中國目錄學史》,上海古籍出版社,2005 年。

21、余嘉錫：《目錄學發微》，中華書局，2007年。

22、張明華：《黃虞稷和〈千頃堂書目〉》，國際文化出版社，1994年。

23、章學誠：《校讎通義》，古籍出版社，1956年。

24、張宗友：《〈經義考〉研究》，中華書局，2009年。

25、朱端強：《萬斯同與〈明史〉修纂紀年》中華書局，2004年。

26、朱端強：《布衣史官——萬斯同傳》，浙江人民出版社，2006年。

三、期刊論文類

1、陳少川：《黃虞稷藏書概況和圖書館學成就考》，圖書館學研究，1998·（2）。

2、曹金發、董傑：《試析〈明史·藝文志〉專記一代著述的原因》，合肥學院學報，2009·（1）。

3、陳清慧：《〈明史·藝文志〉宗室集部著述考補》，中國典籍與文化，2008·（4）。

4、丁宏宣：《明代著名藏書家黃居中父子》，圖書與情報，1993·（3）。

5、胡春年，《〈千頃堂書目〉及其學術價值》，河南圖書館學刊，2004·（4）。

6、姜雨婷：《點校本〈千頃堂書目〉子部儒家類校正》，文教數據，2010·（18）。

7、藍陽：《〈明史·藝文志〉探討》圖書館界，1984·（2）。

8、李慶：《黃虞稷家世生平考略》，史林，2002·（1）。

9、李慶：《論〈明史·藝文志〉與〈千頃堂書目〉之關係》，《中華文史論叢》第59輯。

10、李萬健：《明代目錄學的發展及其成就》，圖書館，1994·（2）。

11、李雄飛：評《〈明史·藝文志〉》，中國典籍與文化，1999·（4）。

12、李豔秋：《明文淵閣地方志收藏述略》，圖書與情報，1998·（2）。

13、柳定生：《黃虞稷與〈千頃堂書目〉》，江蘇圖書館工作，1980·（3）。

14、毛文鼇：《黃虞稷藏書考略》，山東圖書館季刊，2006·（4）。

15、穆軍：《明代目錄學研究進展述略》，圖書館學研究，1993·（3）。

16、牛紅亮：《黃居中父子與〈千頃堂書目〉》，圖書與情報，2003·（6）。

17、〔臺〕喬衍琯：《〈經義考〉所引〈千頃堂書目〉匯證》，朱彝尊《經義考》研究論集（上）。

18、〔臺〕喬衍琯：《論《〈千頃堂書目〉〈經義考〉與〈明志〉的關係》，朱彝尊《經義考》研究論集（上）。

19、孫瑾：《〈四庫全書總目〉引〈千頃堂書目〉考校》，文教數據，2008·（10）。

20、王暉：《〈四庫全書總目・千頃堂書目提要〉評議》，古籍整理研究學刊，1991・增刊。

21、王藝：《明代私家目錄體例之研究》，四川圖書館學報，1989・（2）。

22、王重民：《〈明史・藝文志〉與補史〈藝文志〉的興起》，圖書館學通訊，1981・（3）。

23、王重民：《〈千頃堂書目〉考》，國學季刊，第 1 卷第 7 期。

24、王國強：《明代目錄學的新成就》，山東圖書館季刊，1988・（4）。

25、王宏凱：《〈明史・藝文志〉方志書目札記》，陝西圖書館，1986・（1）。

26、魏思玲：《論黃虞稷的目錄學成就》，洛陽師範學院學報，2000・（3）。

27、吳修藝：《王國維版本目錄學的成就——〈傳書堂藏善本書志〉研究之一》，江淮論壇，1986・（2）。

28、小玉：《讀〈千頃堂書目・別集類〉札記》，四川圖書館學報，1985・（2）。

29、謝國楨：《簡介黃虞稷〈千頃堂書目〉標點校勘本》，圖書館雜誌，1982・（4）。

30、薛新力：《〈明史・藝文志〉編撰考》，北京大學學報，2002・（國內訪問學者、進修教師專刊）。

31、徐丹：《〈千頃堂書目・史部〉人名勘誤六則》，古籍整理研究學刊，2004・（6）。

32、楊東方：《〈千頃堂書目・醫家類〉辯證》，中華醫史雜誌，2009・（3）。

33、葉樹聲：《黃虞稷及其〈千頃堂書目〉》，津圖學刊，1985・（4）。

34、衣若蘭：《舊題萬斯同 416 卷本〈明史〉列女傳研析》，漢學研究第 28 卷第 1 期。

35、張固也：《〈千頃堂書目〉誤收唐人著述考》，圖書館理論與實踐，2010・（4）。

36、張文翰：《〈明史・藝文志〉得失小議》，圖書情報知識，1983・（1）。

37、張萬鈞：《明代河南方志考——〈千頃堂書目〉糾錯之一》，河南圖書館學刊，1988・（2）。

38、趙承中：《〈千頃堂書目〉勘誤一則》，文獻，2007・（4）。

39、賓瑩：《黃虞稷研究》，福建師範大學碩士學位論文，2005 年。

40、賀洪斌：《〈千頃堂書目〉新論》，吉林大學碩士學位論文，2011 年。

41、毛文鼇：《黃虞稷年譜稿略》，華東師範大學碩士學位論文，2007 年。

42、張琳：《黃虞稷目錄學研究》，北京師範大學碩士論文，2005 年。

43、張易：《〈千頃堂書目〉與中國傳統學術體系的微調機制》，北京語言大學碩士學位論文，2009 年。

後　記

　　四年前，離燕返寧，忝列江慶柏先生門牆。開學不久，在江師的提議下，決定以《千頃堂書目》為畢業論文的研究對象。我本資質愚鈍，而先生功底紮實，學養深厚，每指點一二，頓生醍醐灌頂之感，深歎撥雲見日之妙；此篇學位論文之寫作，小及字句，大到框架，細至章節，詳貫全篇，先生均一一盡覽，自各方面皆仔細提出修改意見，故我能順利完成此篇論文，咸賴先生之功也。

　　此外，本書之開題與寫作，曾得南京圖書館沈燮元先生、南師大文學院古文獻專業趙生群教授、方向東教授、王鍔教授等幫助指點，諸先生所提之建設性意見令我受益匪淺。在此，我謹向諸位老師表示最誠摯的謝意！

　　遇益友若干，亦乃吾求學之幸事。在此我要深深感謝好友蔣志琴十餘載來對我學業、生活上所給予的無微不至的關懷和幫助，有友如此，足矣。還要感謝黃瑩、張春秀、林峪、王小環、馮豔、趙宣竹等同窗，諸君四年來予我幫助指點無數，我永遠銘記於心。

　　四年了，我這隻笨鳥一路跌跌撞撞，終亦飛至畢業的終點。其實，這是一篇遲到的後記，它的日期應當是去年的今日。因 2011 年 7 月的一場車禍，使我不得不延遲了一年畢業。這兩年來，在家人默默的關愛支持下，我甩掉了痛苦彷徨，得以順利完成學業。在此，我要對我的父母、先生說聲「謝謝」！今日的我為人女、為人妻，不久就要為人母，在母親節之際寫下這篇後記，為學生生涯畫上句號，也是送給自己和未來孩子的一份禮物。

2013 年 5 月 12 日　於星雨

補　記

　　時光荏苒，博士畢業已四年有餘。每日忙碌著，從事一份與古文獻專業毫不相關的工作。彷徨而迷茫，找不到工作的歸屬感。直到有一天接到江慶柏師的通知，他推薦我的博士論文參加了臺灣花木蘭文化出版社的「優秀博士生論文」出版甄選活動，幸蒙出版社垂青，拙稿僥倖被列入出版名單。欣喜之餘，我開始著手修改論文，在字句、表達等方面打磨之外，還稍做了一些調整。但是，校書如掃塵，旋掃旋生，又所謂學無止境，目前的論文錯謬與淺薄之處仍然不少，還有許多需要完善的地方，只能留待今後去彌補了。

　　對一直幫助和鼓勵我的江慶柏師，對認可和接納我的花木蘭文化出版社，還有曾參加我論文答辯並提出寶貴意見的程章燦、武秀成二位教授，也一直關心著這篇論文，我皆心存感激，請接受我的致謝，你們的督責就是我繼續前行的動力。此刻的我內心充實而喜悅，寫下這些文字，謹以為記，相信自己一定能重拾初心，重拾自我。

2017 年 10 月 30 日　於星雨